新编21世纪
高等职业教育精品教材
旅游大类

中国旅游地理

（第三版）

主　编　徐永红
副主编　王忠伟
参　编　卢俊莉　逯祥渠
　　　　苑伟娟　牛海燕

中国人民大学出版社
·北京·

前言

Preface

中国旅游地理是研究各种旅游活动与中国地理环境及社会经济发展相互关系的一门学科。学习中国旅游地理，应是在了解旅游地理一般理论与方法的基础上，侧重掌握中国不同等级旅游区旅游业各组成要素的基本特征及主要特色，对其重要景观及旅游线路有所了解。

当前数字技术的发展，对旅游行业产生了重大影响，面对我国旅游行业出现的新情况，编者结合教学体会，参阅国内外大量旅游地理方面的教材与专著，在第一版、第二版的基础上进行修订。第三版教材在相关项目中融入了爱国情感培养、文化自信建立、环保意识培养、民族自豪感培养等素养教育内容；更新了有关数据，增加了“素养园地”栏目，以充分满足现代职业教育的需要；在教学资源方面，更新了教学课件的内容，增加了新媒体应用的技能，增加了微课视频、教学案例视频以及动画、题库等内容，更便于教师的教学、学生的学习。

本教材的主要内容包括两大部分：上篇为旅游地理学概论，包括旅游与地理环境、旅游资源地理、旅游交通地理、旅游可持续发展、旅游地理区划；下篇为中国旅游地理分区，包括华北旅游区（京津冀）、东北旅游区（黑吉辽）、黄河中下游旅游区（陕晋豫鲁）、长江中上游旅游区（川渝湘鄂）、华东旅游区（赣皖苏浙沪）、岭南旅游区（闽粤琼台港澳）、西南旅游区（滇黔桂）、青藏高原旅游区（青藏）、西北旅游区（新甘宁）、塞北旅游区（内蒙古）。

通过本课程理论知识的学习和实践技能的应用，学生应能系统掌握中国旅游地理的基本知识和技能，了解中国发展旅游业的基础地理条件，掌握中国多姿多彩的旅游资源，了解不同区域的景观差别，熟悉各具特色的旅游产品及旅游活动项目，为综合、全面地认识中国旅游行业、从事旅游相关工作奠定基础。同时本教材深入贯彻落实党的二十大精神，全面贯彻党的教育方针，落实立德树人根本任务。全书由徐永红担任主编，具体分工为：徐永红负责编写及修订项目一、项目二，王忠伟负责编写及修订项目三、项目四、项目五，卢俊莉负责编写及修订项目六、项目七、项目八，逯祥渠负责编写及修订项目九、项目十，苑伟娟负责编写及修订项目十一、项目十四、项目十五，牛海燕负责编写及修订项目十二、项目十三。全书由徐永红统稿、定稿，增加的配套资源由徐永红整理。本教材在编写及修订中参考了相关教材和专著，同时参考了相关网站上的数据及图片，在此对相关作者表示真诚的感谢。

本教材在编写及修订过程中，得到了中国人民大学出版社编辑的大力支持，在此，谨向他们表示衷心的感谢。

本教材的建设还处于不断完善中，因此不足之处在所难免，恳请读者提出宝贵意见，以便我们补充、完善。

编者

目 录

Contents

上篇 旅游地理学概论

项目一 旅游与地理环境

项目二 旅游资源地理

项目三 旅游交通地理

项目十 华东旅游区（赣皖苏浙沪）

项目十一 岭南旅游区（闽粤琼台港澳）

项目十二 西南旅游区（滇黔桂）

项目十三 青藏高原旅游区（青藏）

项目十四 西北旅游区（新甘宁）

上篇

旅游地理学概论

项目一 旅游与地理环境

任务一 了解旅游地理学的发展

学习任务

能力目标：学会分析旅游地理与现代旅游业的关系
知识目标：了解中国古代、近代、现代旅游地理
素养目标：掌握旅游地理学学科发展趋势

一、旅游地理学的概念

旅游地理学是运用、借助地理学的理论和研究方法，研究人类旅游活动与地理环境、社会经济发展相互关系的一门学科。它是伴随着旅游及旅游业的发展而逐步兴起的一门新兴学科，是人文地理学的一个重要的分支学科。

旅游活动是综合性的，既包括经济、政治、文化、历史、地理等方面，也包括观光、体育、疗养、探险等方面。例如：观光方面，包括温泉、山水风景、寺庙与古迹等；文化设施方面，包括城市公园、综合运动公园、动物园、博物馆等；体育运动方面，包括室外体育设施、室内体育设施等；娱乐方面，包括旅游主题公园、游乐场、赛马场等。总之，旅游包括人类多方面的地域活动，旅游活动离不开地理环境要素的支撑。

二、旅游地理学的学科性质

（一）地理学科属性

现代地理学分为自然地理学、人文地理学、经济地理学三大门类。自然地理学以研究地球表面的自然地理环境为主；人文地理学主要研究地球表面人类各种社会经济活动的空间结构和变化及其与地理环境的关系；经济地理学主要研究人类经济活动与地理环境的相互影响。

旅游地理学隶属于人文地理学的研究领域，但又与自然地理学有着不可分割的联系，同时旅游业又是一项经济产业，属于服务行业地理学的一个重要分支，由此可见，旅游地理学的理论基础和研究方法都与地理学有着不可分割的联系，它是一门综合性、交叉性的地理学科。

（二）应用学科属性

旅游地理学是为了适应大众旅游和旅游产业发展的需要而发展起来的一门新兴应用学科，英国学者赫·罗宾逊在《旅游地理学》一书中强调，旅游地理学具有“应用地理”的性质。在我国旅游业发展初期，在迫切的旅游需求的推动下，许多地理学专家转而从事旅游资源的开发、评价与规划工作，从实践上逐渐摸索出并完善了符合我国国情的旅游地理学科的理论体系。旅游地理学发展至今，已经开展了大量的以区域旅游开发为中心的应用性课题研究，并在旅游资源的评价方法、旅游地的规划、旅游容量的测算、旅游流的测定与预报等技术手段上取得了丰硕的成果。旅游地理学正在不断扩大其为社会旅游发展实际服务的广度和深度，并力图对社会旅游发展中不断出现的新需求展开研究。

旅游地理学的理论和知识对整体性区域旅游开发与经营，对各旅游分支行业、企业的发展与布局及具体旅游产品的开发、经营、服务，以及对个体旅游者和旅游从业者的实用价值，决定了其应用学科的属性。

（三）交叉学科属性

旅游地理学不仅同地理学的许多分支关系密切，而且与社会学、民俗学、考古学、历史学、建筑学、园林学、经济学彼此渗透，因此它是一门交叉学科，具有明显的交叉性特点。所谓交叉性，是指它在研究内容方面反映的是旅游与地理两种不同性质的学科之间的交叉关系。旅游地理学运用地理学的理论和方法，研究人类旅行游览、休疗康乐活动与地理环境、社会经济发展之间关系的相关规律。旅游地理学在国际上又被称为休闲和旅游地理学、游憩地理学、闲暇地理学、观光地理学等。

三、旅游地理学的研究对象与任务

（一）旅游地理学的研究对象

旅游是人们闲暇时间内的旅行游览、观赏风景、交流文化、增长知识、锻炼身体、度假疗养、消遣娱乐、探险猎奇、考察研究、购物留念、品尝佳肴以及探亲访友等非定居性的暂时性移居过程，也是一种以各种不同方式分配空间和利用时间的社会现象。一般来说，旅游指的是离家在外逗留至少一夜以上的活动。旅游地理学的研究对象主要包括：旅游主体（旅游者）、旅游对象（风景名胜和娱乐活动等）和旅游手段或旅游媒介（旅游宣传、组织、运输和接待设施）。

（二）旅游地理学的研究任务

旅游地理学的主要任务是研究旅游活动与地理环境之间关系的规律，并在规律性认识的基础上评价旅游资源，确定旅游环境容量，进行旅游流预测，分析旅游通道的可达性，综合评价区位和区域经济条件，兼顾经济、社会、环境效益，按照时间和空间关系制定旅游区划，研究和制定旅游发展战略和规划，编制旅游地图以及分析旅游开发的区域影响等。

四、中国旅游地理学的发展

中国作为一个拥有 5 000 多年历史的文明古国，旅游的历史也很悠久。在中国浩如烟海的古代文献中，朴素的旅游地理记述散布于诗歌、散文和专著之中。此外，独有的方志，总数不下万余种、十万余卷，是世界上最丰富的古代旅游地理知识文库。我国第一部诗歌总集《诗经》中描写的民间出游活动是关于中国人旅游的最早记载；我国最早的旅游经济地理著作是西汉史学家司马迁所著《史记》中的《货殖列传》一篇；北魏地理学家郦道元的《水经注》是我国6世纪以前最全面、最系统的综合性地理著作。此外，《佛国记》《大唐西域记》《徐霞客游记》等著作，都是极为宝贵的古典旅游资料和古代旅游地理知识文献。

在中国近代史上，旅游地理的发展受到社会、经济发展的影响，鲜有大的成果。林则徐组织幕僚翻译出1836年英国人慕瑞所著的《世界地理大全》，润色而成《四洲志》，此书简述了世界五大洲30多个国家的地理、历史、政治状况，是近代中国一部相对完整、系统的世界地理志书，在近代史上具有首开先河的意义。

1845年，姚莹在考察西藏后著《康辖纪行》一书。书中记载了不少英国、法国、俄国、印度等国的历史地理知识。

中国旅游地理学的初步研究始于20世纪30年代，一些地理学家对自然风景区的成因机制问题进行了研究，如张其昀的《浙江风景区之比较观》、任美锷的《自然风景与地质构造》等。

中国现代旅游地理学的发展，是在改革开放后迅速发展的旅游业催生出巨大的现实需求和地理学大变革的背景下出现的，随即得到了超常规发展，其研究理论日趋深化和成熟起来，成为地理学中一门重要的分支学科。当前大量的旅游开发、规划与管理就是以旅游地理学为理论基础的。中国现代旅游地理学的发展走过了一条“实践—理论—再实践—提高和完善理论”的道路，其历程可大略分为如下三个阶段。

（一）初期阶段（1979—1985年）

中国旅游地理学进入系统研究阶段的标志是1979年底中国科学院地理研究所（以下简称“中科院地理所”）组建旅游地理学科组。在高校中，北京大学地理系是最早投入部分力量开展与旅游地理有关的科研和教学活动的。此后，不少学者利用地理学的综合性、区域性和实践性特点，将之同旅游开发实践相结合，使旅游地理学在实践中逐步形成和发展起来。

初期阶段的旅游地理学主要以旅游资源为研究内容，侧重于对旅游地景观的描述，并探讨其分布、形成的规律，对旅游区的交通、客源的流向以及旅游区的开发建设进行描述。从这时起，旅游地理学界就积极参与了开发实践，并取得了不少成果。1985年郭来喜主持完成的“河北昌黎黄金海岸开发”就是一个获得巨大成功的旅游地开发范例。它使一片荒凉的沙、碱地成为新的旅游热点，取得了可喜的经济、社会与生态效益。其他的如卢村禾等完成的“皖南旅游区开发对策考察报告”（1985年）、孙文昌等制定的“辉南龙湾区旅游规划”（1985年）等也都产生了比较大的影响。

（二）发展阶段（1986—1992年）

随着旅游业的兴起和发展，旅游地理学在科学实践中逐渐成长起来，并以其独有的指导功能受到旅游界的认可。随着地理学界承担的小区域旅游开发规划数量骤增，一大批有较高实用价值的科研报告产生。

这一阶段的旅游地理学主要侧重于参与旅游资源方面的开发和规划实践，在大量个案经验的基础上，也对区域旅游开发规划理论和模式做了初步总结，其中卢云亭的《现代旅游地理学》是一本代表性著作。陈传康在总结大量个案实证研究后提出了风景要素组成、风景结构层次、旅游业的结构、旅游活动行为层次图式和区域旅游等多种开发模式，为区域旅游开发奠定了理论基础。郭来喜积极倡导开展旅游资源普查工作，提出了站在世界、全国、区域的大系统上来考虑区域旅游的优化模式。他还走出国门，推动旅游地理学的国际合作与交流，他的《中国旅游资源的基本特征与旅游区划研究》和《中国旅游资源基本特征及其开发研究》是最早向国外介绍中国旅游地理研究成果的两篇论文，引起了国际社会的重视。

（三）深化阶段（1993 年至今）

在这一阶段，旅游地理学在各方面都取得了很大进展，主要表现在：旅游地理学家参与了高层次旅游决策，如国家旅游局采纳了郭来喜倡导设置生态旅游主题年的建议，将 1999 年的旅游主题定为生态环境游；中科院地理所与国家旅游局资源开发司合作，于 1993 年制定了《中国旅游资源普查规范（试行稿）》；1996 年，由中科院地理所和国家旅游局计划统计司共同承担的、由郭来喜主持的“中国旅游业持续发展理论基础及宏观配置体系研究”课题被国家自然科学基金委员会列为“九五”重点项目，成为中国国家级自然科学领域的第一个重点旅游研究项目，显示了旅游地理学研究旅游产业的成熟性和先导性，成为旅游地理研究的一个新里程碑；1993 年出版了第一本较高水准的旅游地理学教材；一大批青年旅游地理学者茁壮成长起来，其中有代表性的有保继刚、吴必虎、陆林等。

这一阶段，原有理论在实践中得到进一步验证和提升，旅游地理学研究的领域与内容也逐步扩大和深入，旅游可持续发展思想受到了旅游地理学界的高度重视，并贯彻于开发实践中。旅游技术应用也呈现出多样化和现代化趋势，传统技术方法得到革新，定性与定量研究相结合的方法得到普及，高新技术如遥感（RS）、地理信息系统（GIS）、全球定位系统（GPS）等也在旅游资源普查和规划中得到运用。

活动训练

讨论中国旅游地理学的发展与我国旅游业发展的关系。

能力训练任务

分小组收集本省（本市）自然、人文旅游资源的特色与优势，以幻灯片讲解、演示小组成果。

任务二 旅游者与地理环境

学习任务

能力目标：学会分析旅游者产生的地理背景

知识目标：了解旅游者产生的地理背景

素养目标：掌握影响旅游者决策的因素

一、旅游者的概念

旅游者在英文里写作“tourist”，意思是出于好奇心、为了得到快乐而进行旅行的人。但是在统计旅游者的人数时，出现了一个难题：哪些人算旅游者，哪些人不算旅游者？比如说，一个人离开居住地到异地观光，停留时间超过了 24 小时，他算旅游者似乎是无可非议的；但是另一个人离开了本单位或住宅，在本居住地的城市或郊野游玩了几个小时，当晚又回到了住地，他算不算旅游者？依普遍的看法他应该是旅游者，可是国际上统计旅游人数时，对此又是不予承认的。所以，如何划分旅游者和非旅游者，就得有一个标准了。

1963 年，在罗马举行的联合国旅行和旅游会议提出了“观光者”的定义：到一个非自己定居的国家观光，目的不是挣钱，这样的人就是观光者。观光者又可细分为旅游者和短途旅游者两大类。

旅游者即临时观光者，是指到一个国家停留 24 小时以上，以娱乐、保健、学习、宗教信仰活动或体育运动等为目的的人。

短途旅游者是指到一个国家逗留少于 24 小时的人，包括海上航行的旅游者。

国内旅游者是指在本国某目的地旅行超过 24 小时而少于 1 年的人，以娱乐、度假、运动、商务、会议、学习、探亲访友、保健等为目的。

国内短途旅游者是指基于上述国内旅游者的任一目的在旅游目的地逗留不超过 24 小时的人。

二、旅游者产生的地理背景

（一）自然地理背景

不同的自然地理环境对生活在不同环境中的人们产生着吸引力，给不同地域的人们强烈的刺激，从而激发旅游者的潜在旅游动机，促使旅游者产生旅游行为。

自然环境的复杂性、多样性、地带性，促使生活在不同地区的人们去探究、欣赏、体验差异化的自然景观。区域间的自然地理环境特征差异越大，未知程度越高，相互间的吸引力也就越大。因为这些差异能够引发人们的好奇心，产生强烈的感官刺激，激发人们探究的愿望。

地球表面的自然环境差异主要表现为三个层次：一是自然地带的差异。它是受地理纬度和海陆位置的影响而形成的，具有完全独立景观特征的东西带状延伸、南北依次更迭的自然地理环境单元，每个自然地带都有其独特的景观特征，不同自然地带其环境基调不同。二是同一自然地带内沿海与内陆的差异。它主要体现为两者景观、气候的不同，以及沿海具有而内陆不具备的水上运动环境条件等。三是因岩石性质、地质作用的不同形成的特殊景观。如花岗岩地貌景观、石灰岩地貌景观、丹霞地貌景观等。

（二）文化地理背景

文化是人类群体在一定历史时期所形成的思想、理念、行为、风俗、习惯以及由群体整体意识所辐射出来的一切活动，它是人类在社会历史实践过程中所创造的物质财富和精神财富的总和。

生活在不同地域的人群，创造了不同的地域文化。文化的差别越大，旅游的吸引力就越大。如生活在中原地区的人们对我国北方游牧民族的生活方式、饮食习惯、民风民俗等就抱有强烈的好奇心；我国西部干旱地区的人们，对东部沿海地区特别是海滨浴场、渔民的生活就充满了好奇。

（三）经济地理背景

经济地理环境的地区差异也会产生旅游吸引力。如经济发达地区与经济欠发达地区相比较，经济发达地区形成主要的旅游客源地。首先，经济发达地区的人们经济收入较高，个人可支配收入较高，具备旅游者产生的客观条件。其次，经济发达地区的人们工作压力相对来说较大、工作内容相对枯燥，人们渴望缓解由此造成的身心疲惫，渴望回归大自然，渴望人与人之间真诚的交往。而旅游景区往往成为人们向往的“心灵圣地”，特别是一些偏远、原始、传统文化保存良好的地区。

（四）生态环境质量背景

生态环境质量是指自然环境原始性质和状态的变化程度，包括生态环境退化程度和生态环境污染程度两个方面。生态环境质量背景也是激发旅游者旅游动机的又一重要因素，暂时摆脱严重污染的环境，到少污染或无污染的地方去恢复健康、增强体质，越来越成为人们旅游的重要动机。高质量的生态环境对旅游者吸引力越来越大，近年来草原生态旅游、森林生态旅游、乡村生态旅游等飞速发展，就反映了人们对于良好的生态环境的追求和偏爱。

地理环境的差异性和丰富性与人类各自所居住环境的单调性和局限性形成鲜明的对比，构成了人类生活环境与地表环境之间微小与宏大、单调与丰富的尖锐矛盾，这种矛盾激发了人们最本能的猎奇心理、探究心理，从而产生旅游需求。

三、旅游者决策

（一）影响旅游者决策的因素

一般来说，影响旅游者决策的因素主要包括三个方面，即环境感知、最大效益、旅游偏好。

1. 环境感知

环境感知是指人们通过各种信息渠道获得的对外界环境的整体印象。环境感知是影响旅游者决策的重要因素，对某个旅游目的地有良好的环境感知是去该目的地旅游的前提。如客观距离和感知距离是环境感知与客观环境之间联系的另一个表现。客观距离以里程来衡量，而感知距离则以克服客观距离所消耗的时间、资金和精力来衡量。在竞争日益激烈的旅游市场中，谁能够让旅游者对自己的产品获得深刻的感知，帮旅游者做出最佳旅游决策，获得最大旅游效益，谁就能拓宽和占领客源市场。

2. 最大效益

在旅游过程中，旅游者都希望实现最大效益，也就是在一定的资金和闲暇时间的限制下获得最多信息。一般来说，当人们花在旅行上的时间和目的地游玩时间小于某一个临界值时，才会做出出去旅游的决策。旅游动机往往是由自然环境和人文环境的差异激发的，因此人们在旅游过程中会追求对异地环境的最大了解，这也就是对异地环境最大信息量的追求。

3. 旅游偏好

旅游偏好是指人们在进行旅游决策的过程中，会受到个性特征以及个人兴趣、爱好、能力、性格差异的影响。总体来讲，一个地区的旅游者往往会有一些共性的心理特征和需求，但是具体的个体旅游者则会受到年龄、职业、文化程度等方面的影响，从而产生旅游偏好的不同。

（二）旅游者决策的过程

旅游者决策的过程一般可以分为产生需要、信息收集、评价对比、最后决策四个步骤。

1. 产生需要

当人们有了可支配的收入和闲暇时间时，才会产生旅游的愿望和需要。产生需要的动机与人们生活的地域和工作生活的状况有关。

2. 信息收集

旅游信息的收集渠道主要包括新闻媒体的介绍、到旅行社提供的咨询、导游手册的介绍、互联网信息、亲朋好友的介绍等。

3. 评价对比

旅游者将通过各种途径收集到的信息进行归纳总结，挑选出一定数量的旅游目的地进行对比。

4. 最后决策

在数个旅游目的地中，旅游者最后往往通过旅行距离决策模式来决定所前往的目的地。

活动训练

课堂讨论：分小组讨论旅游者产生的地理背景，每个小组成员根据自己的旅游经历或经验，讨论旅游者的产生与地理环境之间的关系，并形成本小组的最终结论。

能力训练任务

选择某一个地域的旅游团体，根据其所处地理环境、区域旅游环境、旅游资源等方面的不同，分析其旅游偏好、旅游意向，设计出针对这个旅游团体的旅游产品。

素养园地

“绿水青山就是金山银山”

习题

1. 旅游地理学的学科性质是什么？
2. 结合本地区地理环境特点，分析本地区旅游业发展重点与地理环境之间的关系。
3. 影响旅游者决策的因素有哪些？
4. 分析旅游者产生的地理背景。

项目二 旅游资源地理

任务一 中国自然旅游资源

学习任务

能力目标：学会分析各种自然旅游资源的特点
知识目标：掌握中国自然旅游资源的类型、特点
素养目标：掌握自然旅游资源与旅游者旅游动机之间的内在联系

一、地文景观类旅游资源

地文景观是指地球内、外营力综合作用于地球岩石圈而形成的各种现象与事物的总称。

内营力作用也称内力作用，是指由地球内部能量如放射性元素产生的热能、地球自转产生的旋转能和重力作用形成的重力能等所产生的作用，主要表现为地壳运动、岩浆活动、变质作用和地震。外营力作用的主要能源来自太阳能。地壳表面直接与大气圈、水圈、生物圈接触，各圈层之间复杂的相互影响和相互作用，使地表形态不断发生着变化。外营力作用总的趋势是通过剥蚀、堆积逐渐夷平地面。外营力作用的形式很多，如流水、地下水、重力、波浪、冰川、风沙等。各种作用对地貌形态的改造方式虽不相同，但本质上都经历了风化、剥蚀、搬运和堆积（沉积）几个环节。

（一）地质遗迹旅游资源

地质遗迹是在地质历史时期，由内力地质作用和外力地质作用形成的，反映了地质历史演化过程和物理、化学条件或环境变化的地质自然遗产。这是人类认识地质现象、推测地质环境形成过程和演变条件的重要依据，是人们恢复地质历史的主要参数。地质遗迹是不可再生的，破坏了就永远不可恢复，也就失去了研究地质作用过程和形成原因的实际资料。

地质遗迹依其形成原因、自然属性等可分为以下 5 种类型。

1. 地质剖面

地质剖面是研究地层、岩体和构造的基础资料。地质剖面又称标准地质断面，是沿某一方向，显示地表或一定深度内地质构造情况的实际（或推断）切面。如中国最古老的岩石——辽宁鞍山白家坟花岗岩剖面，天津蓟州区中、上元古界地质剖面等。

2. 古生物化石遗址

古生物化石是地质历史时期留存于地层中的生物遗体、遗骸及生物活动的遗迹、遗物的总称，包括植物、无脊椎动物、脊椎动物等的化石及遗迹化石。它是地球历史的见证，是研究生物起源和进化等的科学依据。古生物化石不同于文物，它是重要的地质遗迹，是宝贵的、不可再生的自然遗产。在一定意义上，它也是一种重要的地质旅游资源和旅游商品资源。

3. 地质构造形迹

地质构造形迹是指在自然条件下地壳中的岩层或岩体发生永久形变而形成的各种地质构造形体和地块、岩块相对位移的踪迹，包括构造变动和非构造变动产生的各种次生结构要素。各种不同成因的褶皱和不同性质的断裂、节理、劈理和片理等，还有各种显微裂隙、岩石或矿物的次生定向排列和晶格错位等，不论规模大小和性质差异，统称为地质构造形迹。

4. 特大型矿床

特大型矿床是指金属储量超过大型矿床规定储量的数倍到数十倍的规模巨大的矿床。

各国对不同矿种特大型矿床储量界线的规定不尽一致。涂光炽院士提出以中国大型矿床储量下限的 5 倍作为特大型矿床的储量下限。

特大型矿床的成因，一般认为是有利的地质构造条件、充分的矿质供应和多期成矿富集作用的叠加。我国特大型矿床有世界上最大的稀土矿床——内蒙古白云鄂博、中国稀有金属和宝石明珠——新疆阿尔泰伟晶岩矿床、黑龙江大庆油田等。

5. 地质灾害遗迹

地质灾害是指在自然或者人为因素的作用下形成的，对人类生命财产、环境造成破坏和损失的地质作用（现象）。如崩塌、滑坡、泥石流、地裂缝、水土流失、土地沙漠化及沼泽化、土壤盐碱化，以及地震、火山、地热害等。地质灾害遗迹是指由地质灾害形成的各种具有科学研究、观察价值的遗迹。如辽宁大连金石滩震旦纪—寒武纪地层中的地震遗迹，河北唐山地震遗迹等。

（二）地貌旅游资源

地貌旅游资源是内外地质作用在地表所形成的具有旅游价值的典型地貌景观。如构造地貌、剥蚀地貌、堆积地貌，山岳、丘陵、峡谷、高原、平原和盆地等地貌，河流、冰川、岩溶、风成、海成作用形成的地貌以及火山和重力作用形成的地貌。它们是构成旅游资源的重要自然景观资源。以下主要介绍山岳地貌、喀斯特地貌和海岸地貌。

1. 山岳地貌

山岳地貌按其地质地貌成因，主要分为如下几种类型。

（1）花岗岩地貌。

花岗岩是地面上最常见的酸性侵入岩。它质地坚硬，岩性较均一，垂直节理发育，多构成山地的核心，成为显著的隆起地形，在流水侵蚀和重力崩塌作用下，常形成挺拔险峻、峭壁耸立的雄奇景观。表层岩石球状风化显著，还可形成各种造型逼真的怪石，具有较高的观赏价值。

花岗岩由于节理风化、崩塌等作用，常形成峭壁悬崖、孤峰擎天、石柱林立等奇特景观，著名的如黄山的莲花峰、炼丹峰和天都峰三峰鼎立，华山的东西南北中五峰相峙，天柱山的天柱峰、九华山的观音峰也非常典型。

球状风化景观，著名的有海南的天涯海角、鹿回头、南天一柱，浙江普陀山的石狮，辽宁千山的无根石，安徽天柱山的仙鼓峰和黄山的仙桃石等。

（2）变质岩地貌。

变质岩是岩浆岩、沉积岩由于所处的地质环境和理化条件的变化，原来岩石的矿物成分和结构发生改变而形成的岩石。其种类很多，由于原有岩石的岩性及变质程度存在差异，各种变质岩的岩性差别很大，形成的山地风景的风格及特色也不同。我国由变质岩构成的名山很多，著名的如泰山、嵩山、庐山、五台山、苍山、武当山、梵净山等。泰山以山体高大雄伟著称，尤其是由杂岩组成的南坡，主体是由古老的花岗闪长岩体变质而成。梵净山相对高差达 2 000 余米，出露于群峰之巅，巍峨壮观，在风化、侵蚀等外力作用下，造就了无数奇峰怪石，如鹰嘴岩、蘑菇岩、冰盆、万卷书等。其他著名的变质岩山还有江苏的孔望山、花果山，浙江的南明山等。

（3）砂岩峰林地貌。

位于湖南省西北部的武陵源风景区是我国独特的砂岩峰林地貌景观。它像一座天然的艺术宫殿，莽莽苍苍，绵延数百里，浩渺高大，气势磅礴。武陵源风景区由张家界国家森林公园以及索溪峪、天子山、杨家界三个自然保护区组成，共有 4 000 多处砂岩石峰，集神、奇、秀、野等特色于一体，峭壁万仞，千姿百态，世所罕见。景区出露地层为上泥盆统云台观组巨厚、质纯、坚硬的紫红色或灰白色石英岩。岩层平缓，东北与西北近于垂直的两组节理特别发育、集中，为塑造砂岩峰林地貌提供了良好条件。流水的侵蚀和重力崩塌，加之物理风化、化学风化和生物作用，造就了峰林、峰柱、方山、石林、峡谷、嶂谷、幽谷等奇特的砂岩峰林地貌景观。

（4）丹霞地貌。

丹霞地貌是指发育在中生代至第三纪的水平或缓倾斜的厚层而坚硬的红色粗、中粒碎屑岩系之上，在构造运动及间歇抬升的作用下，受流水侵蚀及崩塌后退等外力作用而形成的顶平、坡陡、麓缓的地貌形态。这种地貌具有奇、险、秀、美的赤壁丹崖及千姿百态的造型。丹霞地貌具有整体感强、线条明快质朴、体态浑厚稳重、丹山碧水的特点，因而有很高的游览和观赏价值，是我国重要的地貌旅游资源。

据统计，我国主要的丹霞地貌区风景类型有石寨、石墙、石梁、石崖、石柱、石峰、峰丛、一线天、嶂谷、峰林、水蚀溶洞、造型地貌、天然壁画等 26 类。位于广西资源县和湖南新宁县交界处的资源-新宁风景区和广东仁化的丹霞山风景区各有 20 类风景类型，旅游资源丰富。

入选国家级风景名胜区的丹霞地貌有：广东的丹霞山，江西的龙虎山，四川的青城山，安徽的齐云山，福建的武夷山，甘肃的麦积山、崆峒山等。

广东省韶关市东北仁化县城南的丹霞山，由 200 多座奇山异峰组成，是世界上最典型和最大的丹霞地貌地区之一，也是地理上“丹霞地貌”一词的命名地。丹霞山主要由丹霞组地层组成，岩性为砾岩、砂砾岩等。丹霞山为岭南第一名山，是广东四大名山之首。

位于广西资源县与湖南省新宁县交界处的资新盆地，面积近 310 平方千米，是我国已知发育丹霞地貌最大的地区。现已开发了资江风景旅游区、八角寨风景旅游区、崀山风景旅游区及其周边区。这是中国丹霞地貌风景区中丰度和品位具有“大、多、长、密、厚”

特质的极具代表性的优美的风景区。

四川盆地内主要的丹霞地貌（区）有近50处，其中10处在国家级风景名胜区内，2处为全国重点文物保护单位，其余位于省、市级风景名胜区内。主要有都江堰市青城山、玉垒山、剑阁县北剑门山、广元千佛崖、乐山凌云山、峨眉山二斗岩、江津区四面山、忠县玉印山、洪雅县玉屏山以及大足区北山、宝顶山等。

此外，甘肃天水、平凉、兰州、武山及河北燕山等地也有许多丹霞地貌。

2. 喀斯特地貌

喀斯特地貌是具有溶蚀力的水对可溶性岩石进行溶蚀等作用所形成的地表和地下形态的总称，又称岩溶地貌。其形成机制除溶蚀作用以外，还包括流水的冲蚀、潜蚀以及坍陷等机械侵蚀过程。“喀斯特”原是南斯拉夫西北部伊斯特拉半岛碳酸盐岩高原的名称，意为“岩石裸露的地方”，“喀斯特地貌”因近代喀斯特研究发轫于该地而得名。

中国喀斯特地貌分布广、面积大，主要分布在西部地区的碳酸盐岩出露地区，面积有91万至130万平方千米。其中广西、贵州和云南东部所占的面积最大，是世界上最大的喀斯特区之一；西藏和北方一些地区也有分布。广西境内主要是山地和丘陵喀斯特，贵州、云南、西藏多为高原喀斯特，高山喀斯特多分布在四川、云南和西藏等高海拔地区。

3. 海岸地貌

海岸地貌是指海岸在构造运动、海水动力、生物作用和气候因素等共同作用下所形成的各种地貌的总称。

在海岸地貌的塑造过程中，构造运动是基础。在这个基础上，波浪作用、潮汐作用、生物作用及气候因素等塑造出了众多复杂的海岸形态。波浪作用是塑造海岸地貌最活跃的动力因素。

海岸地貌按其基本特征可分为两大类：海岸侵蚀地貌和海岸堆积地貌。

（1）海岸侵蚀地貌。

海岸侵蚀地貌是指岩石海岸在波浪、潮流等的不断侵蚀下形成的各种形态，主要有海蚀洞、海蚀崖、海蚀平台、海蚀柱等。这类地貌又因海岸物质的组成不同，被侵蚀的速度及地貌的发育程度也有差异。

（2）海岸堆积地貌。

海岸堆积地貌是指近岸物质在波浪、潮流和风的搬运下，沉积形成的各种形态。按堆积体形态与海岸的关系及成因，可分为毗连地貌、自由地貌、封闭地貌、环绕地貌和隔岸地貌。按海岸物质的组成及形态，可分为沙砾质海岸、淤泥质海岸、三角洲海岸、生物海岸等地貌。沙砾质海岸地貌发育于岬角、港湾相间的海岸，由被侵蚀的物质经沿岸流输送堆积而成。淤泥质海岸地貌在潮汐作用较强的河口附近和隐蔽的海湾内堆积而成，地貌形态较为单一，成为平缓宽浅的泥质潮间带海滩。三角洲海岸地貌是在河口由河流携带的泥沙堆积而成的向海洋伸突的泥沙堆积体。生物海岸地貌为热带和亚热带地区特有的海岸地貌类型。珊瑚礁海岸地貌是其中较为典型的一类，它由造礁珊瑚、有孔虫、石灰藻等生物残骸堆积而成。珊瑚礁海岸地貌主要分为岸礁、堡礁和环礁三种类型。

二、水域景观类旅游资源

各种形态的水体在地质地貌、气候、生物以及人类活动等因素的影响下，形成了不同类型的水体景观，即水域景观。凡能吸引旅游者进行观光游览、度假健身、参与体验等活动的各种水体资源，都可视为水域景观类旅游资源。

（一）河流景观

我国境内的河流，仅流域面积在 1 000 平方千米以上的就有 1 500 多条。由于主要河流多发源于青藏高原，落差很大，因此我国的水力资源非常丰富，蕴藏量达 6.8 亿千瓦，居世界第一位。我国的河流大多分布在东南部外流区内。这里的河流多且长，夏季容易形成汛期。汛期径流量一般占全年径流量的 60%～80%。秦岭和淮河一线以北的河流，冬季结冰，普遍形成枯水期，一些河流甚至断流。西北内陆河较少，一些地方为无流区，这里的河流水源不丰，沿途多沙漠和戈壁，蒸发和渗漏严重，很多河流成为季节性河道。

长江是我国第一大河，仅次于非洲的尼罗河和南美洲的亚马孙河，是世界第三长河。它全长 6 300 多千米，流域面积约 180 万平方千米。长江中下游地区气候温暖湿润、雨量充沛、土地肥沃，是中国重要的农业区；长江还是中国东西水上运输的大动脉，素有“黄金水道”之称。

黄河发源于青海省中部，巴颜喀拉山北麓，流经青海、四川、甘肃、宁夏、内蒙古、山西、陕西、河南、山东 9 个省、自治区，注入渤海，全长 5 400 多千米，是中国的第二大河。流域面积 79.5 万平方千米，流经中国青藏高原、内蒙古高原、黄土高原、华北平原，覆盖干旱、半干旱、半湿润区。

珠江是中国南方最大的河流，其干流西江发源于云南东部。珠江流经云南、贵州、广西、广东、湖南、江西 6 个省、自治区，注入南海，全长约 2 320 千米，流域在中国境内约 44 万平方千米。珠江主要有西江、北江、东江三大支流水系，北江与东江基本上都在广东境内，三江水系在珠江三角洲汇集，形成纵横交错、港汊纷杂的网状水系。

除天然河流外，我国还有许多人工开凿的运河，其中有世界上开凿最早、最长的京杭大运河。京杭大运河是我国历史上与万里长城齐名的伟大工程。京杭大运河从开凿至今已有 2 000 多年的历史，新中国成立后，对运河进行了整治，目前江苏、浙江两省境内的河段仍是重要的水上运输线。同时，运河还发挥着灌溉、防洪、排涝等综合作用。在“南水北调”东线工程中，它又被用作长江水源北上的输水渠道。

（二）湖泊景观

中国湖泊众多，共有湖泊 24 800 多个，其中面积在 1 平方千米以上的天然湖泊就有 2 800 个左右。虽然湖泊数量很多，但在地区分布上很不均匀。总的来说，东部季风区，特别是长江中下游地区，分布着中国最大的淡水湖群；西部以青藏高原湖泊较为集中，多为内陆咸水湖。

就地区而言，我国的湖泊主要分布在东部平原和青藏高原两大湖区。湖北省境内江汉平原区大小湖泊共 600 多个，为我国湖泊最多的省份之一。青藏高原是我国湖泊面积广、分布稠密的地区，占全国湖泊总面积的 50%左右，它拥有世界上最高且数量最多的高原湖泊群。仅西藏湖泊面积就有 250 多万公顷，占全国湖泊总面积的 30%，是我国湖泊面积最大的地区。

我国湖泊大致以大兴安岭—阴山—贺兰山—祁连山—昆仑山—唐古拉山—冈底斯山一线为界。此线东南多为外流湖，且多为淡水湖；此线西北多为内流湖且多咸水湖，西藏是我国盐湖（咸水湖的一种）分布最多的地区，也是世界上主要的盐湖分布区之一。

上述地区壮观的湖泊景观，每年吸引着大量的游客到此观光体验。

（三）泉水景观

泉是地下水天然出露至地表，或者是地下含水层露出地表形成的景观。根据水流状况的不同，它可以分为间歇泉和长流泉。如果地下水露出地表后没有形成明显水流，则称为渗水。根据水流温度，泉可以分为温泉和冷泉。有观赏价值的泉，如与济南的趵突泉齐名的百脉泉，泉畔有为纪念女诗人李清照而建的清照园，景观典雅怡人。此外，山东济南珍珠泉、广西桂平乳泉，以及浙江杭州虎跑泉等都是著名的观赏泉。

泉水景观的旅游价值集中体现在观赏、医疗保健、品茗、酿酒、运动等方面。

（四）瀑布景观

瀑布在地质学上叫跌水，即河水在流经断层、凹陷等地区时垂直地跌落。瀑布是一种暂时性的特征，它最终会因侵蚀顶部岩石使其崩塌，落差逐渐减少而消失。其侵蚀速度取决于特定瀑布的高度、流量和岩石的类型与构造，以及其他一些因素。

我国著名瀑布主要有以下几个。

1. 壶口瀑布

黄河流经晋陕峡谷到达吉县境内，水面一下子从 400 多米宽收缩为 50 余米宽，古人用八个字来概括："盖河旋涡，如一壶然。"壶口瀑布的形象跃然纸上。

2. 庐山瀑布群

庐山瀑布群的主要瀑布有：三叠泉瀑布、开先瀑布、石门涧瀑布、黄龙潭瀑布、乌龙潭瀑布、王家坡双瀑和玉帘泉瀑布等。庐山瀑布因李白名诗《望庐山瀑布》——"日照香炉生紫烟，遥看瀑布挂前川。飞流直下三千尺，疑是银河落九天"而为人所熟知。

3. 马岭河瀑布群

马岭河瀑布群是中国最大的瀑布群。马岭河发源于乌蒙山脉，有瀑布飞泉 60 余处，而壁挂崖一带仅 2 千米长的峡谷中，就分布着 13 条瀑布，形成了一个壮观的瀑布群。最具特色的是珍珠瀑布，4 条看起来洁白而轻软的瀑布从 200 多米高的崖顶跌落下来，在层层叠叠的岩页上时隐时现，撞击出万千水珠，水珠在阳光照耀下闪闪发光，似有人居高临下筛落满崖的浪花。

4. 流沙瀑布

位于湘西的流沙瀑布落差达 216 米，大多数时候，该瀑布是从绝壁之上腾空而下，极高的落差使得水流到了下面就散落成流沙状，因此得名"流沙瀑布"。

5. 九寨沟瀑布群

九寨沟瀑布群以洁净而闻名。在九寨沟里，沿着水流步行是一种无比美妙的享受。从箭竹海、熊猫海、五花海、孔雀河道到珍珠滩，都能看到如诗如画的瀑布。

6. 镜泊湖瀑布

镜泊湖瀑布是中国最大的火山瀑布。一万年前的火山爆发，改变了牡丹江的河道。第四纪玄武岩流在吊水楼附近形成了天然堰塞堤，拦截了牡丹江出口，从而提高水位形成了 90 多平方千米的镜泊湖。呼啸奔腾的湖水漫过平滑的熔岩床面，从断层峭壁上飞泻而下，在丰水期时就会形成宽约 40 米、落差 20 多米的大瀑布。

7. 黄果树大瀑布

黄果树大瀑布是白水河上最雄浑瑰丽的乐章，它将河水的缓游慢吟和欢跃奔腾奇妙地糅合在一起。河流从 77.8 米高的悬崖之巅跌落，它既有水量丰沛、气韵万千的恢宏，又有柔细飘逸、楚楚依人的温柔。宽阔的瀑面上水汽飘然，若逢适当的阳光照射还可形成迷人的彩虹。

8. 九龙漈瀑布

九龙漈瀑布是华东地区仅有的特大瀑布群。九龙漈瀑布位于福建省周宁县，距县城东南约 14 千米，瀑布总落差 300 多米，被誉为“福建第一”“中国少有”，1987 年入选第一批省级风景名胜区，2013 年被批准为国家 4A 级旅游景区。

9. 银练坠瀑布

该瀑布在天星桥景区内，离黄果树大瀑布只有 7 千米。它由许多小瀑组成，总高 40 余米。周围有天星桥风景区，区内有天星洞、水上石林等景点。银练坠瀑布是天星桥景区内形态最美的瀑布，水围圆石而下，宛如条条银练坠入深潭，绚丽无比，因此也称“银练坠潭瀑布”。

10. 德天瀑布

德天瀑布位于广西大新县归春河上游，距中越边境 53 号界碑约 50 米，离广西壮族自治区首府南宁市约 208 千米。主体瀑布宽 100 米，纵深 60 米，落差 70 米，与越南的板约瀑布连为一体，瀑布最大总宽 208 米，是东南亚最大的天然瀑布。

三、生物景观类旅游资源

（一）生物景观类旅游资源的概念

生物是地球表面有生命物体的总称，按其性质可分为动物、植物和微生物。据统计，现今被发现、记载并定名的生物体约有 200 万种，这使得自然界呈现出多姿多彩的生物景象。作为旅游资源的生物景观，主要是指由动、植物及其相关生存环境所构成的各种过程与现象。

生物景观以其复杂的形态和由其自身生命节律所表现出的变化性构成了旅游景观的实体，是自然旅游资源中最具特色的类型。

（二）生物景观类旅游资源的特点

1. 广泛性和多样性

广泛性和多样性是指生物景观类旅游资源在空间分布上的广泛性和多样性。我国的生物资源极为丰富，其中包括不少特有、独存和主要分布于我国的珍稀物种。据《中国生物物种名录 2024 版》统计，目前我国有高等植物 39 897 种。其中，维管植物门有 36 055 种，角苔门、真藓门和地钱门等共 3 842 种。银杏、水松、水杉、金钱松、银杉等被称为“植物的活化石”。

我国的动物资源也很丰富，共有 69 407 个物种，其中鸟类约 1 505 种，哺乳类 694 种，爬行类 656 种，两栖类 656 种，鱼类 5 127 种。世界上有不少陆栖脊椎动物为我国特有或主要产于我国，如丹顶鹤、褐马鸡、金丝猴、羚羊等。还有一些属于第四纪冰期后残留的孑遗种类，如大熊猫、扬子鳄、大鲵、白鳍豚等，都是极为珍贵的物种资源。

2. 生命有机性

自然旅游资源中的地质、地貌、水文等要素都属于无机物，由它们构成的风景景观也有动、静的变化，但这种动态变化主要是内外营力作用下的自然运动过程，是无生命的。而动、植物是具有生命的有机体，它们的存在给自然界增添了生命的活力。如青海湖鸟岛上的成千上万只禽鸟，使原本孤寂的景观变得热闹非凡、生机盎然。

3. 指示性

由于自然地理各要素都处于紧密的相互联系、相互依赖之中，每个要素的发展都不是独立的，而是共轭进行的。根据各要素之间的相互联系，就可用自然环境中的一个环节来确定其余环节，该环节就具有指示性。在自然地理各成分中，生物，特别是植物对其他要素影响的反应最灵敏，且具有最强的表现力和指示性。例如，温带草原景观是温带大陆性气候的标志。

4. 季节性

季节性是指生物随季节变化而发生形态和空间位置变换，从而形成旅游景观的季节性特点。不同的植物在不同的季节开花，如冬天开梅花、秋天开菊花等。不少植物的叶色也随季节的变化而变化，如银杏的叶子，春夏季为绿色，秋季为黄色。一些动物的毛色也随季节的变化而变化，如雷鸟在冬季为了与雪地的颜色保持一致，它的羽毛会变为白色，以防御敌人。许多动物如大雁、蝴蝶、驯鹿等，为寻找更好、更舒适的生活环境，会随季节有规律地迁徙，从而出现生物空间位置随季节变化的景象。

5. 再生性

再生性是由生物自身的可繁殖性、可驯化性和空间可移动性决定的。人们在生物可繁殖性的基础上，借助生物的可驯化性和空间可移动性特征，并通过改善局部生态环境条件，运用人工干预的手段将许多动、植物进行驯化、移植、饲养、培育，形成人工生物景观。如我国通过人工干预保护了濒危动物大熊猫和其生存环境，并将它作为珍贵的礼物赠送或租借给许多国家，让更多国家的人可目睹这一珍贵的“活化石”。

6. 脆弱性

脆弱性是指生物及自然生态系统所受的威胁较大且抗干扰能力较弱的特点。灾害性环境变化，使不少生物死亡甚至导致物种灭绝。如白垩纪时期的灾变环境使称霸一时的恐龙灭绝。

四、气候景观类旅游资源

（一）气候景观类旅游资源的概念

气候是指一定地区里多年的概括性的气象情况。气候既是人类生活和生产的环境要素之一，又是人类生活和生产所赖以利用的重要资源。气温、降水量、湿度等气候要素的多年平均值是用来描述一个地区气候状况的主要参数。

（二）气候对旅游的影响

1. 影响区域景观形成

首先，气候因素影响一个区域自然景观的形成。如冬季我国北方是一片冰天雪地的北国风光，而岭南地区却郁郁葱葱、鲜花盛开，气候条件的不同使我国南北方形成了不同的景观。

其次，气候还在区域人文景观的形成中发挥重要作用。一般来说，经过长期的历史发展和选择，传统的社会生产和生活方式总是与一个地方的环境条件协调发展，其中与气候条件的适应关系表现得最为明显。如我国北方传统的“面南背北”的居住方式是与冬季北风盛行、房屋需采暖御寒相适应的。南方竹楼则是适应湿热气候的产物。

最后，气象条件是重要的构景要素。如云、雾、雨、霞等在与山、林、水等要素相结合时总能形成优美的景观。所谓“山无云则不秀”“黄山自古云成海”“山色空蒙雨亦奇”等，就是对这种构景作用的具体写照。

2. 影响旅游流时空分布

旅游活动除了受社会、经济条件影响，还受自然条件的影响，气候是造成旅游流周期性变化的重要因素。一般来说，旅游流在时间和空间上的分布不平衡，原因是多方面的，但气象和气候因素是最基本的因素。在我国，夏季游客客流集中在海滨、湖滨和山区以及海拔在 1 000 米以上的高山地区，如庐山、泰山、黄山、五台山、华山等地，这是由于这些地区的气候相对凉爽宜人；冬季气候寒冷，我国低纬地区的海南岛、北海、昆明、广州等地成为北方游客所向往的地方。

旅游业淡季、平季和旺季更替变化的节律性，是由气候的季节性节律变化导致的。游客出行主要集中在春秋两季，而冬夏两季则出行较少，这主要是因为春天草木转青、百花盛开、气候温和、阳光明媚，是旅游的好季节。秋天我国的大部分地区秋高气爽、气候宜人、风沙较少，也是旅游的好季节，因而形成了旅游的旺季。而夏日的炎热和冬日的寒冷抑制了人们的旅游欲望，形成了旅游的平季和淡季。

3. 影响游客观赏效果和舒适度

气候是影响旅游活动的非常重要的因素，主要表现在：第一，气候是旅游活动的基本条件，影响旅游能否顺利进行。适宜的气候可以为旅游活动提供良好的外部环境。第二，气候影响游览效果和气氛。第三，气候条件还会影响旅游的舒适度。如海滨游泳就需要有好的天气，因为只有阳光充足，水温适度，才能使水浴、光浴和沙浴有效地结合起来。如果阴雨连绵、水沙不暖，将难以激发旅游者游泳的兴趣。

（三）气候景观类旅游资源的旅游功能

1. 观赏与体验功能

独特的气候造就了奇异的自然景观，本身就是旅游资源，对旅游者而言具有很大的吸引力。比如，闻名世界的黄山吸引着无数中外游客前来观光游览，游客在赞叹黄山的奇松、怪石的同时，更为其神奇多彩的气象景观所陶醉。

除了观赏功能，气候还有体验功能，这是由于温度、湿度、风、光照等都能给人带来直接的身体体验。坐在海边的礁石上，感受海风轻轻拂面，嗅着有淡淡咸味的空气，看远处落日余晖、归帆点点，听身边浪涛拍岸、海鸥啼鸣，这种“亲身体验”的感觉往往能给游客留下深刻的印象，是更高层次的旅游形式，也成为旅游者进一步追寻的主要内容。

2. 休闲度假功能

对于一个地方的气候，人们最直接的感受来自气温、湿度和风的状况，所以一般以气温、湿度和风的配合状况来表示一个地区的气候舒适度。由于下垫面（地面、植被、水体等）结构、性质及周围环境的不同，近地面层的热量与水分状况会有所差异，这种差异会使一些区域的气候条件具有相对优势，从而有利于开展避暑消寒等度假活动。

3. 疗养健身功能

合适的气候条件是疗养活动必须具备的一个重要环境条件，气候宜人的环境就适合开展疗养旅游活动。一般来说，洁净的空气，适宜的温度、湿度，充足的阳光及宜人的景色对人的身体保健和病体康复是有积极作用的，有利于开展疗养活动。如森林覆盖率高的山区、湖滨、海滨往往成为主要的疗养场所。

滨海地区由于海浪拍岸，水分裂为无数雾珠，使空气中负离子的数量增多。富含负离子的空气进入人体，具有镇痛、止咳、镇静催眠、降低血压和减轻疲劳的功效。我国滨海地区分布着许多著名的疗养胜地，如北戴河、烟台、青岛、大连等地。

活动训练

水域风光旅游景区解说词写作训练：了解本地区水域风光景区，选取一到两个景区，为景区写解说词。

能力训练任务

根据本任务中的中国自然旅游资源的种类，选取本省或本市具有代表性的旅游资源，说明其类型。

任务二 中国人文旅游资源

学习任务

能力目标：学会分析各种人文旅游资源的特点

知识目标：掌握中国人文旅游资源的类型和特点

素养目标：掌握人文旅游资源与旅游者旅游动机之间的内在联系

人文旅游资源又称人文景观旅游资源，是指由各种社会环境、人民生活、历史文物、文化艺术、民族风情和物质生产构成的人文景观，这些人文景观各具特色，因而成为旅游者游览观赏的对象。它们是人类历史文化的结晶，是民族风貌的集中反映，既包含人类历史长河中遗留的精神与物质财富，也映射了当今社会的各个侧面。与自然风景旅游资源不同，人文景观旅游资源可被人们有意识地创造出来，可通过建造博物馆、美术馆、游乐园、文化宫、体育运动中心，以及组织文化节、戏剧节、电影节、音乐节和各种民间喜庆活动等别具特色的文化活动来丰富旅游内容，招徕远方游客，形成充满现代气息的人文旅游资源。人文旅游资源大致可分为四类：（1）人文景物。包括古代建筑、历史文化名城、古遗址、古墓葬、博物馆等。（2）文化传统。包括民族节日、传统艺术、手工艺等。（3）体育与娱乐。包括主题公园和体育旅游等。（4）饮食与购物。

一、人文景物

（一）古代建筑

陕西半坡遗址发掘的方形或圆形浅穴式房屋，距今已有六七千年的历史；修建在崇山峻岭之上、蜿蜒万里的长城，是人类建筑史上的奇迹；建于隋代的河北赵县的安济桥，在科学技术同艺术的完美结合上，早已居于世界桥梁科学的前列；现存的高达 67.31 米的山西应县佛宫寺木塔，是世界现存最高的木结构楼阁式建筑；北京明、清两代的故宫，则是世界上现存规模最大、建筑精美、保存完整的大规模建筑群。至于我国的古典园林，因其独特的艺术风格，已成为中国文化遗产中的一颗明珠。现存的这些技术高超、艺术精湛、风格独特的建筑，在世界建筑史上自成系统，独树一帜，是我国古代灿烂文化的重要组成部分。它们像一部部石刻的史书，让我们重温着祖国的灿烂文化，激起我们的爱国热情和民族自信心，同时它也是一种可供人们观赏的艺术，给人以美的享受。

（二）历史文化名城

根据《中华人民共和国文物保护法》，历史文化名城是指保存文物特别丰富并且具有重大历史文化价值或者革命纪念意义的城市。国家于 1982 年、1986 年和 1994 年先后公布了三批国家历史文化名城，计 99 座，此后又不断增补。截至 2024 年 12 月，全国共有 143 座国家历史文化名城。

（三）古遗址

古遗址是古代人类各种活动留下的遗迹，既包括人类为满足不同用途所营建的建筑群体，以及村寨、城堡、烽燧等各类建筑残迹，也包括人类对自然环境加以利用和加工而遗留的一些场所。不同历史时期的古遗址大多湮没已久，甚至沦为沙漠中的废墟。对各种类型的古遗址的调查发掘，可以帮助我们了解古代的社会状况，因而在文物保护与考古研究工作中备受重视。

（四）古墓葬

古墓葬，泛指古代人类采取一定方式对死者进行埋葬的遗迹，包括墓穴、葬具、随葬器物和墓地。中国的古墓葬分布很广，历年来发掘出土了大量历史价值较高的珍贵文物，它们是探讨不同时代、地区和社会阶层之间埋葬习俗以及所属时代社会生活状况的重要实物资料。

（五）博物馆

博物馆是征集、典藏、陈列和研究代表自然与人类文化遗产的实物的场所，是对那些有科学性、历史性或者艺术价值的物品进行分类，为公众提供知识、教育和欣赏的文化教育机构、建筑物、地点或者社会公共机构。博物馆是非营利性的永久性机构，对公众开放，为社会发展提供服务，以学习、教育、娱乐为目的。

二、文化传统

（一）民族节日

中国是一个统一的多民族国家。在 56 个民族中，节日之多，难以计数。民族节日是一个民族在长期历史发展中形成的、具有一定意义的，并要在这一天举行庆祝或祭祀仪式的日子。具有民族特色的众多节日，大致可以分为新年节日、生产节日、青年节日、纪念节日、习俗节日和宗教节日六种。这些与自然界季节更替、祈求丰收、崇敬英雄、谈情说爱、传统习俗、宗教信仰等有密切关系的节日，是民族历史的活化石，是民族生活方式的集中体现，也是民族传统文化的生动展示。尽管各民族的节日在日期、内容、意义、过节方式等方面千差万别，但它们共同具有稳定性、群众性、民族性和传承性等特点。不少民族节日已有几百年的历史，有的甚至流传了上千年，成为深深植根于中华大地上的一种文化现象，也是需要进一步挖掘的文化宝库。

（二）传统艺术

我国传统艺术的遗产极其丰富而辉煌。绘画、书法、音乐、舞蹈、戏曲、园林、雕塑、工艺美术、传统美食、传统服饰等，都有几千年的积累，都有伟大的创造，都藏着五千年文明古国深厚的文化底蕴。这些传统艺术是中华民族的宝贵财富，也是全人类的宝贵财富。中国传统艺术以其浓郁的乡土气息、丰富的艺术内涵和生动的历史痕迹，越来越受到世界人民的喜爱和关注，成为人类共同的文化“大餐”。

（三）手工艺

手工艺是指以手工劳动进行制作的具有独特艺术风格的工艺美术。手工艺品指的是纯手工或借助工具制作的产品。手工艺品由自然材料制成，此类产品实用、美观，具有艺术性和创新性；能传达文化内涵，富有装饰性、功能性和传统性；同时具有文化或社会象征意义。

以傣族的文化传统为例，傣族的节日多与宗教活动有关，主要有“关门节”“开门节”“泼水节”等。泼水节为傣历新年，届时举行泼水、划龙船、放高升等活动。男子着无领对襟或大襟小袖短衫，妇女着窄袖短衣和筒裙。傣族人喜欢酒和酸辣食品。普遍爱好歌舞。民歌多由“赞哈”演唱。舞蹈以“孔雀舞”和“象脚鼓舞”著名。傣族村寨多临江河而建，建筑有竹篱环绕，各户自成院落。

三、体育与娱乐

（一）主题公园

主题公园是一种人造旅游资源，它着重于特别的构想，围绕一个或几个主题创造一系列有特别的环境和气氛的项目吸引游客。主题公园最基本的特征是创意性。主题公园内所有的色彩、造型、植被、游乐项目等都为主题服务，共同构成游客容易辨认的特质和游园的线索。

主题公园是现代旅游业在旅游资源的开发过程中孕育出的新的旅游吸引物，是根据自然资源和人文资源的一个或多个特定的主题，采用现代化的科学技术和多层次空间活动的设置方式，集娱乐内容、休闲要素和服务接待设施于一体的现代旅游目的地。一般认为，主题公园起源于荷兰，后来兴盛于美国。荷兰马都拉家族的一对夫妇，为纪念在第二次世界大战中牺牲的独生子而兴建了一个微缩了荷兰 120 处风景名胜的公园。此公园开了世界微缩景区的先河。这个公园在 1952 年开业时轰动欧洲，成为主题公园的鼻祖。

沃尔特·迪士尼在美国加利福尼亚州兴建的世界上第一个现代大型主题公园——迪士

尼乐园，于 1955 年 7 月 17 日正式开业。迪士尼乐园将迪士尼电影场景和动画技巧与机械设备相结合，将主题贯穿于各个游乐项目。由于能够让游客获得前所未有的体验，它不仅风靡美国，而且在世界各地都很受欢迎。

（二）体育旅游

体育旅游是体育与旅游相互融合交叉的部分，它体现了体育的社会性与旅游的社会性。体育旅游属于社会体育的一个产业分支，也是旅游的重要组成部分，是特种旅游的一种，是人类社会生活中的一种新兴旅游活动，其概念有广义和狭义之分。从广义上讲，体育旅游是指旅游者在旅游中所从事的各种娱乐身心、锻炼身体、竞技竞赛、刺激冒险、康复保健、体育观赏及体育文化交流活动等与旅游地、旅游企业、体育企业及社会之间关系的总和。从狭义上讲，体育旅游是为了满足和适应旅游者的各种专项体育需求，以体育资源和一定的体育设施为条件，以旅游商品的形式，为旅游者在旅游过程中提供融健身、娱乐、休闲、交际等于一体的服务，使旅游者的身心得到和谐发展，丰富社会文化生活的一种社会活动。

四、饮食与购物

饮食是一种文化，中华美食源远流长、誉满天下。几千年来，经过不断的总结，中华美食已形成了八大菜系，即鲁菜、川菜、粤菜、闽菜、苏菜、浙菜、湘菜、徽菜。

饮食是旅游过程的基本需要。旅游是集食、宿、行、游、购、娱为一体的综合性社会文化活动，在旅游的六大要素中，餐饮供应居于首位，在旅游业中的地位极为重要。旅游活动作为一种有较高体力要求的特殊活动，需要较多的能量，自然离不开饮食的基本支持。饮食不仅是旅游活动的物质基础之一，也可以满足旅游者的精神需求，是旅游活动的一项重要内容。到外地旅游，品尝当地名菜、名点，无疑是一种饮食文化的享受。我国的饮食品种多样、内涵丰富，背景文化以及饮食习俗等都深深地吸引着游客。如果把饮食和旅游很好地结合起来，不仅可以促进当地饮食文化资源的开发，还可大大丰富旅游产品，为旅游开发和旅游经济增添新的亮点。

旅游购物本身就是一种旅游资源，能够满足游客的购物体验需求，已成为某些旅游目的地最具吸引力的内容之一。旅游商品是旅游购物资源的核心，也是吸引旅游者购物的根源。发展旅游购物是提高旅游整体经济效益的重要途径，是增加收入和就业机会、振兴地方经济的重要手段之一。对国内而言，旅游购物的发展，可以直接满足本国人民日益增长的物质和文化需要；在国际范围内，旅游购物的发展能加深世界各国人民对旅游目的地国家和地区的历史文化、民族传统的了解。我国幅员辽阔、物产丰富，各地根据地方特色开发出的旅游商品多种多样，丰富了旅游活动项目和内容。

活动训练

选取某一种中国传统文化，收集一些相关图片资料，拍摄一段 2～3 分钟的视频素材，编辑成一段完整介绍该传统文化的视频，上传至个人新媒体（抖音、小红书、快手、百度视频、微博等）账号，根据视频转播量或点赞量，对作品质量高、转播量大、点赞量多的作者进行奖励。

能力训练任务

小组训练任务：选择本省或本市的某种人文旅游资源，分析其资源特色，结合其地理环境，讨论该人文旅游资源开发的内容与形式。各小组写出任务报告。

素养园地

中国传统节日——春节

习题

1. 生物景观类旅游资源的特点有哪些？
2. 简述气候景观类旅游资源的旅游功能。
3. 举例说明中国的文化传统旅游资源。
4. 调查本地区人文旅游资源，并总结出本地区人文旅游资源的特点。

项目三 旅游交通地理

任务一 旅游交通概况

学习任务

能力目标：能够根据实际条件选择合适的旅游交通方式

知识目标：掌握旅游交通的概念；理解旅游交通的特点；掌握旅游交通方式的主要类型及其特点

素养目标：认识旅游交通在旅游地理中的重要性

一、旅游交通的概念

旅游交通是国民经济中交通运输系统的一个组成部分，具有交通运输业的基本特征。旅游交通也是构成现代旅游业的基本要素之一，起着连接旅游者和旅游对象的作用。狭义的旅游交通是指旅游者为实现旅游，从出发地到目的地以及在目的地内游览后再回到出发地整个旅游活动过程中所利用的各种交通运输方式的总和，包括各种交通设施以及与之相应的一切旅途服务。广义的旅游交通是指为旅游者在旅行游览过程中提供所需交通运输服务而产生的一系列社会经济活动与现象的总称，包括狭义的旅游交通，也包括公用交通。

旅游交通的便利程度对旅游主体和旅游目的地来说都很重要。就旅游主体而言，旅游交通可以影响旅游者的决策和选择，影响他们的旅游行为的发生。大多数旅游者都愿意选择交通条件好的旅游地作为自己的旅游目的地。就旅游目的地而言，旅游交通能影响旅游地接待游客的数量，从而影响旅游地旅游业的发展，甚至影响旅游地社会经济的发展。可以说，旅游交通是开发旅游资源和建设旅游地的必要条件，是衡量当地旅游业发达程度的重要标准之一。

二、旅游交通的特点

旅游交通是为旅游者提供服务的专用交通，是旅游产品的重要组成部分。由于旅游行为具有特殊性，旅游交通既不同于普通交通，也不同于一般商品。它具有以下特点。

（一）旅游交通服务对象的特定性

旅游交通的服务对象是旅游者而不是一般乘客，它是为旅游者服务的一种组织形式，是旅游产品的一个重要组成要素。旅游交通作为旅游活动中一个不可缺少的环节，必须适应旅游者在旅途中多方面的需要，提供不同于为一般客人提供的特殊服务。旅游者对旅游交通的基本要求是快速、安全、舒适、便捷。因此，旅游交通部门在设计交通线路、安排交通工具及建设车站、码头时都应考虑游客的这些基本要求。

（二）旅游交通的游览性

旅游交通不仅要求快捷、安全、舒适，还要方便、经济和具有娱乐性，特别是特种旅游交通工具，其满足旅游者娱乐、享受、游览需求的功能更是排在了第一位。旅游交通的一个突出特性是它的游览性。如旅游船较之一般的客轮，经停的游览点要更多，而且留有充裕的游览时间。此外，旅游交通在线路安排上，十分注意将各旅游景区（点）连接起来，以便旅游者在旅行过程中游览多个景点、领略沿途风光。

（三）旅游交通的季节性

旅游交通的季节性表现得较为明显。受气候、地理位置、节假日等因素影响，旅游者的旅游活动在一年中的时空分布极不均衡，体现为对旅游交通的需求具有明显的季节性，进而导致旅游交通出现旺季和淡季的现象。旅游旺季，旅游交通客运量骤然增加，交通运力紧张；旅游淡季，旅游交通客运量急剧减少，造成交通运力的浪费。国际上常用的解决办法是实行季节差价，即通过在旅游旺季和高峰时间提高交通票价适当限制客流量，而在旅游淡季降低交通票价来增加客流量，从而缩小淡旺季的差距，保持旅游交通客运量在各个季节和各时间段的相对稳定。

（四）旅游交通产品生产与消费的同步性

旅游交通产品作为一种劳务性商品，具体表现为运力和服务。它是以出售给旅游者座位或床位以及服务来体现自身价值的，如果今天的座位（床位）卖不出去，这些座位（床位）今天的使用价值就浪费掉了，不像其他商品今天卖不出去，还可以储存起来留待以后再卖，所以旅游交通产品具有不可贮存性。旅游交通的生产过程同时也是消费过程。当旅行开始时，生产与消费同时开始；当旅行结束时，生产与消费也就一起结束了，它是不能贮存的。它的这一特点要求旅游交通部门不仅要有较强的经营管理能力，还要有较高的服务质量。只有这样，才能实现最佳的社会与经济效益，才能使交通部门兴旺发达。

（五）旅游交通产品的无形性

旅游交通是一种通过为旅游者提供运力和服务来体现价值的劳务性商品，没有固定的物质形式，是无形的商品。旅游交通与旅游产品有共同的特征：生产与消费同步进行，游客购买的是暂时的使用权，而非所有权。由于有了这种无形性，人们只能凭借宣传介绍、自身体验、内心感受和实际需要来选购这种商品，也正是这种无形性，使旅游者很难判断其质量好坏和服务水平高低。

三、旅游交通与旅游的关系

（一）旅游交通是旅游发展的基础

人们外出旅游，首先必须完成从常住地向旅游目的地的空间转移，这就是旅行。旅行可以以徒步方式进行，也可以借助于一定的交通工具。但徒步一来体力消耗太大，一般人难以承受；二来时间不允许，旅游者为了早点抵达目的地，不愿意把大量时间花在路途上，所以必须借助一定的交通工具来完成这种空间转移。特别是长途或大规模的空间转移，必须借助一定的交通工具。

近代交通工具的发明和广泛使用，为大规模的旅游活动创造了条件，使旅游活动突破了区域的限制，使洲际和环球旅游成为可能。高速公路、高速铁路的出现以及汽车与火车的不断更新、大型豪华游轮和大型喷气式客机的使用等，大大缩短了旅游活动的空间距离，节约了时间，使得旅游人数越来越多，旅游规模不断扩大。由此可见，现代旅游是在现代交通的基础上发展起来的，没有交通工具的不断改进和完善，没有交通线路的开辟，旅游业是难以生存、发展和完善的。

（二）旅游交通决定旅游目的地的可进入性

一个地区发展旅游业的重要条件之一就是该地区要有良好的可进入性。可进入性在交通方面主要表现为能否进得去、散得开、出得来。发达的交通说明旅游区的可进入性强，能够把越来越多的旅游者输送到旅游目的地，使旅游地知名度提高，旅游业获得更好的发展。建立旅游地不仅需要解决旅游区与客源市场之间的交通问题，还需要解决旅游地自身的交通运输问题，即旅游地的内部交通问题。若旅游地的内部交通不便，旅游者就难以到达要去的景点，旅游地也就难以开展旅游活动。

（三）旅游交通是旅游收入的重要来源

随着全球旅游活动的普及，参加旅游的人数越来越多，旅游消费中用于旅游交通的费用在整个旅游经济收入中的比例越来越高。据统计，国际上，旅游者的交通开支占总花费的 30%～40%。在我国，国内旅游者的交通消费所占总消费的比例也在 20%以上。可以说，旅游交通收入是旅游经济收入的重要来源。旅游地距离越远，旅游活动的空间范围越大，旅游交通的这一特性表现得越明显。

（四）旅游的发展促进旅游交通工具快速发展

现代交通的高速、豪华、舒适以及多功能等特点已得到充分体现，主要表现为交通工具的进一步发展。如大型宽体喷气式客机（如波音）、豪华游轮、高速列车、豪华大巴、双层客车、卧铺汽车、流动旅馆汽车、大篷车以及水下的旅游潜艇、海底观光船、用于山地旅游的山地车、在冰雪上行驶的雪车等。

（五）旅游的发展促进交通基础设施的发展

现代旅游的发展促进了交通基础设施（包括港站和码头）的建设，特别是一些发展中国家，交通基础设施的建设得到飞速发展。随着 20 世纪 80 年代初旅游业的大发展，我国把交通运输作为投资重点，航空运输不仅增加了航线、更换了大型宽体飞机，还在一些旅游地如湖南的武陵源，四川的九寨沟，云南的西双版纳、香格里拉等地修建了机场。铁路运输也有了大的改观，如铺设复线、改建电气化铁路、发展高速铁路等。旅游专用公路、旅游快速通道、旅游专列、旅游专机从无到有，快速发展。

四、主要的旅游交通方式

现代旅游交通方式主要包括公路、铁路、水路、航空和特种交通五类。此外，还有一些传统的交通方式。各种交通方式有机结合，优势互补，协调发展，共同构成旅游交通网络。

（一）公路旅游交通

公路交通是最活跃、最广泛、最有潜力的一种运输方式。其优点是：灵活、方便、随意、能深入旅游景点内部各个角落，实现门到门的直接服务，而且投资少、工期短、见效快。因此，公路旅游交通在提供旅游服务，特别是近距离的旅游服务方面起着重要作用。

公路运输具有门到门直达运输的特点，尤其适于客运和鲜货、集装箱的零担运输。高速公路的这种功能更为突出。在有些发达国家较长运距的运输中，公路比铁路的效率高、运量大、成本低。高速公路已成为能适应公路运输交通量迅速增长、减少交通事故、缓解道路交通拥塞的新型交通手段，成为现代公路高度发展的象征。高速公路的发展提高了旅游地的可进入性，尤其是旅游快速通道的修建，更方便了游客进入旅游景区。

随着公路交通及有关设施的改善、新制造技术的应用以及人们假日的增多，汽车旅行的比重和距离都在不断增长。汽车旅馆、汽车俱乐部在欧美各地非常普遍。带拖车的旅馆汽车、流动旅馆游览车的出现和使用，使得汽车旅行的距离向中远程发展。现代旅游汽车也不断向舒适、美观发展，城市里的双层观光游览车等对假日休闲旅游起到了极大的推动作用。

但公路旅游交通也有缺点，那就是运载量小，安全性能差，受气候变化影响大，而且汽车排出的尾气对大气的污染较为严重。

（二）铁路旅游交通

火车是现代旅游发端的主要运输工具。铁路交通具有容量大、费用低、速度快、安全舒适以及很少受气象气候等自然条件制约等优点。所以在相当长的时间里，火车一直是全球主要的旅行工具。第二次世界大战后，受公路运输、航空运输的影响，铁路旅客量开始下滑。但进入 20 世纪 90 年代以后，许多国家发展高速列车，其口号是“速度是汽车的两倍，费用为飞机的一半”，因而对乘客具有很大的吸引力。高速铁路占地少，有利于耕地保护与城市建设发展。双向 4 车道高速公路占地面积是同里程高铁的 1.6 倍；一个大中型飞机场占地面积相当于建 1 000 千米高铁。高速列车的能耗与排放也比其他交通工具更小。

目前，铁路交通的发展趋势是向高速化发展。高速铁路具有速度快、安全性能好、运能大、能耗低、污染轻、占地少等优越性，它是当今世界安全可靠的现代交通设施。截至 2023 年 11 月 30 日，中国铁路营业里程超 15.55 万公里，其中高铁 4.37 万公里，位居世界第一。列车速度也在不断提高，最高时速可达 350 千米。高速是铁路现代化的主要标志，也是参与竞争的保证。中国已系统掌握了时速 350 千米及以上速度等级，涵盖设计施工、装备制造、系统集成、运营管理等方面的高速铁路成套技术，构建了具有自主知识产权和世界先进水平的高速铁路技术体系。铁路不仅要通过提高时速来参与竞争，还要以提高服务质量来取胜。只要硬件设施完善，服务质量过硬，铁路在运输业的竞争中优势还是很大的。

（三）水路旅游交通

水路旅游交通是以船舶、竹筏等作为交通工具，在海洋、江河、湖泊等水域沿航线载运旅客的一种运输方式，包括内河航运、沿海航运和远洋航运。水路交通具有运载量大、票价低、能耗少、舒适等优点，而且旅游者可在航行中欣赏沿途风光，这种融旅与游于一体的特点是其他交通方式所无法比拟的。但是，由于水路速度慢，且水上航道的地理走向和水情难以人为控制，所以水路旅游交通在准时性、连续性、灵活性等方面存在较大的局限性。

其他旅游交通方式的快速发展，给水路交通带来了很大的挑战。当前，水路交通要挤入激烈的旅游竞争市场，必须重新定位：一是要发展旅游船业，即客运与旅游业相结合发展。自 20 世纪 80 年代以来，世界旅游船业一直保持着 10%的增长速度。二是要提高轮船的速度。如长江航运投入“火箭式”快艇之后，从宜昌到万州只需要 6 小时（原来需要 2 天的时间）；武汉至九江开通高速客轮后，只需 4 小时就可以到达目的地。三是旅游船向大型豪华游轮方向发展。现代化的大型游轮已不单纯是交通运输工具，其本身也是一种旅游资源。在大型豪华游轮上，设施齐备，可供游客娱乐、运动、休闲等，能满足游客高标准的服务需求。

（四）航空旅游交通

航空旅游交通是指以民用客机为主要运输工具，以航空交通线为线路，以机场为始终站，满足远程旅客的出行需求的一种运输方式。航空旅游交通，特别是大型喷气式客机的使用，不仅缩短了空间距离，更节约了旅途耗费的时间，为大规模、远距离的国际旅游提供了条件。航空旅游交通的主要优点是快速、省时、方便、舒适、安全。据统计，飞机平均速度比火车快 6～7 倍，比轮船快 20 倍。

但航空旅游交通也有不足之处：飞机起降噪声大，对周围环境影响大，因而机场须远离居民区，而修建高等级的机场专用公路需要增加投资；空港占地面积大，用地要求高；航空运输只能从机场到机场，不能将旅客直接送往住地或景点；存在着最短飞行距离；受天气影响较大。

（五）特种旅游交通

旅游交通中的特种旅游交通一般只出现在旅游景点的小范围内，但其形式丰富多样，具有民族特色和地方特色，深受游客的欢迎。

特种旅游交通工具可归纳为两类：一类是传统型，如马、骆驼、轿子、竹筏、人力车、雪橇、乌篷船等。另一类是现代型，如索道、缆车、气垫船、热气球、潜艇等。在旅游景区比较常见的是索道。索道是由驱动机带动钢索牵引客厢、货厢或吊椅，在距离地面一定高度的空间运行的一种交通方式。索道交通由三部分构成：一是由支架架设在空中的钢索；二是悬挂在钢索上的客厢、货厢和吊椅；三是线路两端的始终站。这三个硬件设施，缺一不可。索道具有对自然地形适应性强、爬坡角度大（可达 35°以上）、能缩短运输距离等优点，因而被广泛应用于山地、水体或地形复杂的地区。

特种旅游交通工具作为辅助交通工具，不仅起着运载的作用，更发挥了娱乐、趣味、参与的功能。在有些特殊地形条件下，特种旅游交通工具就是主要的交通工具，承担着主要的客运和货运任务。同时，有的特种旅游交通工具还能满足游客休闲、接近自然、追新猎奇、锻炼身体的需求。

活动训练

目前，我国已经迈入高铁时代，高铁以其快捷、便利的优势吸引了众多乘客。分小组讨论高铁对旅游的影响。

能力训练任务

小组训练任务：旅游交通具有季节性特点，在旅游旺季，旅游交通不堪重负，旅游淡季运力却大量闲置，如何解决这样的问题？各小组通过讨论，写出简单的解决方案。

任务二 中国旅游交通

学习任务

能力目标：能够根据中国交通布局现状选择合理的交通方式
知识目标：熟悉中国公路及铁路交通布局，了解中国高速铁路、航空及水路交通布局
素养目标：能够选取最优的旅游交通线路

一、铁路交通网

我国铁路网以北京为中心，由多条纵贯南北的干线和横贯东西的干线交叉组成，再通过无数支线、专用线等，把全国各大中城市、工矿区、农林牧生产基地联结成一个整体，构成全国铁路运输系统。我国主要铁路干线有八纵八横，横向铁路干线中包含两条运煤通道，此处不做介绍。

（一）纵向铁路干线

沿海通道：自沈阳经大连、烟台、胶州、新沂、长兴、杭州、宁波、温州、福州、厦门、广州至湛江，全长 4 019 千米。本通道沟通环渤海、长江三角洲和珠江三角洲地区，在国家社会经济和国防建设中占有十分重要的地位。

京沪通道：自北京经天津、济南、徐州、南京至上海，全长 1 463 千米，由京沪铁路和京沪高速铁路构成，是东北、华北地区与华东地区客货交流的主要通道。京沪线全线均为复线自动闭塞线路，既是客运快速线路，也是货运重载线路。

京九通道：自北京经聊城、商丘、九江、南昌、龙川至九龙，全长 2 403 千米。该通道是我国东北、华北地区与华东、中南地区客货交流的主要通道之一，对京广、京沪两大通道具有重要的分流作用。

京广通道：自北京经石家庄、郑州、武汉、长沙、衡阳至广州，全长 2 265 千米，是东北、华北、西北地区通往华南地区的主要通道。

大湛通道：位于我国中西部的接合部，自大同经太原、洛阳、襄樊、石门、益阳、永州、柳州、黎塘、湛江至海口，全长 3 108 千米。该通道是我国“三西”煤炭南运的主要

通道之一，也是我国内地通向南部港口城市的主要出海通道。

包柳通道：自包头经西安、重庆、贵阳至柳州（南宁），全长 3 011 千米。由包神、西延、襄渝、川黔、黔桂、湘桂、神延、西康铁路构成，是我国西部南北向的一条重要铁路通道。

兰昆通道：自兰州经宝鸡、成都至昆明，全长 2 261 千米，由陇海线宝兰段、宝成线和成昆线构成，是西部地区南北向的重要通道。

京哈通道：自北京经天津、唐山、沈阳、长春至哈尔滨，全长 1 388 千米，是连接华北地区与东北地区的核心铁路干线，也是中国和俄罗斯联运旅客列车通往莫斯科的通道之一。

（二）横向铁路干线

沿江通道：自重庆经荆门、武汉、九江、芜湖至南京（上海），全长 1 893 千米。由宁芜、芜铜、武九、长荆、达万、铜九、万枝（宜）等铁路构成，横跨西南、华中、华东三大经济区，贯穿我国东、中、西部。

西南出海通道：自昆明经南宁至湛江，全长 1 770 千米，是我国西南内陆各省出海的快捷通道。该通道由南昆、黎南和黎湛铁路构成。

陆桥通道：自连云港经徐州、郑州、西安、宝鸡、兰州、乌鲁木齐至阿拉山口，全长 4 120 千米，横贯我国东、中、西部，是东西部联系的最重要纽带。该通道由陇海、兰新和北疆铁路构成。

京兰通道：自北京经大同、包头、呼和浩特、兰州、西宁至拉萨，全长 3 943 千米，是我国横贯东西的重要通道，其东段还是晋煤外运的重要线路。该通道由丰沙、京包、包兰、兰青、青藏铁路构成。

沪昆（成）通道：自上海经杭州、株洲、怀化至贵阳、昆明（至重庆、成都），全长 2 653千米，由沪杭线、浙赣线、湘黔线、贵昆线、达成线、渝怀线、遂渝线构成，是华东、中南、西南客货运输的重要通道。

宁西通道：自西安经南阳、潢川、合肥至南京（启东），连接我国东、中、西部，全长 1 558 千米，由西安至南京、南京至启东两条铁路构成，是我国铁路运输东西向的重要通道。

（三）高速铁路

2016 年 7 月，国家发展改革委、交通运输部、中国铁路总公司联合发布了《中长期铁路网规划》，勾画了新时期“八纵八横”高速铁路网的宏大蓝图还提出了发展目标：到 2025 年，网络覆盖进一步扩大，路网结构更加优化，骨干作用更加显著，更好发挥铁路对经济社会发展的保障作用。展望到 2030 年，基本实现内外互联互通、区际多路畅通、省会高铁连通、地市快速通达、县域基本覆盖。

高速铁路以速度快、舒适、安全著称，打破了人们对铁路运输的惯常思维。在“高铁时代”来临的全球背景下，我国高铁发展对旅游业的影响也日益明显。

二、公路交通网

新中国成立以来，我国的公路建设保持了较快的增长速度，基本实现了县县通公路，由国道和省道构成主动脉的全国公路网已初步形成。其中，国道是全国公路网的主骨架，它贯通北京和各省会城市。从北京出发的国道命名为101至112线，共12条；其他南北纵向国道命名为201至228线，共28条；东西横向国道命名为301、302线等，共30多条。国道主干线系统由“五纵七横”12条路线组成，总里程约3.5万千米（高速公路2.5万千米，一级公路1 145千米，二级公路8 983千米）。“五纵”指同江到三亚、北京到福州、北京到珠海、二连浩特到河口和重庆到湛江5条公路；“七横”指绥芬河到满洲里、丹东到拉萨、青岛到银川、连云港到霍尔果斯、上海到成都、上海到瑞丽以及衡阳到昆明7条公路。这12条国道主干线贯穿我国各直辖市及绝大部分省（自治区）的省会城市，将人口在100万以上的所有特大城市和90%的人口在50万以上的大城市连接在一起，使贯通和连接的城市总数超过200个，覆盖的人口超6亿，占全国总人口的50%左右。

高速公路是公路运输发展的方向，台湾第一条高速公路——中山高速公路于1978年全线通车，自1988年我国大陆第一条高速公路——上海至嘉定高速公路的建成通车，实现了我国大陆高速公路零的突破之后，我国的高速公路建设步入了加速发展的快车道，相继修建了沈大、京津唐、广深等一系列高速公路，高速公路在交通运输方面发挥着越来越重要的作用。截至2022年底，中国高速公路通车里程17.7万公里。

近年来，随着旅游业的发展，各地建立了一批旅游公路干线，它们主要分布在近距离的城市之间以及大中城市与其周围地区的旅游点之间。建设旅游公路有两方面的价值：一是实现公路的规划建设与公路沿线和终极目标地旅游资源的联动开发，形成公路、旅游景区、旅游配套、旅游服务等一体化的旅游综合体模式。二是在满足公路工程技术标准的前提下，公路景观设计可使沿线生态景观更加美观、自然与和谐。公路景观设计能让原本单调的公路与大自然融为一体，营造出一个和谐的绿色观光走廊，形成旅游快速通道（见图3-1）。

图3-1 旅游快速通道

三、水路交通网

我国东临太平洋，近海海域辽阔，海岸线漫长，为发展近海及远洋运输提供了优良的条件。陆上河道纵横、湖泊星罗棋布，内河航运得天独厚，现已基本形成了一个相当规模的水运体系。我国远洋航线连接了世界150多个国家和地区的600多个港口。沿海航线分北方航线和南方航线，从鸭绿江口到厦门之间为北方航线，以大连和上海为中心，厦门以南到广西北仑河口为南方航线。内河航运里程达十多万千米，主要航线有长江航线、珠江航线、黑龙江航线、京杭大运河航线等。这些航线沿途风光秀丽，景色迷人。

中国开辟的旅游水线以内河航线和沿海旅游航线为主。内河航线主要有：长江、珠江、黑龙江、京杭大运河、漓江等。有“黄金水道”之称的长江航线，也是一条黄金旅游线路，沿江重要港口有重庆、宜昌、武汉、九江、南京、上海等。其中，长江三峡是世界著名的自然风景区，有“神女”“昆仑”“巴山”“长江明珠”等多艘游轮在三峡景区接待游人。漓江水运线从桂林至阳朔共83千米，乘游船可以欣赏桂林“四绝”——山清、水秀、洞奇、石美，还可沿江领略深潭、险滩、流泉、飞瀑等佳景。京杭大运河是人工开凿的河道，全线地势高低起伏，是中国东部沟通内河、联系海港的南北水运干线。目前，在扬州、无锡、苏州、杭州段开发了水上旅游线，乘游船可观赏两岸的江南风光，领略古运河的风采。

在我国沿海旅游资源集中分布的地区，也开辟了水上旅游专线。如大连、天津、青岛、上海、厦门、深圳、湛江等地纷纷推出沿海水上旅游专线。沿海航线属于短距离水路旅游交通，广泛应用气垫船、水翼船等交通工具，大大提高了水路旅游交通的速度。图 3－2 中为歌诗达“经典号”游轮。

图 3－2 歌诗达“经典号”游轮

四、航空交通网

中国航空交通的发展始于 20 世纪 20 年代，主要用于民航，但发展极为缓慢。自 1995 年开始，全国各地如陕西咸阳、安徽安庆和芜湖等兴建了一批机场，也改建、扩建了一批机场，如北京首都机场、桂林机场、拉萨机场。一些旅游地还兴建了旅游专用机场，开辟了航空旅游专线，如湖南张家界、海南三亚、云南西双版纳等地，大大方便了旅游者的进出。2022 年底我国运输机场总数达到 254 个，通用机场 399 个。图 3－3 所示为上海浦东国际机场。

图 3－3 上海浦东国际机场

活动训练

课堂讨论：上海游客计划到重庆旅游，请根据不同的游客情况，设计可选择的旅游交通方式。

能力训练任务

在当地寻找一个比较著名的旅游景点，访问游客的来源地、选用的旅游交通方式、所支付的费用、花费在路上的时间以及游客对自己出行的满意程度，并据此写出一份针对该旅游景点旅游交通基础设施状况的评估报告。

任务三 旅游线路设计

学习任务

能力目标：能够根据不同的旅游需求设计最佳旅游线路
知识目标：了解旅游线路的概念和类型，熟悉旅游线路的设计原则
素养目标：掌握旅游线路的设计方法

一、旅游线路的概念

旅游线路是指在一定区域内，为使人们能够在最短的时间内获得最大的观赏效果，由旅游经营者针对旅游客源市场的需求，遵循一定的原则，利用交通工具，将若干旅游景点或旅游城市合理地连接起来，并形成有一定特色的线路。旅游线路是连接旅游供给和旅游需求的纽带，是发展和组织现代旅游业的必要条件。

旅游线路在内容上包括旅游过程中旅游者利用和享受的一切因素，涉及食、住、行、游、购、娱等各种旅游要素。完整的旅游线路应该包括旅游时间、旅游目的地、旅游交通、旅游食宿、旅游活动安排、旅游服务等。

二、旅游线路的类型

根据不同的分类标准，可以将旅游线路划分为多种不同的类型：

（1）按旅游线路全程所花时间，可分为一日旅游线、二日旅游线、三日旅游线和多日旅游线。

（2）按旅游线路的距离，可分为短程旅游线、中程旅游线、远程旅游线。

（3）按旅游线路对游客吸引范围的大小，可分为国际旅游线、国家级旅游线和区内旅游线。

（4）按旅游线路的性质，可分为普通观光旅游线和专题旅游线。

（5）按旅游线路的空间布局形态，可分为两点往返式旅游线、单通道式（单线贯通式）旅游线、环通道式（环形贯通式）旅游线、单枢纽式（单点轴辐式）旅游线、多枢纽式（多点轴辐式）旅游线和网络分布式旅游线。

三、旅游线路的设计原则

旅游线路的设计是一项综合、复杂、技术性很强的工作，它一方面要尽量满足旅游者的需求，另一方面要便于旅游经营者的组织和管理。因此，在进行旅游线路的设计时应遵循以下原则。

（一）主题突出原则

主题突出可以使得旅游线路充满魅力和生命力，尤其是个性化旅游需求可推动旅游走

向主题化。主题化依靠的是把性质或形式有内在联系的旅游点串联起来，并使旅游六大要素与之相适应。例如，丝绸之路旅游线（西安—敦煌—吐鲁番）可观赏丝路花雨歌舞、吃历史名菜、骑骆驼、购唐三彩等。

（二）特色性原则

由于旅游者动机、旅游活动形式以及各地旅游资源的属性、特征各不相同，旅游线路设计一定要突出特色，形成有别于其他线路的鲜明主题，只有这样才能产生较大的旅游吸引力。

（三）市场性原则

旅游线路设计是否成功，关键在于它是否适应了市场的需求，即是否最大限度满足了旅游者的需要。因此，旅游线路的设计必须符合旅游者的意愿和旅游市场的法则，以市场需求为导向，遵循市场性原则。要根据旅游者的需求特点，结合不同时期的时尚和潮流，设计出适合市场需求的旅游线路产品，并能够创造性地引导游客消费。

（四）安全性原则

安全是旅游者和旅游经营者必须重点考虑的因素。在旅游线路的设计中，一方面要尽量避开容易造成线路拥挤、阻塞的地段，防止事故的发生；另一方面要避免线路中气象灾害区、地质灾害区、人为灾害区的影响。同时，还要设置必要的安全保护和救护措施，充分保障游客的财产和人身安全。

（五）效益性原则

旅游线路的设计在舒适、安全的前提下，应尽可能做到旅游者在途时间短、游览时间长、重复线路少、旅游费用低、旅游经营效益最大化。

（六）季节性原则

旅游活动有明显的淡、旺季特征，不同季节的旅游客流量悬殊。因此，在设计旅游线路时，要充分考虑旅游活动的季节性特点，做到冷、热点兼顾，保持客流平衡，提高整体经济效益。

（七）生态效益原则

生态效益在旅游活动中越来越受到重视，随之出现了生态旅游。生态旅游的产生是人类认识自然、重新审视自我行为的必然结果，体现了可持续发展的思想。生态旅游是经济发展、社会进步、环境价值的综合体现，是以良好生态环境为基础，保护环境、陶冶情操的高雅社会经济活动。生态旅游是现代世界上非常流行的一种旅游方式。在国外，尤其是在美国、加拿大、澳大利亚以及很多欧洲国家，生态旅游已经发展得非常成熟。它所提倡的“认识自然，享受自然，保护自然”的旅游概念是旅游业的发展趋势。专家认为，草原、湖泊、湿地、海岛、森林、沙漠、峡谷等生态资源和文物一样，极易受到破坏，并且破坏了就不能再生，甚至可能在地球上消失。所以在旅游活动中要重视生态效益原则。

（八）层次性原则

不同的旅游区或同一个旅游区内的若干景点处于不同的位置，这些旅游区或旅游景点游览或参观的顺序与连接方式有不同的组合，从而产生了不同的旅游线路。在旅游线路的设计中，可充分利用本地区和周边地区的旅游点，设计出多层次的旅游线路。

活动训练

小组分组活动：根据旅游线路设计的主题突出原则，设计一条体现本省或本地区旅游资源特色的旅游线路。

能力训练任务

从郑州出发，到三亚旅游，时间为五天。请为此次旅游设计一份旅游交通组织方案，主要内容包括使用的交通工具、大致的日程安排，要求体现便捷、舒适、经济的原则。

素养园地

“我们有很多东西需要向中国学习”

习题

1. 旅游交通的概念是什么？
2. 旅游交通的特点有哪些？
3. 旅游交通方式主要有哪些？
4. 建设旅游公路有哪些价值？
5. 旅游线路的概念是什么？
6. 旅游线路的设计原则有哪些？

项目四　旅游可持续发展

任务一　旅游的区域影响

学习任务

能力目标：能够分析旅游对区域造成的积极与消极影响
知识目标：了解旅游对区域经济、环境、社会和文化的影响
素养目标：懂得如何促进旅游与区域发展的融合

旅游和旅游业的发展会对旅游目的地区域的经济、社会、文化、环境等各方面产生影响，全面、科学地对各种影响进行分析，才能真正认识旅游发展的作用。

一、旅游对区域经济的影响

（一）旅游对区域经济的积极影响

旅游业对旅游地经济发展的促进作用十分明显。一方面，旅游业可为旅游地带来可观的经济收益；另一方面，旅游业可促进区域经济的多元化。在一些产业结构单一的落后地区，尤其是农村地区，旅游业通常会成为当地自给型经济的瓦解力量，间接为地方经济转移创造了新的机会，使区域经济趋向多元化。

1. 旅游促进区域劳动就业

旅游业被称为“21 世纪创造就业和倡导环境保护的先导产业”。在世界范围内，旅游业作为一个整体已经成为世界上创造新增就业机会最多的行业。旅游业就业容量大，就业门槛相对较低。旅游业是集传统与现代、生产性与生活性特征于一体，具有明显比较优势的服务业，具有劳动密集型的特点，吸纳社会就业的能力比较强。旅游就业关联带动性强，就业成本相对较低。据世界旅游组织统计，旅游行业每直接收入 1 元，相关行业的收入就能增加 4.3 元；旅游行业每增加 1 个直接就业机会，社会就能增加 5～7 个就业机会。专家研究表明，旅游业提供的就业机会中，男女比例是 1∶3，因此，发展旅游业有利于促进妇女就业。

2. 旅游促进区域对外贸易

旅游是一种无形的商品输出，它把社会上的物质产品组合起来，向旅游者提供服务。旅游目的地的旅游资源、专门设施和商品服务是有形的，但与其他产业不同，它们只是作为提供服务的条件存在，不表现为劳动者对之进行加工生产，它没有有形产品从一地运到

另一地进行商品交换的过程，旅游者购买的不是具体的海滩、宾馆或其他旅游资源，而是一种有意义的“经历”“体验”。通过旅游，旅游者身心得到满足。因此旅游业有“无形出口”和“无形贸易”之称。

旅游业促进区域收支平衡。无论是发达国家还是发展中国家，发展旅游业的一个主要目的都是赚取外汇，平衡国际收支。旅游业的收入是通过非贸易的途径赚取外汇。作为非贸易外汇收入的国际旅游收入是国际贸易中最大的项目之一。

旅游业增加当地税收。旅游业通过本身的经营活动，在增加外汇收入的同时，还能够带来盈利。政府从旅游业发展中所获得的经济利益主要通过税收形式实现。旅游税收包括企业及职工所得税、进口关税、营业税（如旅馆客房及餐饮收入）、机场税、入境税、燃油税、烟酒与奢侈品税、护照签证手续费及各种执照税等。

3. 旅游促进区域经济结构的调整与完善

旅游业的发展能够使旅游目的地区域原来的经济结构发生改变。旅游者的各种消费需求，成为推动生产发展的新动力，为其他部门、其他行业开辟新的生产门路提供了可能。由于旅游消费是一种水平比较高的消费，要求更新换代的速度高于一般耐用消费品，因而刺激有关行业在生产方面采用新技术、新材料、新设备。旅游消费涉及食、住、行、游、购、娱等多方面，为了与旅游者的消费结构相适应，必须调整国民经济的产业结构，调整最为明显的是直接提供旅游消费资源的各部门，例如交通、住宿、通信、轻工等部门。这些部门的发展，又要求生产生产资料的部门，即各重工业部门，也要相应地发展，以便为生产各种旅游消费品提供生产资料。由此可见，旅游业对调整第一、第二、第三产业结构能产生一定的影响。

（二）旅游对区域经济的消极影响

旅游业在给区域经济带来显著利益、产生积极影响的同时，也会带来一些消极的影响。

1. 旅游的发展引起当地土地价格上涨和通货膨胀

旅游可从多个方面导致通货膨胀。首先，旅游者往往能以较高的价格购买商品，零售商为旅游者服务可以极大地提高边际利润。这样的零售商能在与为本地人服务的零售商竞争中获胜，他们能通过将提高的价格转嫁给旅游者而支付较高的租金和税收，并获得高额利润。其次，土地价格的上涨也会导致通货膨胀。旅游业发展，用地需求增加，宾馆、度假村、旅游设施的建设会引起土地价格上涨，使建筑公司和土地拥有者的收入增加，但是本地居民不得不增加购房、租房开支。

2. 旅游过度超前发展带来的不利影响

旅游业被认为是一种投资少、见效快、效益高的行业，但前提是该地区旅游资源丰富、配套设施相对完备、可进入性好、商业价值高。旅游业的综合性决定了旅游业的发展必须与国民经济发展相适应，只有在与旅游业有关的产业可以承受的范围内，旅游业才能得到正常发展。旅游业的发展受交通、电力、通信等行业的严重制约，特别是受交通的制约。然而交通、电力、通信等行业的发展需要大量的资金，并需要一个较长的建设期，这是旅游业本身无法解决的问题。由于对旅游业经济特点的片面理解，有些旅游资源丰富但开发条件尚不具备的地区过度超前发展，再加上旅游业配套设施（例如交通、通信）投资很大，而旅游经济效益不高，对区域经济没有起到应有的推动作用。

3. 旅游业的脆弱性带来的不利影响

旅游产品无法贮存，而旅游需求的季节性波动又非常大。因此，旅游部门必须在旅游旺季获得足够多的收入，以弥补淡季的损失。这种对旅游产品和服务的循环需求模式对就业和投资有很大的影响。旅游需求易受外部自然或社会不可预测因素的影响包括：自然因素（如地震、火灾、水灾、异常恶劣气候等）、健康因素（如流行性疾病）、经济因素（如世界性经济危机、主要客源国经济危机、汇率变化、能源危机），以及政治因素（如国家关系恶化、国内政治动乱、政府的政策变化与战争等），都会导致旅游者改变目的地。旅游者的旅游动机复杂多样，难以比较。旅游对价格和收入的弹性很大，也就是说，旅游决策易受价格和收入微小变化的影响。

二、旅游对区域环境的影响

（一）旅游对自然环境的影响

1. 旅游对野生动物的影响

旅游活动对野生动物的影响分为直接影响和间接影响。直接影响包括干扰、伤害和猎杀；间接影响主要表现为旅游活动改变野生动物的栖息环境，从而引起野生动物生活习性变化、迁移、繁殖能力下降，最终导致其数量减少、种群结构变化。拟建工程对野生动物的影响主要体现在施工期的干扰和项目建成后各种设施对野生动物活动路径的阻隔。旅游者购买野生动物纪念品的需求和本地居民想借此增加收入的动机，可能会导致大量野生动物被猎杀。人口增长需要扩大耕地、放牧面积，使得保护野生动物需要的土地大量减少。旅游活动加剧了野生动物保护和本地居民需求之间的冲突，本地居民往往无法从旅游业中获得足够多的收益，因此他们为了生存，保护野生动物的态度比较冷淡。自然保护区边缘地带大量被开垦，使野生动物丧失了栖息地，限制了野生动物的迁徙。

2. 旅游对植物的影响

旅游开发建设与游客的游憩活动会影响植物的盖度、种类多样性、生长速度、年龄结构及生存环境。在旅游区，旅游工程建设是植物的最大威胁者，旅游景点、道路、食宿设施、商店、索道、游乐中心等设施建设，以及大型设施设备的安装，会导致旅游工程所在大面积的植物被砍伐、清除或移植，甚至造成部分珍稀植物的灭绝，使旅游地盖度下降、种类迅速减少。旅游者、交通工具携带的病菌、外来植物种子会导致旅游区原生植物死亡或被外来植物替代，进而造成植物种群的演替。旅游者的触摸、采摘等活动直接威胁到珍稀植物特别是珍稀显花植物的生存。在开展旅游活动的地方，人畜踩踏与车辆碾压植物是很难避免的。踩踏对植物的损害程度通常与踩踏者的类型、重量，踩踏的强度、持续时间和植物自身的性状密切相关。旅游者用火不慎引起的森林火灾，会对旅游区植物造成毁灭性伤害。任意砍伐树木做烧柴和搭帐篷，会毁坏大量幼木，改变森林的树龄结构，导致只剩下少量的次生林。旅游带来大量的垃圾堆放会导致土壤营养状况的改变，人为因素导致的空气和光线变化还会使生态系统受损。

3. 旅游对水资源的影响

景区内无水不活，良好的水体也是开展游泳、划船、钓鱼和水上活动的基础。如果大量污染物进入水体，对环境和经济都将产生危害。旅游对水资源的影响主要有：大量未经适当处理的生活污水进入海滩、湖泊、河流，对使用这些资源的旅游者的健康构成潜在的威胁。过多的营养物质进入水体将加剧其富营养化的过程。杂草过多将影响水中溶解氧的含量，而溶解氧含量的变化将制约鱼的数量、种类和生长速度。水体中不断增加的油类物质，例如，游轮燃油泄漏、游艇排放，会对水体中氧的供给产生严重影响，从而对水生动植物产生危害，进而影响旅游者的旅游体验。汽油中含有的铅化合物在水底沉积物中累积会对某些生物产生危害。

4. 旅游对土壤地质的影响

旅游业对土壤的影响主要来自旅游工程建设和旅游者的游憩活动。旅游道路、食宿设施、游乐设施、索道等的建设导致旅游地局部植被破坏，弃土堆积，土壤结构变化，进而引起不同程度的水土流失，甚至引发滑坡、塌方、危岩崩落等地质灾害。滨水区的旅游工程建设可能引起河、湖、海岸的侵蚀，导致岸线景观的破坏；在水域旅游区，旅游船(艇)、漂流筏等游乐工具对江、河、湖、海岸的撞击同样会引起不同程度的土壤侵蚀。游憩活动对土壤环境的影响方式是多种多样的。旅游者留下的难以分解的塑料袋、易拉罐、塑料瓶等垃圾进入土壤，易使土壤结构发生变化。旅游地管理部门在旅游区环境维护过程中使用的化学物品如化肥、农药等残留物进入土壤，通常会改变土壤的理化性质。人畜踩踏与车辆碾压会对土壤的硬度、容重、有机质含量、含水量、pH 等理化性质产生不同程度的影响。

在大多数地区，旅游对地质的影响很小。旅游对地质的影响局限于对一些独特地质景观的破坏，如钟乳石、石笋被破坏，珊瑚礁被挖走等。

5. 旅游对大气的影响

旅游活动需要借助汽车、轮船、火车、飞机等交通工具，而这些交通方式都会对大气造成污染。一些风景区内由于使用煤作燃料，造成较大的空气污染。

（二）旅游对人文环境的影响

1. 旅游对城市基础设施的影响

旅游已经成为世界上许多大城市的重要活动。设计良好、造型美观、位置适中的宾馆是城市环境的一种财富，它们能帮助恢复和更新城市衰落的地段，也可以刺激传统城市核心带之外的次级中心的形成。但是，城市宾馆的建设征用的土地往往是在城市内居民密度比较高的区域，这就使城市用地更为紧张。宾馆集中的地方，常因停车场不足、交通流量大而造成交通堵塞，夜晚旅游活动带来的噪声，会影响附近居民的生活。

2. 旅游对风景区的影响

建筑风格、体量、色彩与环境不协调会造成建筑污染。风景区内的旅馆、餐厅等接待游客的各种设施常以其不同的形态结构出现，其建筑风格往往不能与自然美和谐统一，这就产生了建筑污染。海滨风景区，特别是那些缺乏规划控制的地方，其基础设施往往沿海岸线蔓延，以图方便地利用海滩。在内地，带状发展也会沿着山谷和风景路线出现。大量游客的涌入导致基础设施超负荷运转。每到旅游旺季，很多风景区的基础设施不能满足游人的需要，超负荷运转的结果是造成混乱、污染。风景区与周围村庄的空间分隔造成社会隔离。旅游者享受的接待设施，本地居民不能享受。旅游者被本地社区居民包围着，不能融合进去。交通堵塞也是风景区发展常见的问题。不同的交通方式互相侵占通行空间；风景区某些地点、地段，特别是入口处和中心地段交通往往超负荷；停车场地的供给与需求不相符，不同的旅游者对停车场的需求不一样，短途旅游者希望在靠近主要旅游资源的地方停车，长途旅游者需要在宾馆、饭店处停车，本地居民需要在居住地和工作地有停车场。但是风景区一般可利用的空间不多，加之提供这类设施成本很高，造成了供求关系的不平衡。

三、旅游对区域社会的影响

旅游对区域社会的影响，是指旅游业给旅游目的地社会带来的表现在价值观、个人行为、家庭关系、生活方式、道德观念、宗教、语言、健康等方面的变化，简单地说，就是对人的影响。它是旅游地居民通过与游客的直接或间接接触所受到的影响。

某个地区一旦开始发展旅游业，该地区的社会系统就不可避免地要受到旅游业的冲击。旅游业的兴起与发展改变着旅游地居民的社会地位，甚至促成当地社会结构的变化。旅游业为妇女走出家庭、成功就业创造了机会，改变了她们原有的经济地位和社会地位，进而引起了婚姻家庭状况的变化。与此同时，旅游业的发展使旅游业及相关产业的经营者逐渐富有起来，吸引旅游地及其邻近地区居民迁移，在一定程度上加速了那些处于边远地带的旅游地的城市化进程。旅游业的发展为旅游地居民接触外部世界、与外界交流创造了机会与条件。

（一）旅游对当地居民的影响

旅游者以其自身的意识形态和生活方式介入旅游地社会中，引起旅游地居民的思想变化，产生各种影响，这种作用称为示范效应。示范效应是旅游对社会发生影响的主要途径。对于落后地区来讲，示范效应对提高人的素质有积极作用。落后地区的居民通过模仿和学习，其行为举止、卫生习惯、经商意识都可以得到改善和提高，从而使为交换而生产，以及由此带来的生产方式的变革成为可能。示范效应的另一个重要结果是，出现国内或国际性移民。移民现象存在已久，尽管旅游业的发展不是产生移民的主要原因，但旅游业使人们在城市就业的机会增多，使许多人从农村迁到城市。此外，为了某种目的而到国外寻找就业机会的也不乏其人。示范效应给旅游地居民带来的不良后果也已受到广泛关注。一些专家甚至认为，旅游业把西方的生活方式“出口”到发展中国家，并把那些在西方有争议的都市价值观和腐朽的东西传播开来。

（二）旅游对当地社会道德的影响

一些专家认为，旅游业的一个很大而且很不好的副产品是它对旅游地人民道德标准的影响。色情、犯罪和赌博被认为会随着旅游业的发展而加剧。旅游意味着人们可以摆脱日常生活的清规戒律，到没有熟人的远离自己住地的地方尽情地花钱，这种不良观念为色情、犯罪和赌博提供了温床。但旅游业的发展给妇女提供了大量的就业机会，从而提高了她们的经济地位，这又促进了妇女的思想解放。犯罪对旅游地造成的影响主要有：为了加强治安而增加的财政预算、社会心理的紧张、社会秩序的紊乱。赌博不是旅游业特有的，但一些著名的旅游地却因赌博闻名，如拉斯维加斯、澳门等。赌场吸引了大量的游客，因此人们会将旅游与赌博直接联系起来。

（三）旅游对当地语言的影响

语言是交际工具，是特定人口的社会和文化属性。在社会文化交流中，本国语言的使用程度直接反映着该国的经济实力和文化力量，而语言的变化会使该国人民对外国旅游者的态度和言行发生变化。因此，语言作为分析社会和文化变化的一个重要因素，又是衡量国际旅游业的社会影响的尺度。旅游业可通过某些方面使语言发生变化，因旅游发展而产生的机构的管理层往往由外地人或外国人组成，当地人不得不学习外语与这些外国雇员交流。外国旅游者所显示的物质优越感和他们的言谈举止会使当地人对外界产生兴趣，为了追求同样的社会地位，本地人会积极学习外语。在旅游地，本地居民在各种情况下和旅游者进行直接交流，特别是零售商和其他服务行业的当地人，他们只有用外语才能与外国旅游者沟通。

四、旅游对区域文化的影响

旅游业的文化影响涉及旅游地的传统民间艺术、语言、历史、宗教、传统习俗等多个方面。旅游业的发展可以促进旅游地与外界的文化交流，推动当地传统文化的保护、复兴与传播，改善旅游地社会文化环境，但其消极影响也是明显的。

（一）旅游促进区域文化的交流演变

文化移植理论认为，当两种文化相互碰撞时，两者都会通过“借用”的方式向对方靠拢。这种借用并不是对等的，而往往是较先进的文化影响较落后的文化。现代旅游业的发展使不同国家和地区、不同民族和文化的交往日益增多，从而消除了一些社会、民族偏见，促进了相互理解。一些学者认为，游客和旅游地居民的跨文化交流，在引起旅游地文化的适应性变化的同时，保护乃至振兴了富有当地色彩的文化。

（二）旅游对区域物质文化的影响

旅游业的发展引起了旅游地工艺美术风格和形式上的变化，也改变了这些工艺美术品原来的意义，原来侧重于宗教和礼仪意义的工艺品现在成了商品。旅游业使工艺品的生产得到复兴，从而为旅游地居民提供了就业机会，同时，还使工艺品的设计和质量都得到了提高。在传统文化形式得到保护的同时，假冒工艺品也产生了。旅游市场的需求不但使旅游地工艺品的形式发生变化，而且使一个新的工艺品制造阶层应运而生。他们往往为追求工艺品的美学价值而放弃原有的对宗教、神话意义的追求。为了满足视觉的要求，工艺品失去了它原有的表达不同意义的特性而变得千篇一律。另外，旅游地以外的外来文化也会对一个地方的艺术形式产生一定的影响。

（三）旅游对区域非物质文化的影响

旅游为非物质文化遗产可持续发展提供了条件和空间。各地政府往往以旅游的名义收集、汇聚大批非物质文化遗产及传承人，为非物质文化遗产提供从经费支持、产权保护到文化传承、技艺拓展等各方面的便利条件和发展空间。这种非物质文化遗产的保护方式，发挥了市场机制的作用，突破了仅仅停留在呼吁或者自上而下的做法上，给非物质文化遗产找到了一条可持续发展的道路。文化资源的欣赏和消费，不仅不会造成文化的匮乏，反而会促进文化的创造和刺激文化的繁荣。非物质文化遗产的经济拉动力和旅游品牌效应促使各地纷纷挖掘本地优秀的非物质类民族民间文化遗存，并将其纳入旅游发展计划。旅游为人们认识非物质文化遗产的价值提供了最直接、最有效的途径，让人们真正感受到非物质文化的魅力。作为旅游品牌产品向旅游者推出的非物质文化遗产，可以得到更多人的欣赏和了解，更加贴近生活、贴近民众，能有效增强民众的保护意识，从而使非物质文化遗产得到丰富和发扬。

当然，旅游业对非物质文化的开发、利用也会带来负面影响，包括对非物质文化的庸俗化利用、对非物质文化遗产内容的改造、对非物质文化内涵和精髓的遗失等。在经济利益的驱使下，旅游开发者很有可能会为了迎合小部分旅游者的低俗需求，不顾非物质文化遗产的历史真实性，对原有非物质文化进行任意歪曲或者篡改，开发者也极有可能由于受到知识、能力等因素的局限，不能全面或者正确把握非物质文化的精髓，只开发、利用了非物质文化表面的、表象的东西，而遗失了非物质文化的内涵和精华。

活动训练

课堂讨论：旅游发展可以促进文化保护与开发，也容易对当地一些文化造成破坏，讨论如何处理这一矛盾。

能力训练任务

大量游客的涌入可能会对旅游区居民生活带来很大影响，调查本地景区周边居民，看看旅游业给他们带来了哪些方面的影响。

任务二 旅游与可持续发展

学习任务

能力目标：能够分析旅游景区面临的可持续发展问题并提出相应的对策
知识目标：掌握旅游可持续发展的内容，了解中国旅游可持续发展的现状
素养目标：合理认识和处理旅游发展与环境保护的关系

一、可持续发展的内涵

在世界环境与发展委员会（WCED）于1987年发表的研究报告《我们共同的未来》中，可持续发展被定义为："既满足当代人的需求又不危及后代满足其需求的发展。"这个定义鲜明地表达了两个基本观点：一是人类要发展；二是发展要有限度，不能危及后代人的发展。

可持续发展的概念自提出以来，就引起了全球范围的广泛关注和探讨，各个学科从各自的角度出发，对可持续发展进行不同的阐述，可持续发展作为一个全新的理论体系，正在逐步形成和完善。如从哲学角度出发，主张建立以生态文明为基点，以生物圈及人类的共存与发展为价值取向，以人类与自然界的相互作用、相互协调为中心的生态生产关系和经济体制，从而保证人类社会的可持续发展；从地理区域经济角度出发，强调"人地"关

系的协调统一，实现人类与自然的共同繁荣；从系统论的观点出发，指出可持续发展包含经济发展、社会发展和环境发展三个方面，是三者协调构成一个复合系统，其功能是有效地调控三者之间的关系和平衡，使人类在保护、节省资源的条件下，促进经济、社会、环境的全面进步，提高人民的生活质量。尽管各学科对可持续发展的阐述并不相同，但都包含了“协调经济、社会、环境三者关系”的思想，而这一点正是人类谋求新发展模式的基础。

二、旅游可持续发展的内涵

（一）旅游可持续发展思想的产生和发展

旅游可持续发展是随着“可持续发展”这一思想的出现，并基于旅游业在发展中所产生的日益严重的经济和社会问题而提出的。旅游业作为一项新兴产业，正以迅猛的速度向前发展着。随着旅游规模的不断扩大，旅游设施的不断扩建，旅游资源的不断开发，人与环境的矛盾也日益突出。旅游可持续发展实际上是可持续发展思想在旅游领域的具体运用，是可持续发展战略的组成部分，是可持续发展理论的自然延伸。1990 年，在加拿大召开的 1990 全球持续发展大会旅游组行动策划委员会会议上，提出了《旅游持续发展行动战略（草案）》；1995 年 4 月，联合国教科文组织、联合国环境规划署和世界旅游组织在西班牙专门召开了“可持续旅游发展世界会议”，75 个国家和地区的 600 多位代表一致通过了《可持续旅游发展宪章》及其附件《可持续旅游发展行动计划》。《可持续旅游发展宪章》明确提出：旅游发展必须考虑生态环境的承受力，符合当地经济发展状况和社会道德规范；可持续发展，是对资源全面管理的指导方法，目的是使各类资源免遭破坏，使自然和文化资源得到保护；旅游作为一种强有力的发展产业，能够并应积极参与可持续发展战略；健全的管理应当保证可持续性。宪章还指出，可持续发展的实质，就是要求旅游与自然、文化和人类生存环境成为一个整体。目前，旅游可持续发展已在全球达成共识，并得到了国际社会的广泛支持和合作。

（二）旅游可持续发展的含义和目标

结合旅游的特点，参照可持续发展理论，参考各家研究成果并考虑到与国际上的理论相统一，可把旅游可持续发展的定义概括为：既满足当代人的旅游需求，又不损害子孙后代满足其旅游需求能力的旅游的发展和增强。它包括旅游经济可持续发展、旅游生态环境可持续发展和旅游社会可持续发展三大子系统。也就是旅游发展既要重视旅游经济发展速度，又要追求旅游经济发展质量；旅游发展规模要与自然承载力相协调，要经济效益与社会效益兼顾；同时要做到社会公平、当代公平和世代公平。这其中，旅游经济可持续发展是基础，旅游生态可持续发展是条件，旅游社会可持续发展是目标；强调旅游发展的规模和速度必须与现有资源和环境条件相适应，谋求区域社会、经济、生态的最佳综合效益。

关于旅游可持续发展的目标，1990 年在加拿大召开的全球持续发展大会比较全面系统地表述为：增进人们对旅游所产生的环境效应与经济效应的理解，强化其生态意识；促进旅游的公平发展；改进旅游接待地区的生活质量；向旅游者提供高质量的旅游经历；保护未来旅游开发赖以生存的环境质量。旅游可持续发展的实现，其关键在于对旅游环境进行保护。

（三）旅游可持续发展的内容

1. 树立全新的理论观念，保护好未来旅游开发赖以生存的生态环境

旅游业可持续发展需要实现旅游资源的最优配置，要求人类从生态保护的观念出发，树立人类与自然和谐发展的新观念，自觉维护生态环境，使后代人在发展旅游业时仍有可持续发展的旅游资源。

2. 提高旅游地居民的生存环境和生活质量

旅游业的合理发展，会给旅游地带来诸多利益，如提高居民收入、改善居民生活、美化居住环境等。旅游业可持续发展要求兼顾旅游地社区和居民的发展与利益，只有这样，旅游业发展才能得到当地居民的支持。

3. 增强全社会对旅游业所带来的环境、经济、社会文化等方面的负面效应的理解，树立和强化全人类的生态保护意识

如何处理旅游业发展、经济增长及生态保护之间的关系，是坚持经济中心论，还是坚持生态中心论？能否实现鱼与熊掌二者兼得，即既实现旅游经济发展，又很好地保护生态环境，如何实现？这些问题正是旅游业可持续发展所要研究的内容。

4. 提倡公平发展

强调旅游经济与生态环境的协调发展，避免走向任何一个极端。正如1992年联合国环境与发展大会通过的《里约宣言》所强调的："为了实现可持续发展，环境保护工作应是发展进程中的一个整体部分，不能脱离这一进程来考虑。"可持续发展要求当代人的发展不影响后代人的发展，强调当代人与后代人之间发展的均衡和公平性。

5. 提高旅游容量和旅游产品质量，为旅游者提供高质量的旅游经历和体验

旅游者是旅游业可持续发展的源泉，没有旅游者，旅游业的基本发展都无法得到保证，更不用说可持续发展了。在旅游业激烈竞争的今天，能否提高现有旅游地旅游容量，提供高质量、高品位的旅游产品，最大限度地吸引旅游者前来旅游，关系着旅游地未来发展的生死存亡。

三、旅游可持续发展面临的问题

尽管许多独特的自然景观和历史文化遗址为旅游业的开发与发展提供了丰富的旅游资源和相当程度的自然生态支持，但旅游业所面临的实际环境问题却不容忽视。

（一）旅游者环境意识差，加重了旅游景点的人为破坏因素

在旅游景点我们经常可以看到旅游者触摸、攀爬名胜古迹，在部分古迹上乱刻乱画的现象也不时发生，所有这些，都使名胜古迹的本来风貌和寿命受到严重威胁。一些旅游者随手丢垃圾的不良行为，也致使风景区的美观度大打折扣。更有少数的旅游者，竟在旅游区狩猎、采集、露营、野炊。这加重了旅游区的生态负担，有可能造成物种减少，甚至灭绝，从而使旅游区的生态平衡受到严重破坏。

（二）旅游城市生态环境恶化

旅游业的兴旺，使旅游接待地的流动人口增加。旅游交通的频繁进行和飞机、汽车、游艇等交通工具数量的增加，致使旅游接待地的空气污染、噪声污染和水质污染加剧。许

多穿城而过的河流已遭严重污染，水色发黄甚至发黑。另外，旅游接待地人满为患的状况，也加重了当地基础设施的负担，致使景区污染严重，旅游景观受损，生态环境遭到破坏。

（三）掠夺性开发破坏了旅游资源

一些地区为了追求经济发展，在风景名胜区迅速扩建高档宾馆、饭店、疗养所、培训中心以及索道、滑道、城市娱乐设施等，发展了一些高污染、高消耗、低效益的工商业，这不但破坏了旅游资源，还在实质上影响了当地经济的可持续发展。

四、中国旅游可持续发展

旅游发展如何与生态环境的保护、传统文化的发扬相互促进和协调，是中国政府日益重视的课题。保护环境与旅游事业的可持续发展是相辅相成的，是可以相互支持、相互促进的。1994 年 3 月，世界上第一个国家级可持续发展文件——《中国 21 世纪议程》在中国诞生，中国国家环保局继而提出了“中国跨世纪绿色工程规划”，国务院下发了《关于环境保护若干问题的决定》，这些文件对旅游资源可持续利用均有明确要求，尤其是《中国 21 世纪议程》明确规定要“开辟新旅游专线，加强旅游资源的保护，发展不污染、不破坏环境的绿色旅游”。1997 年，世界旅游组织授权中国国家旅游局出版《旅游业可持续发展：地方旅游规划指南》，用以指导各地旅游发展事业。近年来，国家更是采取了一系列重大举措，并取得了重大成果。这些措施大致有以下 3 大类 12 个小点。

（一）建立国家公园体系，加强旅游资源环境的保护

国家公园是指由政府设立的以体现自然之美的自然保护区。我国的国家公园体系包括国家森林公园、国家自然保护区、国家风景名胜区、国家水利风景区和国家地质公园等。

1. 国家森林公园

森林公园是以森林自然环境为依托，具有优美景色和科学教育、游览休闲价值的一定规模的地域，是经科学保护和适度建设，供人们进行旅游、观光、休闲等科学教育活动的特定场所。中国境内最早的国家森林公园是 1982 年建立的张家界国家森林公园。截至 2024 年，我国共建立国家级森林公园达 906 处。

2. 国家自然保护区

自然保护区是通过政府认可或划定的区域，1956 年我国第一个自然保护区——广东鼎湖山国家级自然保护区诞生，截至 2024 年，全国已建立各种类型、各种级别的自然保护区 2 750 个，其中，国家级自然保护区 474 个。我国的自然保护区已经形成了自然生态系列、野生动物系列和自然遗产系列三大系列九个类型，国家级、省级和市县级三个层次。

3. 国家风景名胜区

风景名胜区是以富有美感的典型自然景观为基础，渗透着人文景观美的地域综合体。国家级风景名胜区是中国最具美感的国土资源、最优美的自然景观与最富有历史文化内涵的人文景观荟萃之地，具有很高的美学观赏价值、文学价值和科学价值。自 1982 年起至 2017 年，国务院总共公布了 9 批 244 处国家级风景名胜区。

4. 国家水利风景区

国家水利风景区是指以水域（水体）或水利工程为依托，经水利部水利风景区评审委

员会评定，由水利部公布的可以开展观光、娱乐、休闲、度假或科学、文化、教育活动的区域。国家级水利风景区有水库型、湿地型、自然河湖型、城市河湖型、灌区型、水土保持型等类型。其中最为著名的有长江三峡水利枢纽工程、黄河三门峡大坝风景区、黄河小浪底水利枢纽工程和云南省珠江源风景区等。

5. 国家地质公园

地质公园是以具有特殊的地质科学意义、稀有的自然属性、较高的美学观赏价值，具有一定规模和分布范围的地质遗迹景观为主体，并融合其他自然景观与人文景观而构成的一种独特的自然区域。地质公园由国家行政管理部门组织专家审定，由自然资源部正式批准授牌。地质公园按管理层次分为四个等级，即县市级地质公园、省级地质公园、国家地质公园和世界地质公园。

（二）建立遗产体系，加强对历史文化遗产的保护

1. 对重点文物和历史文化名城进行保护

为了对珍贵文物进行有效保护，新中国成立初期就提出了“既对文物保护管理，又对基本建设有利”的方针。截至 2024 年底我国世界遗产总数达到 59 项，其中世界文化遗产 40 项、世界文化与自然双重遗产 4 项、世界自然遗产 15 项，国家历史文化名城已达 143 座，我国丰富多彩的文物古迹和众多的历史文化名城，以其特有的教育作用和感染力而成为我国旅游资源开发利用的一大资源。

2. 对历史文化名镇名村进行保护

历史文化名镇名村反映了我国不同地域、不同民族、不同经济社会发展阶段聚落形成和演变的历史过程，真实记录了传统建筑风貌、优秀建筑艺术、传统民俗民风和原始空间形态，具有很高的研究和利用价值。历史文化名镇名村是我国文化遗产的重要组成部分。自 2003 年以来，住房和城乡建设部、国家文物局联合公布了 7 批共 799 个中国历史文化名镇名村，其中名镇 312 个、名村 487 个，分布范围已覆盖全国 31 个省、直辖市、自治区。

3. 对人类口述和非物质遗产进行保护

人类口述和非物质遗产，简称非物质文化遗产，又称无形遗产。目前，我国共有非物质文化遗产资源近 90 万项。进入国家、省、市、县四级非物质文化遗产名录体系的非物质文化遗产项目有 7 万项。联合国教科文组织于 2001 年评选出了第一批 19 个“人类口述和非物质遗产代表作”。国务院于 2006 年、2008 年、2011 年、2014 年和 2021 年共公布了五批共 1 557 项国家级非物质文化遗产。目前中国已经有京剧、中医针灸等 44 个项目入选联合国教科文组织非物质文化遗产名录（名册），居世界第一位。

（三）参加国际公约组织，提升自然文化保护级别

1. 加入《保护世界文化和自然遗产公约》，申报世界遗产

中国于 1985 年 12 月 12 日加入《保护世界文化和自然遗产公约》，至 2024 年底，被批准列入《世界遗产名录》的世界遗产已达 59 项，其中世界文化遗产 40 项，世界自然遗产 15 项，世界文化与自然双重遗产 4 项。

2. 加入世界生物圈保护区网络

世界生物圈保护区是联合国教科文组织“人与生物圈计划”提出的实施特殊理念和目标的保护区，它具有保护、可持续利用和提供科研教学、培训、监测基地等多种功能。中

国于 1973 年加入，并于 1978 年建立了中国人与生物圈国家委员会，于 1993 建立了“中国生物圈保护区网络”。截至 2024 年底，中国已经有 34 个自然保护区被批准为世界生物圈保护区网络成员。

3. 加入国际湿地保护网络

健康的湿地生态系统是一个国家或地区生态安全的重要组成部分和经济社会可持续发展的重要基础。因此，国际上 1971 年就有一个旨在保护和合理利用全球湿地的公约——《关于特别是作为水禽栖息地的国际重要湿地公约》，简称《湿地公约》。《湿地公约》于 1975 年 12 月 21 日正式生效，截至 2023 年 10 月共有 172 个缔约方。我国于 1992 年加入《湿地公约》。

4. 申报世界地质公园

世界地质公园是以其地质科学意义、珍奇秀丽和独特的地质景观为主，融合自然景观与人文景观，由联合国教科文组织专家实地考察，并经专家组评审通过，经联合国教科文组织批准的地质公园。1999 年 4 月，联合国教科文组织提出建立地质公园计划，并确定中国为建立世界地质公园计划试点国之一，截至 2024 年 6 月我国经联合国教科文组织批准并列入世界地质公园计划的地质公园已达 47 处。

活动训练

在自然保护区内开展旅游活动，必然会对保护区内的环境造成一些影响，讨论这些影响主要表现在哪些方面。

能力训练任务

近年来生态旅游逐渐成为游客的最爱，如果你是生态旅游景区的管理人员，如何引导游客形成良好的旅游行为、减少对景区生态环境的破坏？

素养园地

“慢城黄龙·康养之都”

习题

1. 旅游对区域经济的影响有哪些？
2. 旅游对区域社会的影响是指什么？
3. 旅游可持续发展的内涵是什么？
4. 旅游可持续发展的内容有哪些？
5. 旅游可持续发展面临的问题有哪些？
6. 中国旅游可持续发展的举措有哪些？

项目五 旅游地理区划

任务一 旅游地理区划概况

学习任务

能力目标：能够根据旅游地理区划的原则分析现有区划
知识目标：了解旅游地理区划的概念，熟悉旅游地理区划的意义和原则
素养目标：懂得旅游地理区划应遵循的原则

一、旅游地理区划的概念

旅游地理区，是指自然地理与人文地理环境特征基本相似，自然旅游风光与旅游特征基本相近的地理区域综合体。旅游地理区也称为旅游区或文化旅游区，常以某些中心城市或骨干名胜为旅游经济和旅游文化的轴心，形成点、线、面相结合的旅游网络。

旅游地理区划（或称旅游区划），就是人们根据各自不同的目的，依据不同的标准和指标，对一定地域的旅游资源所进行的地理区域划分。现有的旅游区划方案主要有旅游资源区划、旅游文化区划、旅游气候区划、旅游产品区划、旅游感应区划、旅游功能区划、旅游综合区划等。

二、旅游地理区划的目的与意义

（一）旅游地理区划的目的

旅游地理区划的目的是揭示本区域内自然地理和人文地理之间的关系，掌握各旅游区的基本特征，了解其资源优势与不足，扬长避短，为确立其在全国旅游地域分工体系中应有的位置以及合理开发、利用和保护旅游资源，制定与实施旅游区域发展战略，推动区域经济发展，提供科学的依据。

（二）旅游地理区划的意义

旅游地理区划具有如下意义：

（1）旅游地理区划有助于确定各旅游区的性质、特征、地位等，为旅游规划奠定基础，为制订旅游发展计划提供依据，并指出各旅游区今后发展的主导方向，最终实现区域旅游业的可持续发展。

（2）旅游地理区划有助于协调各方面的力量进行旅游业的调查和评价，以便合理开发、利用和保护旅游资源。

（3）旅游地理区划有助于合理安排旅游区域内旅游设施和旅游服务系统的建设，全面系统地组织区域旅游活动，为旅游者提供全方位的服务。

（4）旅游地理区划有助于明确各旅游区的旅游特色，以便在线路设计和客源组织方面发挥区域优势，增强旅游产业的竞争力。

三、旅游地理区划的原则

旅游地理区划的原则是进行旅游地理区划的指导思想和依据。进行旅游地理区划时，一般应遵循以下基本原则。

（一）主导因素原则

在旅游区内的各种旅游资源中，每种资源所起的作用是不同的，其中某种旅游资源往往起着长期或主导作用，它能体现出该旅游区的独有个性与特色。因此，在划分旅游区时，应把起主导作用的旅游资源作为划分的依据。

（二）相似性原则

旅游地理区划就是要把不同的旅游地域区别开来，以突出各旅游区的特点。因此，在进行旅游地理区划时，应把相似性较大的地域划分在一起，以构成区别于其他地域的差异性，形成旅游区的鲜明特色。在同一旅游区域内，应当是旅游资源的相似性最大、差异性最小；不同的旅游区域之间，应当是差异性最大、相似性最小。

（三）综合性原则

旅游业是综合性的产业，是自然与人文各要素相互整合的产物。因此，只有综合分析自然环境和人文各要素的相互关系与组合结构，才能得出地区间的相似性和差异性，才能找出某一地区占主导地位的因素，以此作为划分旅游区的指标。

（四）旅游中心原则

每个旅游区都应有一个以上的旅游中心，旅游中心是旅游区的核心，否则，不能称之为旅游区。旅游风景名胜区域的中心城市作为旅游业发展的依托，成为区域旅游活动中心。旅游中心能代表整个旅游区的旅游资源特色，是政治、经济、文化中心，拥有较好的旅游服务配套设施。

（五）地域完整性原则

旅游地理区划在地域上应该是连续的、完整的，各级旅游区必须覆盖全国，不允许出现遗漏和重叠现象。同一旅游区的地域须保持完整，成片或成带，以便更好地布局旅游设施、组织旅游活动、发展区间交通关系，从而有助于旅游业的规划和管理。

（六）现状与远景发展一致的原则

旅游区具有相对的稳定性和发展的变化性，因而旅游地理区划不仅要认识现状，为现在的旅游业服务，更要认识未来，使旅游区内的旅游业在中长期内都能较稳定和因地制宜地发展。旅游区域系统是一个全开放、动态性系统，旅游区域往往随着旅游资源的开发、交通运输网络的完善、地区旅游联络方向和发展方向的变化而发生相应的变化。

（七）兼顾行政区原则

旅游业涉及面广，牵涉部门多，其发展离不开行政部门的综合平衡。因此，在制定旅游区划时，应在不破坏分区的科学性和完整性的基础上，尽量保持原有行政地域的完整性。

四、旅游地理区划命名

对旅游区进行科学性、实用性命名，是旅游地理区划的重要内容之一。我国不少学者对旅游地理区划命名问题进行了探索，从目前的各旅游地理区划方案成果来看，在形式上既有单一因子命名法，又有多因子复合命名法；在内容上既有地域方位或地域名称命名法，又有以某一自然或人文为主导景观因子的命名法，亦有多种景观内容结合在一起的综合命名法。但不论何种命名方法，都要求高度概括旅游区的本质特征。因此，在命名时就必须要方位明确、主题突出、个性鲜明、形象高雅，具有美学意韵。

活动训练

旅游地理区划与传统意义上的地理区划并不一致，讨论一下它们各自的特点。

能力训练任务

根据在本任务中学习的旅游地理区划原则，分析旅游地理区划和行政区划的关系。

任务二 中国旅游地理区划

学习任务

能力目标：能够分析不同旅游地理区划的划分标准

知识目标：了解中国目前的一些旅游地理区划方案，掌握本书中国旅游地理区划方案

素养目标：清晰认识中国旅游地理区划

一、中国旅游地理区划概况

迄今为止，中国尚未进行正式的旅游地理区划，一些学者为了教学或科研的需要，提出了一些区划方案。这些区划方案大致可以归为三类。

（一）按行政区划来划分的方案

此类方案并不多，以戴松年等的方案为代表。

（二）按旅游资源来划分的方案

此类方案包括：阎守邕等依据中国旅游资源区域特征和旅游环境的区域差异性进行定性和定量分析，将中国划分为 8 个一级旅游资源区和 41 个二级旅游资源区。石高俊依据地貌、气候和人文旅游资源的宏观特征，并考虑陆地和海洋的区别，将中国划分为 10 个区和 40 个副区。濮静娟等以舒适度指数和风效指数为指标，将中国（不含港澳台地区）划分为 3 个旅游气候大区、18 个气候区、22 个旅游气候亚区。

（三）综合性旅游区划方案

此类方案占绝大部分。如郭来喜将中国划分为 9 个旅游带、29 个旅游省、149 个基本旅游区；周进步将中国划分为 9 大旅游区；刘振礼将中国划分为 11 个旅游区；雷明德等将中国划分为 9 个一级旅游区；孙大文、吴必虎将中国划分为 10 个大旅游区；陈传康将中国划分为 7 个一级旅游区；孙文昌等将中国划分为 9 个一级旅游区；等等。

二、中国旅游地理区划各种方案简介

（一）周进步分区方案

1985 年，周进步在《中国旅游地理》中，依据旅游资源形成的共同性、形态的类似性和旅游业发展现状的相似性，找出各旅游区占主导地位的因素，作为划分指标原则，采用地域方位名称和旅游资源主导因子命名方法，将中国划分为华北旅游区、东部沿海旅游区、川汉旅游区、华南热带景观旅游区、西南岩溶旅游区、西北丝绸之路旅游区、东北旅游区、北疆塞外旅游区、青藏高原旅游区共 9 个旅游区。

（二）宋家泰分区方案

1985 年，宋家泰在其主编的《中国经济地理》中，依据旅游资源的特点和经济运行的自然网络，在保持行政区划体系的完整性的基础上，采用单一区域方位因子命名方法，将中国分成东北、华北、华东、长江中上游、东南、西南、青藏、西北共 8 大旅游区。

（三）濮静娟分区方案

1987 年，濮静娟、朱晔以舒适度指数和风效指数为指标，对中国地区气象资料进行分析计算，以各地最佳旅游月份和适宜旅游季节进行旅游季节气候区域划分，采用区域方位和热量带主导因子复合命名方法，将中国划分成北方温带气候大区、南方亚热带气候大区、青藏云贵高原大区，共 3 个旅游气候大区；以气温舒适月份作为气候区的指标，在 3 个气候大区的基础上又将中国划分为 18 个旅游气候区；以舒适风月份和闷热有不明显风的月份作为气候亚区的区划指标，将中国划分为 22 个旅游气候亚区。

（四）刘振礼分区方案

1987 年，刘振礼等根据旅游条件和旅游业发展现状，采用旅游景观主导因子加区域名称复合命名法，将中国分成京畿要地——北京旅游区，白山黑水——黑吉辽旅游区，民族摇篮——黄河中上游旅游区，大浪淘沙——长江中上游旅游区，山水神秀——长江下游旅游区，南国侨乡——闽粤琼旅游区，石林洞乡——滇黔桂旅游区，塞外风光——内蒙古宁夏旅游区，丝绸之路——甘新旅游区，世界屋脊——青藏旅游区，台湾及香港、澳门地区，共 11 个旅游区。

（五）雷明德分区方案

1988 年，雷明德等在《旅游地理学》中，依据中国旅游资源成因类型的共同性原则，采用地域区位名称和自然或文化景观主导因子复合命名方法，将中国分成东北林海雪原旅游地区、中原古迹名山旅游地区、东部名山园林旅游地区、华南热带风光旅游地区、西南岩溶风光旅游地区、川鄂湘名山峡谷旅游地区、西北干旱景观旅游地区、塞外草原景观旅游地区、青藏高原旅游地区，共 9 个旅游地区。

（六）郭来喜分区方案

1988 年，郭来喜根据旅游资源的相似性、行政区划体系的完整性和运输便捷性、管理方便性等原则，采用区域名称和文化景观主导因子综合命名方法，将中国分成 10 个旅游带，即京华古今风貌旅游带、白山黑水北国风光旅游带、丝路寻踪民族风情旅游带、华夏文明访古旅游带、西南奇山秀水民族风情旅游带、荆楚文化湖山景观旅游带、吴越文化江南水乡风光旅游带、岭南文化亚热带-热带风光旅游带、世界屋脊猎奇探险旅游带，以及台湾和港澳中西文化海岛风貌旅游带。带以下还分成 29 个旅游省、149 个基本旅游区，整个结构体系分为三大层次。

（七）阎守邕分区方案

1989 年，阎守邕等根据中国旅游资源区域特征和旅游环境的区域差异，采用地域名称和自然或文化景观主导因素复合命名方法，将中国分为东北温带湿润景观旅游资源区、黄河中下游名胜古迹旅游资源区、长江山水风光旅游资源区、华南热带亚热带景观旅游资源区、云贵高原奇山异水风光人情旅游资源区、塞外草原荒漠旅游资源区、西北丝绸之路旅游资源区、青藏高原世界屋脊旅游资源区，共 8 个一级旅游资源区和 41 个二级旅游资源区。

（八）雍万里分区方案

1991 年，雍万里根据旅游资源的相对一致性、自然环境和社会经济环境的近似性原则，采用地域名称与自然或文化景观复合命名方法，将中国分成东北——林海雪原、火山景观旅游区，华北——古都古迹、名山旅游区，华南——名山胜水、园林景观旅游区，华中——名山峡谷、古迹旅游区，西南——喀斯特景观、民情旅游区，华南——海湾海岛热带景观旅游区，横断山地——高山峡谷景观、民情旅游区，内蒙古——草原景观、民情旅游区，西北——荒漠绿洲景观、古迹旅游区，青藏——高原雪山景观、宗教旅游区，共 10 个一级旅游区，每个旅游区又包括若干个主要旅游地、景区和旅游点。

（九）陈传康分区方案

1991 年，陈传康将传统文化与现代文化资源相结合，将观光旅游资源与科学文化旅游相结合，以传统文化资源、现代文化资源、自然风光、开发重点和客源市场五大内容，采用区域方位和区域名称单因子命名方法，将中国分成华北（相当于中国自然区划的暖温带华北区，长江以南，秦淮线以北，东起沈阳以南的辽南和辽东半岛，西延至甘肃东部）、长江中下游流域（秦淮线以南、南岭以北所包括的长江中下游地区，也包括钱塘江等独流入海流域）、华南（包括两广、福建、台湾、海南等）、西南（包括除川西横断山以外的四川、陕南、云南、贵州等）、东北（包括除辽南和辽东以外的东北三省及内蒙古东部三盟一市）、内蒙古西北（包括内蒙古西部、宁夏、河西走廊、西宁河套带、青海湖、柴达木盆地、新疆等干旱、半干旱地区）、青藏高原（包括青海南部和甘肃东南部的高原、西藏全部、川西横断山地等），共 7 个一级旅游文化区。

（十）杨载田分区方案

1994 年，杨载田等根据旅游资源成因、形态和发展方向的一致性，地域分布的完整性等原则，取各家分区方案之长，采用地域方位名称、文化景观和自然风光三因子综合命名方法，将中国分成东北关东文化林海雪原火山风光旅游区、黄河中下游华夏文化名山沃原海滩风光旅游区、华东吴越文化山水园林旅游区、华中荆楚巴蜀文化峡谷湖山旅游区、东南沿海岭南文化亚热带-热带山海岛风光旅游区、西南民族风情岩溶山水风光旅游区、青藏藏乡草原文化世界屋脊风光旅游区、西北丝路文化雪峰绿洲草原风光旅游区，共 8 个旅游区，以及若干个旅游省，省下又分若干游览区。

三、本书的中国旅游地理区划方案

本书根据中国旅游地理区划的 7 大基本原则，广泛吸收已有各区划方案的长处，充分体现旅游文化在各旅游区的作用和地位，采取综合性区划命名法将中国分成 10 个文化旅游区：华北旅游区（京津冀）、东北旅游区（黑吉辽）、黄河中下游旅游区（陕晋豫鲁）、长江中上游旅游区（川渝湘鄂）、华东旅游区（赣皖苏浙沪）、岭南旅游区（闽粤琼台港澳）、西南旅游区（滇黔桂）、青藏高原旅游区（青藏）、西北旅游区（新甘宁）、塞北旅游区（内蒙古）。

（一）华北旅游区（京津冀）

华北旅游区包括以北京为中心，以津冀为腹地的小华北地区。这里既有华夏历史文明遗产（特别是辽、金、元、明、清时代的历史文明遗产），又有社会主义中国的现代风貌，集古代建筑工程与现代化设施为一体。由于北京是沟通世界各地和国内各大城市的交通枢纽，又是全国的政治、经济、文化中心，它不仅是接纳国内游客最多的地区，也是国际访华游人的热点旅游目的地，因此成为全国重要的旅游创汇基地之一。

（二）东北旅游区（黑吉辽）

东北旅游区包括黑龙江、吉林、辽宁三省。该区是我国纬度最高的旅游区，旅游资源丰富多彩，有林海雪原景色、火山和熔岩奇观、温带海滨风光、吉林雾凇、山川湖泊、极光与极昼、独特的动植物等自然旅游资源；又有沈阳清王朝发祥地、少数民族风情等人文旅游资源。

（三）黄河中下游旅游区（陕晋豫鲁）

黄河中下游旅游区包括陕西、山西、河南、山东四省。该区是中华民族的发祥地，拥有仰韶文化、半坡遗址、商朝殷墟、五大古都、两大石窟等举世闻名的名胜古迹，是我国人文旅游资源种类最多、数量最丰富、分布最集中、质量最高的旅游区。该区著名山岳云集，海滨风光旖旎，历史遗迹与名山海景浑然一体，是一个以人文景观为主、兼备多种旅游资源的旅游区，也是我国旅游业发展的核心区域。

（四）长江中上游旅游区（川渝湘鄂）

长江中上游旅游区包括四川、重庆、湖南、湖北等省市。该区河湖胜景众多，名山峡谷特色鲜明，文化古迹丰富多彩。该地区既有举世闻名的长江三峡、神秘的神农架、神奇的武陵源、壮丽的武当山、秀丽的峨眉山、幽洁的青城山、美不胜收的九寨沟等自然旅游资源，又有黄鹤楼、岳阳楼、古琴台、古隆中、荆州古城、马王堆汉墓、三星堆、乐山大佛、大足石刻等人文旅游资源，从巴蜀文明到夜郎之谜的文化景观亦别具特色。

（五）华东旅游区（赣皖苏浙沪）

华东旅游区包括江西、安徽、江苏、浙江、上海四省一市。该区地处长江下游，濒临东海、黄海，位置优越，交通便捷，经济发达。本区有现代化的大都市上海，有众多的江南古镇，有苏州古典园林，有风景优美的黄山、庐山、九华山、普陀山、井冈山等，有太湖、鄱阳湖、西湖、千岛湖、长江、钱塘江等众多的河湖水域景观，是一个自然山水风光和人文景观兼优，旅游资源最密集、类型最多的旅游区。该区发展旅游业的经济与区位优势明显，是我国旅游业发展的重要地区。

（六）岭南旅游区（闽粤琼台港澳）

岭南旅游区包括福建、广东、海南三省和港、澳、台三地区。该区位于我国南部，有热带和亚热带山海风光，是我国冬季的避寒胜地，也是著名的侨乡，区内海岸线漫长，多优质沙滩，是旅游休闲的理想之处。该区动植物资源丰富，文物古迹和革命圣地众多，民族风情别具一格，又位居我国改革开放的前沿，经济发达，是海外游客的主要入境口岸，旅游业发展优势突出。

（七）西南旅游区（滇黔桂）

西南旅游区包括云南、贵州、广西。该区是全国各大旅游地带中地势起伏最大、类型最多的地区，其高山、高原、峡谷、盆地、丘陵、平原相间，加之气候宜人，动植物资源极其丰富，保留了不少濒危的珍稀动物和植物物种，拥有中国最具特色的自然保护区，并以各种峰林、奇石碧水、幽洞而称雄于世。特别应当指出的是，这里少数民族众多、民族人口集中，各民族能歌善舞，习俗迥异，节日喜庆终年不断，工艺美术精绝，是中国旅游发展潜力最大的地区。

（八）青藏高原旅游区（青藏）

青藏高原旅游区包括青海省和西藏自治区。该区位于西南部号称“世界屋脊”的青藏高原上，有“地球第三极”之称的珠穆朗玛峰终年积雪覆盖，是登山探险、科学考察的理想之地。高原上独特的冰雪世界、高寒草原、湖泊热泉、高原峡谷、原始森林构成了本区奇异的自然旅游资源。藏族风情、宗教文化与礼制建筑又构成了本区神秘诱人的人文旅游资源。该区有布达拉宫、大昭寺、小昭寺、罗布林卡、扎什伦布寺、塔尔寺、东关清真大寺等人文旅游资源；还有雅鲁藏布大峡谷、雅砻河风景名胜区、羊八井、纳木错、“神山”和“圣湖”等自然旅游资源。该区是一处极具魅力、前景广阔、有待开发的旅游区。

（九）西北旅游区（新甘宁）

西北旅游区包括宁夏回族自治区、新疆维吾尔自治区和甘肃省。该区深居内陆，呈现出与众不同的自然人文景观。该区有鸣沙山、月牙泉、火焰山、天山天池、草原风情、沙漠戈壁等别具一格的自然旅游资源；也有西夏王陵、香妃墓、海宝塔、一百零八塔、敦煌莫高窟、麦积山石窟、艾提尕清真寺、楼兰古城等丰富多彩的人文旅游资源。

（十）塞北旅游区（内蒙古）

塞北旅游区主要包括内蒙古自治区，位于我国北部边疆。塞北旅游区旅游资源丰富、类型多样，草原风情、民族文化、北国风光、口岸边境等旅游资源独具特色。特别是近几年来，该地区旅游业取得了快速的发展，形成了以旅游中心城市为基础、以特色旅游产品为主导的良性发展格局，推出了草原、沙漠、森林、边境、民族风情、文化遗迹等独具特色的旅游项目。

活动训练

旅游区划的原则和依据不同，旅游区划的结果就可能不同，讨论本书旅游区划的主要依据和原则。

能力训练任务

选择一个旅游区的地形图、行政区划图，结合本项目所讲的旅游区划分原则，利用网络收集该旅游区的旅游资源、旅游景区、自然景观与人文景观图片和视频，编辑制作一段介绍本旅游区旅游资源特点的视频、图文资料，上传至个人新媒体（抖音、小红书、快手、百度视频、微博、微信朋友圈等）账号，根据转播量或点赞量，对制作质量高、转播量大、点赞量多的作品的作者进行奖励。

素养园地

旅游地理区划

习题

1. 旅游地理区划的概念是什么？
2. 旅游地理区划的意义是什么？
3. 旅游地理区划的原则是什么？
4. 本书将中国划分成哪 10 个旅游区？

下篇

中国旅游地理分区

项目六 华北旅游区（京津冀）

任务一 华北旅游区旅游特色

学习任务

能力目标：培养旅游欣赏能力
知识目标：了解华北旅游区的旅游资源特色
素养目标：理解华北旅游区在中国旅游业中的独特地位

一、旅游地理环境

（一）区位环境

华北旅游区包括京、津、冀两市一省，处于我国东部环渤海地区，是全国的政治、经济、文化、交通和国际交往中心，是我国旅游活动兴起和发展最早的地区之一。这一地域东临渤海，西接太行山，北跨燕山山脉，南是辽阔平坦的华北平原，具有得天独厚的区位优势。优越的区位条件和丰富的旅游资源使其成为我国最发达的旅游区。

北京是我国的首都，又是历史文化名城，曾见证过许多重大的历史事件。作为我国的政治和文化中心，其行政资源、文化资源和旅游资源在国内首屈一指。经过多年建设，北京已成为全国最大的交通枢纽、国际交往中心、消费市场和进出口岸，现代工业体系门类齐全、技术水平较高，文化创意产业和旅游业繁荣发展；2008 年奥运会的成功举办，更是极大地提高了北京的国际地位和声望。

天津是我国的直辖市，东临渤海湾，矿产资源丰富，拥有著名的大港油田、渤海油气田和长芦海盐产区，是我国北方重要的工商业城市和口岸，现已发展成为我国重要的综合性工业基地之一。作为首都北京的重要门户，天津已形成以港口为中心、海陆空相结合的立体式交通网络。

河北省位于中国华北地区，环抱首都北京，东与天津毗连并紧傍渤海，东南部、南部衔山东、河南两省，西倚太行山与山西为邻，西北部、北部与内蒙古交界，东北部与辽宁接壤。2017 年 4 月，中共中央、国务院决定设立河北雄安新区。作为华夏文明的重要发祥地，经过数千年的积淀，这里形成了丰富、独特的文化，全省现有长城、承德避暑山庄及其周围寺庙、大运河、清东陵、清西陵等 4 项 8 处世界文化遗产；全国重点文物保护单位 291 处，居全国第三位；省级文物保护单位 963 处（截至 2018 年第六批），居全国前列；

河北共有 8 项世界非遗项目（入选联合国教科文组织人类非物质文化遗产代表作名录）、163 项国家级非遗项目、990 项省级非遗项目，全省共有国家级非遗代表性传承人 149 人、省级非遗代表性传承人 1 047 人（截至 2023 年 7 月），居全国前列。

（二）自然地理环境

本区地处华北平原北部，东临渤海，西依太行山地，南接中原，北连内蒙古高原，并逐渐向西部、北部高原过渡。

1. 地貌类型多样，自然旅游资源丰富

本区依山临海，平原广阔，在平原向高原过渡的地带，丘陵山地起伏垂直变化明显，全区高原、山地与平原的比例是 1∶5∶4，并拥有近 500 千米的海岸线。多样的地貌类型使本区的自然旅游资源不仅种类齐备，而且特色鲜明，具有较高的游览和疗养价值。

（1）山地多避暑场所及峡谷、关隘。

位于河北省涿鹿县境内的小五台山（海拔 2 882 米）、灵山（海拔 2 420 米），北京市的东灵山（海拔 2 303 米）、百花山（海拔 1 991 米）、海坨山（海拔 2 241 米）等，均为本旅游区有名的山峰。本区的关隘有居庸关、古北口、喜峰口、马兰关、二道关等。

（2）丘陵、山地与平原相接处多风景名胜。

太行山东北端接近华北平原一带的低山丘陵，称为“北京西山”。这里地势起伏，山水交映，北京历代名园名寺集聚，颐和园、圆明园、香山、玉泉山、卧佛寺、碧云寺、八大处、法海寺均位于此。

（3）平原多湖泊。

太行山以东、燕山以南为河北平原，它东临渤海，是华北平原的一部分，主要由黄河、海河及滦河等冲积而成。有名的白洋淀由 100 多个淀泊组成，是河北平原上的一处大型淡水湖泊群，已开发为湖泊风景旅游区。北京的北海、中南海、什刹海都是在平原洼淀基础上经人工开凿而成的湖泊，龙潭公园、紫竹院公园、玉渊潭、稻香湖天然公园、颐和园、天津水上公园也都因湖泊而富有游趣。

（4）海滨多避暑度假胜地。

渤海沿岸地区大多为淤泥质海岸，海拔高度在 4 米以下，洼地众多。地下水受海水影响，水质较差，植被覆盖率低，自然景观单调。但滦河口以北的海岸地段，海滩平缓，气候温和，十分适于避暑疗养，具有较高的旅游价值。秦皇岛市的北戴河、南戴河、昌黎黄金海岸都是我国著名的避暑度假胜地。

2. 典型的大陆性季风气候，旅游业淡旺季明显

本区地处中纬度欧亚大陆东岸，具有典型的暖温带大陆性季风气候特征。春旱多风，夏热多雨，秋高气爽，冬寒少雪。春秋短而冬夏长，冬冷夏热，对比鲜明。降水量年平均在 340～800 毫米，偏少且集中于夏季。春、夏、秋三季自然景观丰富多彩，而冬季略显单调。因此，本区旅游业淡旺季明显。4～5 月平均气温 13℃～21℃，温和宜人，山清水秀，花木繁茂，此时为旅游旺季。6～8 月为本区的夏季，炎热多雨，平均气温 24℃～26℃，避暑度假备受旅游者青睐。9～10 月为本地的秋季，天高气爽，风和日丽，红叶似火，景色宜人，常出现连续晴朗的天气，是一年中旅游的黄金季节。

（三）人文地理环境

1. 京畿要地，古韵新风魅力无穷

京畿系指以北京为核心的天津、河北一带，这一地区历史悠久。历史上的辽、金、元、明、清等朝代均以北京为都城，现在北京也是我国的首都。

（1）文明之源，遗址文物引人入胜——周口店北京人遗址。

（2）重关要守，伟大工程闻名于世——燕山长城，京杭大运河的通惠河段、北运河段，卢沟桥，安济桥及北京古观象台。

（3）数朝古都，皇家建筑叹为观止——北京有800多年的都城历史，相对集中于明、清两朝。

（4）人文荟萃，宗教建筑缤纷齐集——著名佛教寺庙有卧佛寺、碧云寺、八大处、广济寺等。白云观是中国现存最早的道观之一。承德的外八庙也是一组少数民族庙宇。

（5）革命源头，故居遗址永留教益——北京在近代是革命的发源地之一、名人聚居地，故革命遗址、遗迹、纪念地很多，如北大红楼、毛泽东故居、鲁迅故居、宋庆龄故居等。北京顺义区焦庄户等地还有地道战遗址。

（6）祖国心脏，都市新貌繁盛可喜——著名的商业街区有北京的王府井、西单、大栅栏、东单、西四和东四等。北京还是全国的科教文化中心。

2. 燕赵故土，文化艺术一枝独秀

（1）燕赵戏剧激越慷慨。

金、元杂剧先盛行于此，后沿运河南下，传入江南吴越之地。戏剧家人才辈出，如王实甫、马致远、纪君祥等均为燕赵人士。近代以来，独具燕赵风韵的戏剧有京剧、评剧、河北梆子。

（2）燕赵武术名扬四海。

燕赵之地是中华武术的摇篮和发祥地之一，是“南拳北腿”之“北腿”的故乡。自春秋战国以来，这里尚武成风，名将辈出。战国时期的乐毅、廉颇，东汉后期的刘备、张飞、赵云，宋太祖赵匡胤，都是这一地域的人士。

（3）民间艺术享誉中外。

本区民间艺术丰富多彩，有杂技、马戏、吹歌、舞蹈、美术、皮影、剪纸、石雕、泥塑、草编、陶瓷等。杂技以吴桥县最为著名，吴桥已实现了杂技演出、杂技训练、杂技研究、杂技经济、杂技旅游和杂技文化建设的一体化。

（4）旅游商品备受青睐。

本区的旅游商品主要有玉雕、牙雕、景泰蓝、金漆镶嵌、料器、雕漆、内画壶、地毯、抽纱、绒绢制品、宫灯、剧装、首饰、贝雕画、羽毛画、风筝、杨柳青年画、泥人张彩塑、金石篆刻等。本区的名菜和风味小吃有北京烤鸭、仿膳宫廷菜、谭家菜、北京涮羊肉、北京烤肉、灌肠、烧卖、豆面糕、蜜饯果脯、小窝头、茯苓饼、天福号酱肘子、六必居酱菜、冰糖葫芦、萨其马、天津狗不理包子、桂发祥的大麻花和耳朵眼炸糕等。

3. 经济命脉，现代交通四通八达

本旅游区内铁路、公路、水路、航空等构成了四通八达的交通运输网络，其中有京哈、京沈、京津塘、京石、八达岭、京承、京开等多条高速公路。京秦铁路、京哈铁路、

京沪铁路、京九铁路、京广铁路、京原铁路、京包铁路、京承铁路、京通铁路、京津城际高铁、京沪高铁等多条铁路干线汇集于此。北京首都国际机场目前已开通两百多条国际国内航线，通往世界主要国家及地区和国内大部分城市，是亚洲年旅客吞吐量最大的机场之一。

二、旅游资源特色

（一）名山荟萃，山地景观独特

华北旅游区名山奇特，可进入性强，大多为我国热门旅游景点。在太行山深处和太行山麓，分布着景色各异的山岳风景区，如雄、奇、险、野的野三坡，丛林苍郁、危崖耸立的苍岩山，“三栈牵九套，四屏藏八景”的嶂石岩，“东临碣石，以观沧海”的碣石山等。此外，还有燕山、西山、香山、军都山、云峰山、万寿山等。

（二）海滨富集，水景资源突出

华北旅游区滨海旅游资源丰富，东部的渤海之滨是我国著名的海滨旅游胜地。这里海水湛蓝清澈，沙滩柔和洁净，冬无严寒，夏无酷暑，气候宜人，是消夏避暑和海水沐浴的良好场所。如河北北戴河、南戴河的阳光海滩，昌黎的黄金海岸等。此外，本区河流、湖泊、瀑布也为数众多，如永定河、拒马河、十渡、白洋淀、十三陵水库、天仙瀑等，成为和名山相得益彰的旅游胜景。

（三）胜迹云集，人文旅游资源博大精深

华北旅游区在相当长的历史时期内是我国的政治、经济、文化中心。悠久的历史和灿烂的文化，孕育出了无数历史名胜和文物古迹，众多的历史文化名城和山水景观、文物古迹相融合，构成了本区旅游资源的独特优势。

本区古建筑绝世超群。皇家建筑规模宏大、气势雄伟，其中以北京故宫最具代表性，它是我国三大古建筑群之一，是我国现存规模最大也是最完整的古代宫殿建筑群。故宫博物院是世界最大的博物馆之一。本区皇家园林荟萃，面积之大、建筑数量之多，尽显北方园林的雄浑风采，其中北京颐和园和承德避暑山庄是典型代表。此外，还有圆明园、畅春园、北海、中南海等园林。北京还是我国现存规模最大且保存最完整的古代皇家祭祀场所集中地，皇家庙坛主要有天坛、地坛、太庙、社稷坛、日坛、月坛、先农坛等，其中以天坛最有特色。另外，作为中华民族象征之一的万里长城在本区有八达岭、司马台、慕田峪、黄崖关、山海关、老龙头等众多景点，本区的安济桥和卢沟桥在桥梁史上也占有重要地位。

（四）文化繁荣，燕赵雄风千古流传

华北旅游区特定的环境条件孕育出了独特的燕赵文化，从杂技、武术到地方戏曲，从民间艺术到民俗风情，都体现了粗犷豪放、激越慷慨的雄风侠骨。定窑、邢窑、磁州窑和唐山陶瓷是中国历史上北方陶瓷艺术的典型代表。蔚县剪纸、廊坊景泰蓝、曲阳石雕、衡水内画鼻烟壶、易水古砚、武强年画、丰宁布糊画、白洋淀苇编、辛集皮革、安国药材等名扬中外；河北梆子、老调、皮影、丝弦等饶有特色；沧州武术、吴桥杂技、永年太极等魅力独特。民俗文化和民间艺术是该区旅游资源中不可或缺的重要部分。

活动训练

小组活动训练：为华北旅游区拟写一组宣传语，要求体现本区旅游资源及旅游产品的特征。

能力训练任务

华北旅游区每年有 5～15 天的沙尘暴日，多集中在春天。大风破坏了明媚的春光，影响人们的出游。风沙对古建筑及其他旅游资源也会造成一定的破坏。夏季受东亚季风控制，形成炎热多雨的气候，7 月平均气温在 25℃，甚至有超过 28℃的时候，山区多暴雨和冰雹。只有 9 月和 10 月才是旅游的最佳时节，旅游季节较短。

任务：制定出解决上述问题的旅游方案。

任务二 区域旅游亚区概况

学习任务

能力目标：能讲述华北旅游区各旅游亚区的旅游景观特色

知识目标：掌握华北旅游区独特的燕赵文化和各重要旅游点的概况与价值

素养目标：了解华北旅游区旅游资源或景点的知识，能正确解释其成因

一、北京旅游亚区

北京是中华人民共和国的首都，简称京，位于华北地区，面积约 1.641 万平方千米，东南部为平原，西北部为燕山、太行山山地。气候属北温带半湿润大陆性季风气候。1 月平均气温约－4℃，7 月平均气温约 25℃。年平均降水量在 600～700 毫米。全市共有 16 个区，东距渤海 150 千米。主要有汉、回、满、蒙古等民族。工农业发达，传统工艺品生产历史悠久、技艺精湛。

50 万年前，周口店就出现了“北京人”。北京在春秋战国时为燕国都城，称蓟。辽时为陪都，称南京，又名燕京。金建都于此，号中都。元称大都。明、清称京师。后曾改称为北平、北京。

北京是全国政治、经济、科学、文化和国际交往的中心，是中国八大古都之一、国家级历史文化名城、著名的国际旅游城市。另外，北京还以京味胡同、四合院、民间艺术及特色美食而著称于世。

（一）主要旅游景区和景点

1. 天安门

天安门位于北京市区中心，面临长安街。天安门原是明、清两朝皇城的正门，始建于明永乐十五年（1417 年），明永乐十八年（1420 年）建成，当时名叫承天门，寓“承天启

运”“受命于天”之意。当年的承天门远没有如今的天安门雄壮，而只是一座三层楼式的木牌楼，牌楼正中悬挂“承天之门”匾额。此楼于 1451 年毁于大火，1465 年时重建，明末时又毁于兵火，直到清顺治八年（1651 年）重修，才大体成为今天的样式，并改名为“天安门”。1949 年 10 月 1 日，中华人民共和国在这里举行了开国大典，我国的国徽中间便是五星照耀下的天安门。1961 年，天安门被中华人民共和国国务院公布为第一批全国重点文物保护单位之一。

天安门总高 34.7 米，最下面是汉白玉石的须弥座，座上为十几米高的红色墩台，由每块重达 43 千克的大砖砌成。墩台上的城楼大殿东西宽九间、南北深五间，用“九”“五”之数，是取帝王为“九五之尊，至高无上”之意。天安门城楼的设计者是江苏人蒯祥，他被时人誉为“蒯鲁班”。

天安门以其厚重的历史内涵、高度浓缩的中华古代文明和现代文明成为新中国的象征，是中国各族人民向往的地方。她记录了中华民族不惧流血和牺牲、争取独立自由的勇气和坚强，写下了新中国诞生和中华民族走向强盛的壮丽诗篇。

2. 故宫

故宫位于北京市中心，旧称紫禁城，于明代永乐十八年（1420 年）建成，是明、清两代的皇宫，无与伦比的古代建筑杰作，世界上现存最大、最完整的木质结构的古建筑群。故宫由“前朝”与“内廷”两部分组成，四周有城墙围绕，四面由筒子河环抱，城四角有角楼。四面各有一门，正南是午门，为故宫的正门。图 6－1 中为故宫太和殿。

图 6－1　故宫太和殿

明成祖朱棣夺取帝位后，决定迁都北京，于是于永乐四年（1406 年）下令仿照南京皇宫营建北京宫殿，至明永乐十八年（1420 年）落成。依照中国古代星象学说，紫微星位于中天，乃天帝所居，天人对应，所以皇帝的居所又称紫禁城。故宫占地 72 万平方米，建筑面积约 15 万平方米，共有殿宇 8 707 间，都是砖木结构、黄琉璃瓦顶、青白石底座，饰以金碧辉煌的彩绘，是世界上现存规模最大、最完整的古代皇家高级建筑群。

3. 天坛

天坛在北京市东南部的东城区永定门内大街东侧，占地约 270 万平方米，是中国现存最大的古代祭祀性建筑群。天坛始建于明永乐十八年（1420 年），清乾隆、光绪时曾重修改建，为明、清两代帝王祭祀皇天、祈五谷丰登之场所。天坛是圜丘、祈谷两坛的总称，有坛墙两重，形成内外坛，坛墙南方北圆，象征天圆地方。主要建筑在内坛，圜丘坛在南、祈谷坛在北，二坛同在一条南北轴线上，中间有墙相隔。圜丘坛内主要建筑有圜丘坛、皇穹宇等，祈谷坛内主要建筑有祈年殿（见图 6－2）、皇乾殿、祈年门等。著名的祈年殿在天坛最北方，这是天坛内最宏伟、最华丽的建筑，也是古人想象中离天最近的地方。

图 6-2 北京天坛祈年殿

4. 北海公园

北海公园位于今北京城的中心地区，与中南海一桥之隔，在北京故宫西北，总面积约68.2万平方米，其中水面占一半以上，是我国现存历史最悠久、最完整的皇家园林。北海素有人间“仙山琼阁”之美誉。这里原是辽、金、元、明、清五个朝代的皇家“离宫御苑”。它以富丽多彩的文物古迹、风格独特的造园艺术、优美秀丽的湖光山色而驰名中外。

北海全区可分为琼华岛、团城、北海东岸与北岸四个部分。琼华岛是全园的中心，岛上建筑、造景繁复多变，堪称北海胜景。东部以佛教建筑为主，永安寺、正觉殿、白塔，自下而上，高低错落，其中尤以高耸入云的白塔最为醒目；西部以悦心殿、庆霄楼等系列建筑为主，另有阅古楼、漪澜堂、双虹榭和许多假山隧洞、回廊、曲径等。

5. 卢沟桥

卢沟桥（见图 6-3）又称芦沟桥，在丰台区永定河上，始建于金代，距今已有800多年的历史，是北京现存最古老的石造联拱桥。永定河旧称卢沟河，桥亦以卢沟命名。桥东的碑亭内立有清乾隆题“卢沟晓月”汉白玉碑一块，为“燕京八景”之一。意大利旅行家马可·波罗在他的游记中称赞“它是世界上最好的、独一无二的桥”。1937年7月7日，卢沟桥事变爆发，中国的抗日民族解放战争进入了新的阶段。

图 6-3 卢沟桥

卢沟桥还以其精美的石刻艺术享誉于世。桥的两侧有 281 根望柱，柱头刻着莲花座，座下为荷叶墩。望柱中间嵌有 279 块栏板，栏板内侧与桥面外侧均雕有宝瓶、云纹等图案。每根望柱上都有金、元、明、清历代雕刻的数目不等的石狮。这些石狮蹲伏起卧、千姿百态、生动逼真、极富变化，是卢沟桥石刻艺术的精品。

6. 周口店北京人遗址

周口店北京人遗址位于北京市房山区周口店龙骨山，距北京市区 43 千米。1929 年，中国古生物学家裴文中在此发现了原始人类牙齿、骨骼和一块完整的头盖骨，并找到了“北京人”生活、狩猎及使用火的遗迹，证实 50 万年以前北京地区已有人类活动。以后又陆续在龙骨山上发现了一些猿人使用的石器和用火遗址。这一发现和研究，奠定了这一遗址在全世界古人类学研究中特殊的、不可替代的地位。周口店北京人遗址是世界上迄今为止人类化石材料最丰富、最生动，植物化石门类最齐全且研究最深入的古人类遗址。1987 年 12 月，联合国教科文组织世界遗产委员会批准周口店北京人遗址为世界文化遗产。

7. 颐和园

颐和园原是清朝帝王的行宫和花园，前身为清漪园，为“三山五园”（三山是指万寿山、香山和玉泉山。三座山上分别建有清漪园、静宜园、静明园三园，加上附近的畅春园和圆明园，统称五园）中最后兴建的一座园林，始建于 1749 年，1764 年建成，面积 3.009 平方千米，水面约占 3/4。乾隆继位以前，在北京西郊一带已建起了四座大型皇家园林，从海淀到香山这四座园林自成体系，相互间缺乏有机的联系，中间的“瓮山泊”成了一片空旷地带。乾隆十四年（1749 年），乾隆皇帝为孝敬其母孝圣宪皇后，动用 448 万两白银把这里改建为清漪园，以此为中心把两边的四个园子连成一体，形成了从现清华园到香山长达 20 千米的皇家园林区。咸丰十年（1860 年），清漪园被英法联军焚毁。光绪十四年（1888 年），慈禧太后以筹措海军经费的名义动用银两（据专家考证，应为 500 万～600 万两白银）重建此园，由“样式雷”的第七代传人雷廷昌主持修建，改称颐和园，作为消夏游乐之地。到光绪二十六年（1900 年），颐和园又遭“八国联军”破坏，园内珍宝被劫掠一空。光绪二十九年（1903 年）修复。后在军阀混战、国民党统治时期又遭破坏。1949 年之后政府不断拨款修缮，1961 年 3 月 4 日，颐和园被公布为第一批全国重点文物保护单位之一，1998 年 12 月被列入《世界遗产名录》。2009 年，颐和园被中国世界纪录协会认定为中国现存最大的皇家园林。颐和园拥有多项中国之最、世界之最。图 6－4 中为颐和园玉带桥。

图 6－4　颐和园玉带桥

8. 圆明园遗址

圆明园遗址位于北京西北郊。圆明园始建于清康熙四十六年（1707 年），是在康熙皇帝赐给皇四子胤禛的一座明代私园的旧址上建成的。胤禛登基为雍正皇帝后，将其扩建为皇帝长期居住的离宫。“圆明”是雍正皇帝在皇子时期就使用的佛号，雍正皇帝崇信佛教，号“圆明居士”，并对佛法有很深的研究，著有《御选语录》19卷和《御制拣魔辨异录》。在清初的佛教宗派格局中，雍正皇帝以禅门宗匠自居，并以“天下主”的身份对佛教施以影响，努力提倡“三教合一”和“禅净合一”，是佛教发展史上非常重要的人物。康熙皇帝在把园林赐给胤禛时，亲题园名为“圆明园”正是取意于他的法号“圆明”。乾隆时期再度扩建，乾隆九年（1744年）竣工。以后，又在园的东侧辟建长春园，在园的东南侧辟建绮春园，作为附园。乾隆三十七年（1772年）全部完成，构成三位一体的园群。一般所说的圆明园，还包括它的两个附园长春园和绮春园（后改名为万春园），因此又称“圆明三园”。它是清代北京西北郊五座离宫别苑即“三山五园”中规模最大的一座，面积约350公顷。咸丰十年（1860年），英法联军侵入北京，先是劫掠，继而放火烧毁了这座旷世名园，只留下断壁残垣、衰草荒烟。

9. 八达岭长城

八达岭长城（见图6-5）位于北京延庆区，是开放最早的一段长城，建于明代弘治十八年（1505年），明嘉靖、万历年间曾加以修葺。该段长城地势险峻，居高临下，是明代重要的军事关隘和首都北京的重要屏障。城墙随着山峰的走势蜿蜒起伏，如巨龙盘绕。

八达岭长城为居庸关的重要前哨，古称“居庸之险不在关，而在八达岭”。明长城的八达岭段是长城建筑最精华段，集巍峨险峻、秀丽苍翠于一体，“玉关天堑”为明代居庸关八景之一。1953年修复关城和部分城墙后，辟为游览区。经多次整修，可供游览地段达3 741米，其中南段1 176米、北段2 565米，共有敌台16座。1961年3月，“万里长城——八达岭”入选第一批国家级文物保护单位；1987年被联合国教科文组织列入《世界遗产名录》。2007年5月8日，八达岭长城被国家旅游局正式批准为国家5A级旅游景区。

图6-5　八达岭长城

10. 明十三陵

明十三陵坐落在北京西北郊昌平区境内的燕山山麓，是明朝13位皇帝的陵墓。距北京中心城区约50千米，总面积约120平方千米。这里自永乐七年（1409年）5月始作长陵，到明朝最后一帝崇祯葬入思陵止，其间230多年，先后修建了13座金碧辉煌的帝王陵墓、7座妃子墓、1座太监墓，共埋葬了13位皇帝、23位皇后、2位太子、30余名妃嫔、1位太监，是当今世界上保存完整、埋葬皇帝最多的墓葬群。1961年，明十三陵被公布为全国重点文物保护单位，现长陵、定陵、昭陵三陵和神道四处景点对外开放。

（二）精品旅游线路与特色旅游项目

1. 精品旅游线路

（1）北京市中心皇家建筑游览线：天坛—天安门广场—故宫—景山—北海—恭王府—鼓楼。

（2）北京西北郊以皇家园林为主的游览线：颐和园—圆明园—大钟寺—动物园。

（3）外环线现代大都市人文景观游览线：亚运村—钓鱼台—世界公园。

（4）远郊长城及明清皇陵游览线（除清西陵外都在北京远郊）：长城—明十三陵—清东陵（清西陵）。

（5）西郊名山古寺游览线：香山—碧云寺—八大处—潭柘寺。

（6）西南远郊古迹、山水风光游览线：卢沟桥—周口店—十渡—野三坡。

2. 风味美食

北京荟萃了南北大菜，风味齐备，尤以清代宫廷大菜、满汉全席最为突出，亦有法式、俄式、美式等西餐和民族风味餐。北京烤鸭香酥细嫩，几乎是所有旅游者都想一尝为快的美味佳肴。药膳近年有所发展，有养生保健的功效。北京小吃品种极多，爆肚、灌肠、豆腐脑、豆汁、炒肝、面茶、羊头肉、卤煮火烧、艾窝窝、蜜麻花、炸糕、豌豆黄等应有尽有。

3. 曲艺文化

京剧融南北戏剧之长，成为一门行当齐全、表演精湛、内容丰富、人才辈出的艺术，是中国戏剧的代表剧种，其影响极为深远。评剧历史虽短，但生活气息浓厚，刻画人物细腻生动，唱腔甜润，深受欢迎。北京人民艺术剧院的“京味话剧”具有鲜明的地方特色，演员表演炉火纯青，备受海内外观众赞誉。相声艺术则以幽默征服了广大群众。

二、天津旅游亚区

天津地处中国北方黄金海岸的中部，北依燕山，东临渤海，不仅毗邻北京，还是华北、西北广大地区的出海口。全市总面积 1.1966 平方千米，海岸线长约 153 千米。气候属暖温带半湿润大陆性季风气候。主要河流有海河、南运河、北运河、子牙河、大清河等。

天津历史遗址多，出土文物丰富，有 34 处全国重点文物保护单位和 220 处市级文物保护单位。其中始建于隋朝的大型木结构庙宇独乐寺，已有 1 000 多年的历史；蓟州区黄崖关长城，全长 42 千米，多种不同造型的古台 1 000 多座，险峻、雄奇，素有“蓟北锁钥”之称；号称“京东第一山”的蓟州区盘山，山势雄伟，层峦叠秀，建筑与自然山水浑然一体。此外，还有天后宫、文庙、大悲禅院、清真大寺、天尊阁、天成寺、大沽口炮台、望海楼教堂、广东会馆以及周恩来青年时代在天津的革命活动纪念馆等。

天津的建筑具有古建筑、近代建筑和现代建筑并存的特色，由于开埠较早，且有九国租界，以风格各异的小洋楼为特色，保留着 19 世纪末到 20 世纪初东西方各国的各类建筑 2 000 多幢，有“万国建筑博物馆”之称。

（一）主要旅游景区和景点

1. 古文化街

古文化街是以天后宫为中心，具有地方味、古风味、文化味的一条街道，包括天后宫及宫南、宫北大街，全长 687 米。这里的建筑大多是仿清代的民间建筑，街内有近百家店铺，主要经营文化用品、古旧书籍、民俗用品、传统手工艺品等。著名的杨柳青年画、泥人张彩塑、魏记风筝等都在这里设了专门店铺。

杨柳青年画为中国著名的民间木版年画。它继承了宋、元绘画的传统，吸收了明代木刻版画、工艺美术、戏剧舞台的形式，采用木版套印和手工彩绘相结合的方法，创立了鲜明活泼、喜庆吉祥、题材感人的独特风格。在中国版画史上，杨柳青年画与南方著名的苏州桃花坞年画并称“南桃北柳”。

2. 独乐寺

独乐寺坐落在蓟州区，是中国首批公布的全国重点文物保护单位之一，是一座享誉中外的千年古刹。独乐寺始建于隋，辽代统和二年（984 年）重建。明万历，清顺治、乾隆、光绪年间维修过，乾隆十八年（1753 年）增砌照壁，增设观音阁重檐上下各四根擎檐柱，并建寺东行宫。独乐寺占地总面积 1.6 万平方米，山门面阔三间，进深四间，上下为两层，中间设平座暗层，通高 23 米，其核心建筑观音阁是国内最古老的高层木结构楼阁式建筑。

3. 盘山三胜

盘山位于天津市蓟州区，有“京东第一山”之称。山中由“三盘”“五峰”“八石”等组成奇丽景色，形成“山秀石多怪，林深路转奇；三盘无限意，幽绝少人知”的人间仙境。主峰挂月峰为盘山绝顶。

4. 大沽口炮台

大沽口炮台（见图 6-6）始建于明嘉靖年间，重建于清鸦片战争期间。后存遗迹占地约 16.08 公顷，主要遗存为南岸的“威”字炮台、“镇”字炮台、“海”字炮台，南岸营盘东侧、南侧围墙局部分布于大沽海口两岸。其地理位置具有鲜明的海口要塞特征。大沽口炮台具有较高的文物价值和社会价值，是我国明清北方海防重要的军事防御设施之一，在中国近代史上占有举足轻重的地位。作为中华民族抗击外来侵略的历史见证，1988 年国务院公布大沽口炮台遗址为全国重点文物保护单位，2005 年中共中央宣传部又将其确定为全国爱国主义教育示范基地。大沽口炮台是中华民族抗击侵略、不畏强暴的历史见证，也是天津滨海新区历史文化不可或缺的组成部分。建筑面积 3 900 平方米的大沽口炮台遗址博物馆主要由展厅、临时展厅、放映厅、库房及其他附属用房等组成。

图 6-6 大沽口炮台

（二）精品旅游线路与特色旅游项目

1. 精品旅游线路

水上公园—文庙—广东会馆—独乐寺—盘山。

2. 风味美食

天津菜已有 300 多年的历史，品种繁多，烹饪技艺具有津沽地方特点，以鲜咸为主，软嫩酥烂，主料突出，配料考究，色鲜味醇。采用煎、炒、烹、炸、熘、扒、炖、烩、汆、焖、烧、塌、熬等传统技术，重调味，讲色泽。传统菜有罾蹦鲤鱼、目鱼烧肉、虎皮肘子等。名菜有红扒鱼翅、清炒虾仁、烹大虾、蟹黄鱼翅、鸡丝银针、烧干贝、扒鲍鱼、全家福、酸沙紫蟹、汆燕菜等。

天津还有特色小菜 90 多种，风味小吃 90 多种，除闻名中外的天津狗不理包子、耳朵眼炸糕、桂发祥麻花老“三绝”食品外，1998 年“猫不闻”饺子又被评为天津“第四绝”。还有张记果仁、曹记驴肉、大福来锅巴菜、石头门坎素包、芝兰斋糕干以及贴饽饽熬小鱼等特色小吃。传统的大饼、棒槌果子、老豆腐、锅巴菜、豆浆、馄饨、煎饼果子等，更是天津人早点中的常客。

3. 民间艺术

天津有驰名天下的四大民间艺术。泥人张彩塑艺术闻名全国，饮誉世界。杨柳青年画历史悠久，深受国际友人青睐。魏记风筝获 1914 年巴拿马国际博览会金奖。以“刻砖刘”为代表的建筑装饰砖雕，使天津刻砖成为中国独一无二的民间建筑工艺。

三、河北旅游亚区

河北，简称冀，向来为京畿重地，在战国时期大部分属于赵国和燕国，所以河北又被称为燕赵之地。河北地处华北，面积约 18.88 万平方千米，南为漳河，东临渤海，内环京津，西为太行山地，北为燕山山地，燕山以北为张北高原，其余为河北平原。东与天津市毗连，东南部、南部接山东、河南两省，西倚太行山与山西省为邻，西北与内蒙古自治区交界，东北部与辽宁接壤。辖石家庄、唐山、邯郸、保定、沧州、邢台、廊坊、承德、张家口、衡水、秦皇岛等 11 个地级市，省会为石家庄。

（一）主要旅游城市及景区、景点

1. 承德避暑山庄

图 6-7 承德避暑山庄

承德夏无酷暑、冬无奇寒，是我国北方内陆难得的避暑胜地。承德避暑山庄（见图 6-7）又称“热河行宫”，始建于康熙四十二年（1703 年），经清朝康、雍、乾三代王朝，历时 89 年营造而成，占地 564 万平方米，约为北京颐和园的两倍，是世界现存最大的古典皇家园林。承德避暑山庄是清代皇帝避暑消夏、行围狩猎、比武操练、处理政务、接见来使的离宫。它有许多的“世界之最”：世界最大的皇家园林、世界最大的皇家寺庙群、世界最大的皇家狩猎场、世界最大的木制佛、世界最短的河流、世界独一无二的石柱等。

2. 外八庙

在承德避暑山庄周围分布着一个规模庞大的寺庙群，这些寺庙以避暑山庄为中心，形成了百川归海、众星捧月之势。山庄是皇权的象征，这些代表着不同民族的庙宇建筑，则象征着国家的统一、民族的团结。“外八庙”实际上不止 8 座庙，原有寺庙 12 座，因当年分八处管理，且地处塞外，故称“外八庙”，现存较完整的有 7 处。这些庙前后历时 67 年修建而成，可以说是“康乾盛世”的产物，是康乾年间为来觐见皇帝的各少数民族的王公贵族修建的，是清代维系统一的多民族大帝国的历史见证，也是我国多民族文化交流融合和民族团结的标志，凝聚了汉、蒙古、藏等多民族的建筑风格和艺术。

须弥福寿之庙是乾隆皇帝特意为六世班禅修建的。1780 年 8 月 13 日是乾隆皇帝的 70 岁生日，班禅额尔德尼六世长途跋涉到承德贺寿，乾隆为了让他来到后有住宿和讲经的地方，命人仿班禅驻地日喀则的扎什伦布寺，为班禅建一行宫。这座庙自山脚顺山势向上延伸，气势雄伟。主体为 3 层高的大红台，中央是一座重檐大殿，名妙高庄严殿，俗称金瓦殿，是庙中最大的殿。殿顶用鎏金铜瓦铺盖，四脊上有八条金龙。这座庙是以极快的速度建成的，在当时的物质条件下，可以说是一个奇迹。

3. 秦皇岛北戴河海滨

北戴河在河北省秦皇岛市区西南 15 千米处。它西起戴河口，东至鹰角石，东西长约 10 千米，南北宽约 2 千米，是一处天然海滨浴场。北戴河风光秀丽，苍翠的青山和浩瀚的大海相映，精致的别墅与葱郁的林海交融。每逢夏秋季节，山上草木葱茏，花团锦簇。戴河如练，沿山脚蜿蜒入海。山中文物古迹众多，奇岩怪洞密布，各种风格的亭台别墅掩映其中，如诗如画。南面是悠缓漫长的海岸线，质细坡缓，沙软潮平，水质良好，盐度适中。沿海开辟的 30 多个专用和公共海水浴场，为游客海边嬉戏，尽情享受海浴、沙浴、日光浴提供了理想的场所。

4. 山海关

山海关是明代长城东部的一个重要关隘，北倚燕山，内防渤海，处于山海之间，历史上是中原通向东北的军事重镇，被称为“边郡之咽喉，京师之保障”。关城为徐达修建，辟四门，各门上均筑城楼，城外绕以护城河。东门城楼上悬有巨幅匾额，上书“天下第一关”。东门外又接方城，称东罗城，两者之间形成瓮城。长城过山海关向南延伸直至海边，此段城墙由石料垒筑，高约 10 米，伸入海中 20 余米，似龙头伸入大海，故名“老龙头”，是长城东面的起点。

5. 清东陵

清东陵坐落在河北省唐山市的遵化市境内，西距北京市区 125 千米，据说是顺治到此打猎时选定的，康熙二年（1663 年）开始修建。陵区南北长 125 千米、宽 20 千米，四面环山。清代在此陆续建成 217 座宫殿牌楼，组成大小 15 座陵园，埋葬 160 余人，诸陵园以顺治的孝陵为中心，排列于昌瑞山南麓，均由宫墙、隆恩殿、配殿、方城明楼及宝顶等建筑构成。其中方城明楼为各陵园最高的建筑物，内立石碑，碑上以汉、满、蒙三种文字刻写墓主的谥号；明楼之后为“宝顶”（大坟头），其下方是停放灵柩的地宫。从陵区最南端的石牌坊向北到孝陵宝顶，有一条约 12 米宽、6 000 米长的神道，沿途分布有大红门、大碑楼（圣德神功碑楼）、石像生、龙凤门、七孔桥、小碑楼、隆恩门、隆恩殿、方城明楼等建筑，井然有序，主次分明。

6. 昌黎黄金海岸

昌黎黄金海岸在秦皇岛市昌黎县境内，东距北戴河海滨 17 千米，西南到滦河入海口。海岸长达 52.1 千米，沙质松软，色黄如金，故称黄金海岸。黄金海岸总面积 376 万平方米，可设近百个浴场。由于这里沙细、滩缓、水清、潮平，无论从何处下水游泳，都没有被礁石划伤或被海水吞没的后顾之忧，即使是入海远达 50 多米处，水深也不过腰部，是最佳的天然浴场。秦皇岛黄金海岸的西侧有 5 000 多公顷、连绵 40 多千米的沙丘，蜿蜒起伏。1985 年，昌黎人在这里建立了滑沙场，更使黄金海岸声名远扬。去黄金海岸游玩，应先去滑沙场，早晨到达可省却排队等候的时间。滑沙者由索道缆车载至沙山顶上，然后坐在滑沙板上下滑，下滑时随着坡度与惯性的加大，速度加快，于是两耳生风，呼啸而下，冲到谷地后随着惯性作用在平地上还可冲出几十米远。这有惊无险的运动，会使人感到新奇、刺激。黄金海岸的海陆空旅游项目也非同一般。海上有游艇戏水，有交通艇、游乐艇、豪华艇三种，近可在浅海中游弋，远可达翡翠岛。空中游览可乘直升机在空中翱翔，四周景点和碣石山上十景尽收眼底。此外，还有热气球升空、跳跃城堡等游乐项目。

7. 安济桥

安济桥是中国现存最古老的单跨石拱桥，位于石家庄市东南 45 千米处的赵县城南洨河之上，因赵县古称赵州，所以又称赵州桥，又因大桥以石砌造而成，故当地俗称大石桥。安济桥建于隋代开皇十五年至大业元年（595—605 年），由匠师李春监造，距今已有 1 400 多年的历史了。

安济桥为单跨平拱式敞肩拱桥，净跨 37.02 米，全长 64.4 米。安济桥作为一座大跨度敞肩拱石桥，不仅在科学技术上有很高的价值，而且具有很高的艺术水平。它的弧形平拱与敞肩小拱，曲线柔和而富于弹性，使整座桥身在稳重中透出轻盈，寓雄伟于秀逸舒展。桥面两旁的石栏望柱上还有精美的雕刻。栏板上的蟠龙石雕，望柱上的狮首石雕，以及兽面、卷叶、花饰等细部雕刻，刀法苍劲，造型古朴，是隋代石雕艺术的精品。

8. 白洋淀

白洋淀是国家 5A 级景区，在河北安新县境内，古有“北地西湖”之称，今有“华北明珠”之誉，诗赞“北国江南”，歌咏“鱼米之乡”，是帝王巡幸之所、“荷花淀派”诞生之地、雁翎神兵扬威之处。白洋淀是典型的北方湿地，自古以来就以物产丰富著称。它是鸟的王国、鱼的乐园、多种水生植物的博物馆，有着得天独厚的旅游资源。白洋淀游览区分为六大景区，即鸳鸯岛民俗文化景区、荷花观赏景区、生态游乐景区、休闲娱乐景区、码头观光景区和民俗村观光景区。

9. 清西陵

清西陵是清朝帝王两大陵寝之一，自雍正八年（1730 年）首建泰陵，至 1915 年光绪的崇陵建成，历经 186 年，共建有帝陵 4 座，后陵 3 座，王公、公主、阿哥、妃嫔园寝 7 座，埋葬着雍正、嘉庆、道光、光绪 4 位皇帝，9 位皇后，57 位妃嫔及数位王公、公主、阿哥等共 80 人。宣统皇帝溥仪于 1967 年去世后，最初安葬在八宝山，后迁葬到清西陵的华龙皇家陵园。清西陵建筑面积达 5 万多平方米，共有宫殿 1 000 多间，石雕刻和石建筑 100 多座，构成了一个规模宏大、富丽堂皇的古建筑群。清西陵是全国重点文物保护单位，2000 年 11 月，清西陵与清东陵一起，被第 24 届世界遗产委员会列为世界文化遗产。

（二）精品旅游线路与特色旅游项目

1. 精品旅游线路

（1）承德避暑山庄—外八庙—山海关—北戴河—昌黎黄金海岸。

（2）白洋淀—苍岩山—安济桥—嶂石岩—响堂山石窟。

2. 风味美食

河北的特色风味菜肴有石家庄扒鸡、饶阳杂面、唐山蜂蜜麻花、保定马家老鸡铺卤鸡、藁城宫面、保定槐茂酱菜、渤海对虾、秦皇岛海蟹、白洋淀松花蛋等，还有沧州金丝小枣、赵县雪花梨、宣化牛奶葡萄、京东板栗等特产。河北还是一个出产名酒的地方，长城干白葡萄酒果香浓郁、色泽清亮，是国内葡萄酒中的上品，昌黎的赤霞珠干红葡萄酒、都山贡酒、徐水刘伶醉等也是闻名遐迩。

3. 民间艺术

中国民间武术有 129 个拳种，其中有 52 个发源于河北省。这 52 个拳种主要分布于沧州、邯郸、保定、唐山、廊坊、衡水、邢台等地。现存规模和影响较大的有沧州的八极拳、劈挂拳、燕青拳，邯郸永年的杨式太极拳、武式太极拳，廊坊的八卦掌，邢台的梅花拳，深州的形意拳等。

河北杂技历史悠久。中国有多个杂技之乡，就历史、民间基础与国内外影响而言，河北吴桥是最负盛名的。早在南北朝时期，这里的杂技就已有了相当的规模。吴桥杂技在全国享有盛誉则在元朝以后。经过千余年的继承发展，吴桥杂技艺术愈加精湛，门类愈加齐全，并涌现出众多国内外知名的杂技名流。

活动训练

课堂训练：各小组依据华北旅游区的旅游资源和产品，设计一条体现燕赵文化特色的精品旅游线路。

能力训练任务

选择华北旅游区一个红色旅游景区（景点），撰写一篇导游词，根据导游词内容，编写一个视频脚本。拍摄或者从网上下载视频素材和图片，编辑成一段本人出镜的讲解视频，上传至个人新媒体（抖音、小红书、快手、百度视频、微博等）账号，根据视频转播量或点赞量，对制作质量高、转播量大、点赞量多的作品的作者进行奖励。

素养园地

共和国永不谢幕的典礼

习题

1. 华北旅游区的区域地理环境特征有哪些？
2. 华北旅游区的旅游资源特色有哪些？
3. 北京市发展旅游业的优越条件有哪些？
4. 请说明承德避暑山庄的自然环境和建筑风格。

项目七 东北旅游区（黑吉辽）

任务一 东北旅游区旅游特色

学习任务

能力目标：熟练掌握阅读旅游地图的能力
知识目标：了解东北旅游区的旅游资源特色
素养目标：理解东北旅游区的旅游地理环境特征

一、旅游地理环境

（一）区位环境

东北旅游区位于我国大陆的东北部，包括黑、吉、辽三省，面积约 80 万平方千米，常住人口约 9 500 万人。本区旅游资源十分丰富，以北方雄奇的自然风光为主，明清时期的古迹也是其特色旅游资源。区内的松花江流域是以一系列自然保护区为主的旅游区，辽河流域则是偏重古迹的旅游区。

（二）自然地理环境

1. 山水环绕，沃野千里

东北地区的地貌类型多，但分布很有规律，其东、北、南三面均被江、河、湖、海环绕，只有西部与陆地相连，水域占全区面积的 1/3。其内侧的西、北、东三面又分别由大、小兴安岭和长白山地环绕，略呈一弧线，包围着东北平原，山地丘陵与平原的面积大体相等，大部分山地海拔在 1 000～1 500 米。

在这些山地之间是广阔的东北平原，它由三江、松嫩和辽河三大平原组成，是我国面积最大、土壤最肥沃的平原。三江平原地势低洼，分布着许多湿地、沼泽；松嫩平原为一波状平原，许多小湖泊形成盐碱“泡子”；辽河平原地势低平，易内涝积水。

本区河流受山地构造的限制，紧紧围绕山地流动，故呈山环水绕之势。有 4 000 千米的河道在国境线上，兴安岭山地的北部是黑龙江干流；长白山地东有乌苏里江、图们江、鸭绿江等水系；平原南部有辽河水系。这些河流均属季风性河流，夏季水量较大，冬季水量较小，水流平稳，有航运之利。冬季河流均有封冻现象，一般北部河流封冻期长约 6 个月，南部河流封冻期 3 个月左右。封冻期间有的河面能行车马，可充分开展形式多样的冰上运动。

2. 中温带、寒温带的季风气候与生物景观

东北地区属温带季风气候类型，北部已进入寒温带，南端则为暖温带。气候特征为冬季寒冷而漫长，夏季温湿而短促。冬季直接受蒙古高压控制，盛行西北风，1 月平均最低温度在零下 20℃以下，是世界上同纬度陆地气温最低的地区，漠河曾记录了零下 52.3℃的全国最低值，被称为“中国寒极”。东北地区一般冬季长达 6 个月左右，降水多固态，有厚厚的积雪层。夏季全区气温不高，7 月平均气温平原南部为 24℃，大兴安岭北部低于 18℃，基本无夏季。但大部分地区绝对最高温也可达到 35℃以上。这里气温年差属世界同纬度地区之冠。春、秋两季甚短，春天多大风，秋季天高气爽。全区降水量大部分地区为 400～700 毫米，由东南向西北递减。

（三）人文地理环境

1. 多元复合的关东文化

关东自古以来就是一个多民族聚集的地区。现今的满族、达斡尔族、锡伯族、鄂伦春族、鄂温克族、赫哲族、蒙古族等民族，都是这一广阔沃野上生长起来的古老民族。而历史上曾在该地区生存过的民族、部族比现在的更为繁多。每个民族都有其文化，都是关东本土文化的一部分。因此，多民族文化的合聚，是关东文化的基本特征之一。

关东文化的另一个特征是吸收能力强，它不排斥其他地区或民族文化，相反却尽力加以吸收，为己所用，故关东文化能够不断得到充实，其竞争能力也在不断增强。这与关东土地辽阔、交通发达、与外界联系密切有不可分割的关系。关东地理环境优越，东西南北贯通，无门庭之限，向四处开放。各少数民族或游牧，逐水草而居，流动性大，或渔猎，或耕牧渔兼有，逐利而行，安土重迁的观念较弱，勇于开拓进取，故能兼容并收。

2. 工农业基础雄厚

东北是新中国工业的摇篮，“一五”时期的 156 个重点项目中，有 50 多个在东北。在我国社会主义工业化初期，东北为建设独立、完整的国民经济体系，推动我国工业化和城市化进程做出了历史性重大贡献。东北集聚了全国很大一部分工业资产存量和大中型骨干企业，拥有众多关系国民经济命脉的战略产业和骨干企业，是我国重化工业的重要基地，也是重要的农副产品生产基地。

二、旅游资源特色

（一）北国林海雪原，森林与野生动植物旅游资源丰富

森林景观是东北旅游区自然景观的主要特色。这里有我国最大的林区，至今还有大面积的天然林。冬季莽莽森林与被冰雪覆盖的大地构成了北国林海雪原的独特景观。

东北地区植被受气候影响，具有过渡性特征。它是亚寒带针叶林的最南端和温带阔叶林的最北端。北部多为亚寒带针叶林，中南部多为温带针阔叶混交林，南端为暖温带阔叶林，主要树种有红松、兴安落叶松、冷杉、枫桦、白桦、水曲柳等。东北地区保存了大面积的原始森林，也分布着可供观赏的风景林，由于向西北雨量逐渐减少，自然景观也由森林草原向半干旱草原过渡。

茂密的森林、广阔的草原为动物提供了良好的栖息、生存和繁殖场所，因此，东北成为我国目前最重要的野生动物产地和狩猎区。珍贵大型动物有东北虎、紫貂、熊、梅花鹿、猞猁、狐等。禽类有丹顶鹤、柳雷鸟等。貂皮、人参、鹿茸是“东北三宝”。目前东北已建成众多自然保护区。这些保护区是资源宝库，是野生动植物的天堂。

东北旅游区的旅游项目和气候联系紧密，冬季在这里可以赏树挂、冰雕，乘坐雪橇、冰帆，溜冰、滑雪。树挂是雾凇的俗称，指的是悬挂在树上的冻结物或凝华物。吉林雾凇厚度大且冻结疏松，持续时间长。冬季结冰期长，冰面光滑，人们乘冰橇在冰道上从高处下滑，风驰电掣。冰帆似帆船，靠风力在冰上滑行。东北不少地区坡度和缓，雪盖稳定，雪质量好，是开展滑雪活动的良好场所。

（二）火山温泉、漠河极光，尽显自然魅力

东北旅游区是我国火山分布较多的地区之一，共有火山 230 多座，组成约 20 个火山群，占全国火山群总数的 30%，从长白山，大、小兴安岭到平原地带均有分布，其中最大的火山群是吉林龙岗火山群，共有 160 余座火山。另外，在黑龙江省有科洛、嘎丛、五大连池、二克山等火山群。这些火山构成的自然景观，成为东北著名的火山遗迹游览区。此外，由于火山作用而形成的许多风景迷人的火山景观，如长白山天池和瀑布、五大连池、镜泊湖、阿尔山火山口湖及地下森林等。

漠河是中国纬度最高的地方，由于纬度高，漠河地区在夏季产生极昼现象，时常有北极光出现，因此人们称漠河为“中国的不夜城”“极光城”。漠河白夜一般产生在每年夏至前后的 9 天中，即 6 月 15—25 日，此时漠河多晴朗天气，是人们旅游观光的最佳时节。在观赏“北极光”和“白夜”奇观的同时，又可看晚霞与朝晖连成一片的红彤天宇。自 1989 年以来，漠河县便把夏至定为旅游节，一年一次，主要在西林吉镇及北极村进行。每当夏至，便有数万人到北极村欢度夏至节。

（三）温带海滨风光

本区南部有漫长的海岸线，夏季的海滨凉爽宜人，是避暑胜地，其中以大连最为著名。它不仅是海滨花园城市，还是一个重要港口，同时设有多处海滨浴场。此地沙软水清，建筑风格各异，环境优雅，景色秀丽，气候宜人，且秋季多晴日，是我国北方著名的海滨避暑胜地，每年都吸引国内外大量游人前往观光、疗养。

活动训练

小组活动：各小组在地图上试绘出东北旅游区地形、河流、交通以及主要景点。

能力训练任务

课堂讨论：东北旅游区地理位置的优越性和旅游资源的特色。

任务二 区域旅游亚区概况

学习任务

能力目标：能概括东北旅游区各旅游亚区的资源特色

知识目标：熟悉东北旅游区主要旅游目的地及相关著名旅游景区
素养目标：了解东北旅游区各旅游亚区概况

一、黑龙江旅游亚区

黑龙江省由境内最大河流黑龙江而得名，简称黑。黑龙江省位于中国的东北部，是中国位置最靠北、纬度最高的省份。北部和东部隔黑龙江、乌苏里江与俄罗斯相望，西部与我国内蒙古自治区毗邻，南部与我国吉林省接壤。全省土地面积 47.3 万平方千米，占全国陆地总面积的 4.9%。

黑龙江属温带、寒带之间的大陆性季风气候，旅游资源特色鲜明，冰雪资源堪称全国之最，林地面积达 2 162 万公顷，森林覆盖率达 44.47%，绝大多数为天然林，是开展森林旅游的好地方。全省江河纵横，水资源居北方各省之首，有黑龙江、松花江、乌苏里江、嫩江和绥芬河五大水系，镜泊湖、五大连池等湖泊气势宏大。人文资源丰富多彩，民俗、民情浓郁，少数民族历史源远流长，唐代渤海国上京龙泉府遗址、金上京会宁府遗址保存完好。围绕黑龙江、乌苏里江两大界河开展的对俄边境和跨国旅游是该省重要旅游产品，哈尔滨、大庆、伊春等一批城市都具有鲜明的北方都市特色，秀美的山川、森林、草原、湿地、江河湖泊提供了开展生态旅游的资源基础。此外，还有东北虎林园、丹顶鹤栖息地、北极光、火山口森林以及大厂矿、大农业、大油田等工、农业旅游资源，这些都丰富了特色旅游的资源库。

（一）主要旅游城市及景区、景点

1. 哈尔滨

哈尔滨属中温带大陆性季风气候，冬长夏短，有“冰城”之称。哈尔滨历史悠久，是中国金、清两代王朝的发祥地。它坐落于中国东北部，美丽的松花江穿城而过，带来了无尽的秀美和丰饶。哈尔滨地处东北亚中心位置，被誉为欧亚大陆桥上的明珠，是第一条欧亚大陆桥和空中走廊的重要枢纽。哈大、滨绥、滨洲、滨北、拉滨五条铁路连通国内外，松花江黄金水道可直达俄罗斯，太平国际机场年旅客吞吐量超过 2 000 万人次，可办理 110 多个国家和地区的客货联运业务。哈尔滨辖区主要分布在松花江形成的三级阶地上。哈尔滨境内的大小河流均属于松花江水系和牡丹江水系，降水主要集中在 6～9 月。图 7－1 中为哈尔滨圣索菲亚大教堂。

2. 五大连池

五大连池（见图 7－2）位于黑龙江省五大连池市境内，距市区 18 千米。五大连池因火山喷发的熔岩流堵塞了白河河道，形成五个串珠般的湖泊而得名。这是一组休眠的火山群。在五大连池周围，分布有 14 座火山和 60 多平方千米的熔岩台地。这组火山群拔地而起，形态各异，形成了一个别具一格的风景区，人们也称其为“火山公园”或“自然火山博物馆”。五大连池主要有两大特色：一是景色奇特。由火山喷发形成的熔岩，有的像一条长龙，有的如象鼻在吸水，有的像一条瀑布，形象逼真。还有一种外观十分好看的“石塔”，高两三米，由火山熔岩层层盘叠而成。熔岩在地下流动形成的熔岩空洞，也是旅游者感兴趣的地方。在这里，游客们可以拾一两块形状奇特的熔岩留作纪念。二是这里有丰富的矿泉资源，很多地方都有矿泉水涌出。这些矿泉多为冷矿泉，水温低，含有十几种对人体有益的元素，统称为重碳酸矿泉水。这种矿泉水可饮可浴，有养生保健之益处。现在这里已经建了几十座矿泉疗养院。五大连池的主要游览点有五大连池、药泉山、火山地质博物馆。

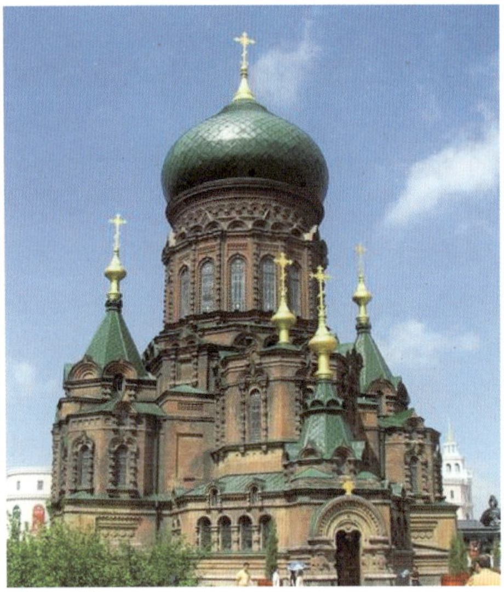

图 7－1 哈尔滨圣索菲亚大教堂

图 7－2 五大连池景色

3. 镜泊湖与吊水楼瀑布

镜泊湖在黑龙江宁安市西南百余里的崇山峻岭中，地处松花江主要支流牡丹江上游，位于东北平原东部山地张广才岭深处，是距今一万年前的第四纪火山活动，使大量玄武岩熔流喷溢，把牡丹江拦腰截断而形成的我国面积最大的熔岩堰塞湖。

镜泊湖古称泊汔湖，唐永徽二年（651 年）称阿卜湖、呼尔海金，唐开元元年（713 年）称“忽汗海”，明志始称镜泊湖，清代叫“毕尔腾湖”，意为平亮如镜。今通称镜泊湖。镜泊湖深藏在深山密林之中，湖水清澈，一平如镜。环绕湖边的山峦被一色树木覆盖，呈现出“群山环抱翠湖青，水溢泉流波自平”的自然风光。

图 7－3 吊水楼瀑布

从镜泊山庄往北，翻过一道山梁，不远处便是吊水楼瀑布（见图 7－3），这儿是镜泊湖水泻入牡丹江的出口，只有身临此处，才知道吊水楼这一名称之生动形象。此处有一道大坝，水从坝上往下冲，形成一个落差约 20 米、宽约 40 米的瀑布。瀑布下的石块受到冲击，年深日久，淘挖磨蚀成圆柱形的深潭，深达数十米。周围还有凉亭供游人观瀑。

4. 齐齐哈尔

齐齐哈尔市位于松嫩平原中西部，东临绥化市、大庆市，南接吉林省白城市，西靠内蒙古自治区呼伦贝尔市，北与黑河市接壤。齐齐哈尔始建于 1691 年，至今已有 300 多年的历史。康熙三十八年（1699 年），黑龙江将军衙门移驻齐齐哈尔城。光绪三十一年（1905 年），齐齐哈尔始设地方行政机关。1924 年，黑龙江省城市政公所成立，齐齐哈尔市政体制开始建立。1946 年齐齐哈尔解放，同年 5 月成立齐齐哈尔市人民政府，1954 年 7 月改称齐齐哈尔市人民委员会。齐齐哈尔是国家重要的商品粮基地和畜牧业基地，盛产小麦、大豆、玉米、马铃薯、向日葵、甜菜、亚麻等粮食作物和经济作物。

（二）精品旅游线路与特色旅游项目

1. 精品旅游线路

漠河（北极村）—呼玛（十八站）—黑河（边境贸易）—五大连池（风景区）—齐齐哈尔（扎龙湿地）—大庆（石油城）—哈尔滨（太阳岛及松花江）—牡丹江（牡丹峰）—宁安（镜泊湖）—延吉（可去图们边境，也可去长白山主峰白头山及天池、瀑布）。

2. 风味美食

黑龙江的饮食主要有两大特色：一是可以品尝到非常正宗的东北菜。东北菜以炖菜为主，菜量大、对于南方游客来说，口味可能偏咸。来到黑龙江，尤其是冬季来黑龙江，一定要品尝一下正宗的东北菜，像地三鲜、小鸡炖蘑菇、猪肉炖粉条、氽白肉、德莫利炖活鱼等都是不可错过的美味。二是受俄罗斯饮食文化的影响，在黑龙江能吃到非常正宗的俄罗斯大餐。黑龙江省会哈尔滨的城市发展史，始终与俄罗斯有着不解之缘，饮食更是受其影响，目前很多东北菜肴，像土豆烧牛肉等，其实原本都是俄罗斯菜肴。哈尔滨有很多正宗的俄式餐馆，主要集中在中央大街附近。此外，俄罗斯的大列巴面包更成了来哈尔滨不可不尝的美味。

3. 旅游节庆活动

哈尔滨冰雪节于每年 12 月份到翌年 1 月份举行，是我国第一个以冰雪为内容组织的区域性节庆活动。每年的哈尔滨冰雪节都举办大型的冬泳比赛，届时游客不但可以一睹冰灯、雪雕的美景，还可以欣赏冰雪文艺晚会，参加多种冰雪娱乐项目。

二、吉林旅游亚区

吉林省简称“吉”，地处中国东北地区中部，以境内吉林城而得名，省会为长春市。省内有汉族、朝鲜族、满族、回族、蒙古族、锡伯族等民族。吉林省面积为 18.74 万平方千米，约占全国陆地总面积的 1.95%。

吉林省地势东南高西北低，从东到西自然形成东部长白山地原始森林、东中部低山丘陵次生植被、中部松辽平原、西部草原湿地 4 个生态区。生态环境有多样性、系统性和可恢复性特点，且保护较好。全省有 51 个自然保护区，其中国家级自然保护区面积超过 120 万公顷。全省森林覆盖率达 45.42%，比全国平均水平高约 20 个百分点。省内河流 30 千米以上的有 200 多条，10 千米以上的多达千条，这些河流，分属松花江、辽河、鸭绿江、图们江、绥芬河水系。松花江、辽河两大水系流域面积占吉林省总土地面积的 78.6%。

（一）主要旅游城市及景区、景点

1. 伊通火山群

伊通火山群位于吉林省伊通满族自治县、长春市郊区、公主岭市与四平市境内，由新生代第三纪渐新世至上新世形成的 16 座火山穹丘组成，距今有 3 380 万年到 860 万年，分布区域达 640 余平方千米。

该火山群属地质遗迹类自然保护区，是以缓慢“挤牙膏”式即“侵出”为特征的熔岩穹丘，也是被国内外专家、学者确认为“伊通型”而独步世界的火山之林。火山穹丘均由碱性橄榄玄武岩组成，拔地而起，散布在松辽大地上。火山群中的大孤山、小孤山、东尖山、西尖山等七座火山穹丘呈北斗星状排列，由此产生了“七星落地”的神话传说。

2. “八大部”——净月潭风景名胜区

长春净月潭风景名胜区坐落在吉林省长春市的东南部，占地面积百余平方千米。风景区内潭水碧透，林海莽莽，大岭纵横。亚洲最大的人工森林与山、水、林相依的生态景象构成了净月潭四季变换的风景长卷。

净月潭风景名胜区地处长白山麓向西部草原的过渡地带，地貌呈低山丘陵状，有山峰119座，起伏的群山绵延成纵横的山谷，将一潭形似弯月的碧水环绕其中（见图7-4）。

图7-4 净月潭

净月潭风景名胜区分为旅游观光、度假休闲、商贸服务、生态保护等区域，共99处景点。景区于森林深处开辟了“森林浴场”，由于林中负氧离子含量是市区的400倍，每年都吸引大批的观光客来此享受“天然氧吧”。净月潭风景名胜区已经成为春踏青、夏避暑、秋赏景、冬玩冰雪的理想去处。

3. 松花湖风景名胜区

松花湖（见图7-5）地处长白山山脉的西侧，是吉林省最大的人工湖，是因为拦截松花江水建设丰满水电站而形成的，距吉林市约20千米。

图7-5 松花湖

松花湖风景名胜区分为十个相对独立的景区。湖的东西两岸建了各种疗养院，为疗养景区；从松花湖丰满码头向湖区走，有骆驼峰、凤舞池、五虎岛、卧龙潭、石龙壁、摩天岭、额赫岛等景区。

游松花湖最好的时节是夏季，这时乘船上行，凉风习习，暑气全消。越往前，周围群山绿意越浓，环境越宁静，空气越新鲜，令人身心舒畅。松花湖沿岸森林面积约 21 万公顷，其中有水曲柳、桦等天然林，有红松、白松等人工林。山林中盛产人参、五味子等药材，还有山葡萄、榛子、蘑菇等特产。松花湖的渔产也很丰富，有白鱼、鳊花、鲤子、白鲢等。其中，白鱼鱼体扁长、肉质鲜美，被誉为松花湖的无上佳品。鳊花肉味鲜美，适合做鱼汤。

4. 北大湖滑雪场

吉林北大湖滑雪场（见图 7－6）位于吉林市永吉县五里河镇，距市区 53 千米，地处长白山余脉、松花湖自然风景区内，是我国重要的滑雪运动基地和滑雪旅游中心。

北大湖滑雪场有得天独厚的自然条件。这里山坡平缓，很少悬崖峭壁，海拔超过 1 200 米的山峰有 9 座，一年中积雪日达 160 天左右。积雪深度山上和山下不一，最厚可达 1.5 米。整个北大壶滑雪场三面环山，冬季避风好，有时近似无风状态，气候较为适宜。北大湖滑雪场可以满足高山滑雪、越野滑雪、跳高滑雪、自由滑雪、现代冬季两项及雪橇、雪车等雪上项目场地要求，其配套生活条件也达到了国际雪上竞赛场地的水平。

5. 长白山自然保护区

长白山自然保护区（见图 7－7）位于吉林省安图、抚松、长白三县交界处，总面积达 19.64 万公顷，1960 年经吉林省人民政府批准建立，1980 年加入联合国教科文组织“人与生物圈”保护区网络，1986 年晋升为国家级自然保护区，主要保护对象为温带森林生态系统、自然历史遗迹和珍稀动植物。

图 7－6　北大湖滑雪场

图 7－7　长白山自然保护区

长白山是我国少见的、比较典型的火山地貌区域。长白山系中国境内最高峰白云峰海拔 2 691 米，为东北地区第一峰。区内分布着河谷、沼泽、台地、山坡、高原、高山湖泊、火山口等地貌类型。复杂的生态环境条件，形成了植物分布的垂直地带性和多样性。据调查，区内分布有野生植物 2 277 多种，野生动物 1 225 种，其中东北虎、梅花鹿、中华秋沙鸭、人参等动植物为国家重点保护物种。丰富的自然资源、得天独厚的自然环境，使长白山成为一座天然的自然博物馆。该自然保护区的建立不仅对于生物多样性保护具有极为重要的意义，而且也是开展科学研究、教学实习和旅游等活动的理想场地。

6. 龙岗火山群

龙岗火山群位于吉林省辉南县、靖宇县和抚松县境内，有160余座火山，除8个火山口湖外，其余为火山渣锥。在大龙湾火山口湖（见图7-8）边沿，首次在中国玄武质火山爆发中发现火山碎屑流状堆积物。大约20万年前，这里密布的火山爆发后形成了众多火山口湖，平均水深50米左右，最深处达100米，湾水碧蓝如玉，形态景致各异，似颗颗明珠散落在崇山峻岭之中，其数量之多、分布之集中、形态之迥异及保存程度之完整，居国内首位。

图7-8　大龙湾火山口湖

7. 高句丽古迹

高句丽古迹位于集安市。在集安市周围的平原上，分布着一万多座高句丽时代的古墓，这就是闻名海内外的“洞沟古墓群”。其中太王陵、将军坟和千秋墓等规模宏大。将军坟有“东方金字塔”之誉，墓基每边长31.58米，高12.4米，墓体呈方锥形，共有7级阶梯，全部采用精琢的巨型花岗岩石条砌筑而成，墓室顶部用整块巨石覆盖。墓体建筑雄伟，造型明快庄严。将军坟是高句丽时代石造建筑艺术的杰作。古墓群中许多墓室里至今仍完好地保存着色彩鲜艳、线条流畅、内容丰富及具有传奇神话色彩的墓室壁画。

（二）精品旅游线路与特色旅游项目

1. 精品旅游线路

延吉（朝鲜族民俗）—长白山（天池）—吉林（松花湖）—长春（伪满皇宫博物院）—沈阳。

2. 风味美食

由于吉林地处北方寒冷地区，因此冬天饮食以高热量的大鱼大肉为主，主食以大米、白面和玉米为主。民间饮食以满族、回族、朝鲜族和汉族风味为主，如鸡肉炖粉条、小鸡炖蘑菇、回宝珍饺子、涮羊肉、山珍宴、鱼宴、鹿肉宴、人参鸡、猴头、渍菜白肉火锅等关东风味，还有川、鲁、粤、京四大风味。另外，面食有柔软筋道的老边饺子、李连贵熏肉大饼、马家烧卖、鼎丰真糕点、椴叶饽饽、豆包。喝的则有黄酒、浑酒等。

3. 旅游节庆活动

（1）雾凇冰雪节。

雾凇冰雪节每年1月份在吉林市举办，活动以观赏中国四大自然奇观之一吉林雾凇（见图7-9）为主，持续约1个月。其间举办盛大的东北大秧歌会，彩船游江会，焰火晚会，国际及全国性的滑冰、滑雪及冰球赛事，各种大型的商品订货会、洽谈会和旅游产品交易会以及冰灯、冰雕游园盛会。

图7-9　雾凇

（2）北山庙会。

北山寺庙具有佛、道、儒圆融共处的特点。每年进入夏历四月，庙会接连不断：四月初八佛诞节、四月十八娘娘庙会、四月二十八药王庙会、五月十三关帝庙会。其中以四月二十八的药王庙会最为热闹。自康熙三十年（1691年）建药王庙，就逐渐形成了一年一度的庙会。近年来，庙会更是盛况空前，历年游客都在30万人以上。庙会期间，香烟缭绕，钟磬齐鸣，男女信徒虔诚礼拜。山上山下，人山人海。山下有马戏杂技表演，各种风味小吃比比皆是。北山庙会已成为东北最大的民俗旅游节会。

三、辽宁旅游亚区

辽宁省南临渤海、黄海，隔鸭绿江与朝鲜为邻，东南隔海与日本相望，东、北、西三面与我国吉林、内蒙古、河北等省区接壤，是连接欧亚大陆桥的要冲，是中国东北地区进行对外贸易和国际交往的重要通道。

辽宁省总面积为14.87万平方千米，有汉族、满族、蒙古族、回族、朝鲜族、锡伯族等民族。省会为沈阳市。辽宁省属北温带大陆性季风气候，四季分明。

辽宁省是中国文物大省之一，人文历史、自然景观资源都很丰富。这里有距今近30万年的营口金牛山遗址；有与北京故宫齐名的沈阳故宫和清初“三陵”（永陵、福陵、昭陵）；有以雄奇险峻和战略位置重要而闻名的九门口长城。名山、秀水、奇石、异洞遍布辽东半岛和辽西走廊。千山、医巫闾山、凤凰山、冰峪沟、鸭绿江、金石滩和亚洲最大的本溪地下水洞等风景名胜久负盛名。大连、丹东的近代战争遗址和西部的秦、汉、魏、晋、辽、明、清史迹驰名海内外。

（一）主要旅游城市及景区、景点

1. 大连

海滨城市大连（见图7-10）被誉为全国“最适合生活的地方”。这里空气清新，没有隆冬和酷暑，气候宜人，景色秀丽，冬天阳光温暖，夏日凉风习习，花木繁茂，气象万千，其临海处海湾较多，礁石错落，地貌奇特，构成了以蓝天、碧海、白沙、黑礁为特色的幽雅明丽的海滨风光。因风景优美，气候宜人，邻近大海，大连成为我国北方地区著名的旅游、休闲、疗养胜地。

图 7－10 大连

2. 旅顺口

旅顺口（见图 7－11）是著名的优良军港，是我国北方的海军基地。它位于辽东半岛南端、大连市西南，隔海与山东半岛的烟台和威海遥相对峙，似一对大门组成渤海的门户，共扼渤海咽喉，有“辽东第一重门户”之称，战略地位十分重要。

旅顺港三面群山环绕，港口开向东南，东面是黄金山，西面是老虎尾，两山环抱，中间一口。港口航门狭小，仅容一舰出入；内分东西两港，水位较深，可停泊大型舰船，而且冬季不冻。

图 7－11 旅顺口

3. 沈阳故宫

沈阳故宫（见图 7－12），原名盛京宫阙，后称奉天行宫，位于沈阳市沈河区明清旧城中心，占地面积约 6 万平方米，有建筑 90 余处、房屋 300 余间。沈阳故宫始建于后金天命十年（明天启五年，1625 年），初成于清崇德元年（明崇祯九年，1636 年），清顺治元年（1644 年）清朝移都北京后，成为“陪都宫殿”。从康熙十年（1671 年）至道光九年（1829 年），清朝皇帝 11 次东巡祭祖谒陵曾驻跸于此，并有所扩建。

图 7-12　沈阳故宫

沈阳故宫是中国现存的仅次于北京故宫的最完整的皇宫建筑，在建筑艺术上承袭了中国古代建筑的传统，以汉族传统建筑风格和布局为主，兼备蒙古族、满族等民族风格和布局，具有很高的历史和艺术价值。1926 年以后，其建筑群陆续辟作博物馆（现称沈阳故宫博物院）。

4. 丹东市

丹东市地处辽宁省东南部，与朝鲜新义州市隔江相望，与韩国一衣带水，是中国海岸线的北端起点。它位于东北亚的中心地带，是环黄海经济圈、环渤海经济圈的重要交汇点，是一个以工业、商贸、物流、旅游为主体的沿江、沿海、沿边城市，国家级边境经济合作区，中国最大、最美的边境城市，国家园林城市，中国优秀旅游城市，是亚洲唯一一个同时拥有边境口岸、机场、高铁、河港、海港、高速公路的城市，也是一个经历过抗美援朝战火洗礼的英雄城市。

5. 兴城海滨风景名胜区

兴城海滨风景名胜区位于辽宁省兴城市，依山面海，面积约 42 平方千米，分为 5 个景区，有 50 多个景点。5 个景区的主景人称“兴城五宝”。

兴城古城始建于明宣德三年（1428 年），为宁远卫城，清代重修，改称宁远州城。兴城古城是中国十大古城之一。兴城古城呈正方形，城墙高 8.8 米，周长 3 247 米，四城设门，城内正中有钟鼓楼一座。兴城古城为全国重点文物保护单位，城内有明代祖氏石坊和文庙等古迹。

（二）精品旅游线路与特色旅游项目

1. 精品旅游线路

吉林长白山—通化（集安将军坟）—辽宁抚顺（战犯管理所旧址）—沈阳（沈阳故宫）—辽阳（壁画墓群）—鞍山（千山）—本溪（水洞）—丹东（凤凰山及鸭绿江）—大连（金石滩）—营口（鲅鱼圈）—盘锦（双台河口）—锦州（医巫闾山）—兴城（兴城古城）—河北秦皇岛市山海关。

2. 风味美食

十大美食：老边饺子、满汉全席、扒锅肘子、珊瑚海虎翅、南瓜鱼翅盏、宫廷八珍、太河双鲜、群龙祝鹤、帅府双螺、双颜双味虾。

十大风味：马家烧卖、榴莲酥、牛庄馅饼、烤全羊、锦州小菜、手把肉与全羊汤、滋补鱼头、鲜虾萝卜丝饼、驴肉荞麦冠顶蒸饺。

3. 旅游节庆活动

辽宁各地特色旅游节庆活动众多。如沈阳国际冰雪旅游节，大连国际服装节、赏槐会、烟花爆竹迎春会，鞍山千山国际旅游节，抚顺满族风情节，本溪枫叶节，丹东鸭绿江国际旅游节，盘锦红海滩观赏会和葫芦岛兴城海会等。

活动训练

课堂讨论：东北旅游区的旅游如何突破季节的限制。

能力训练任务

某大学欲组织地理科学专业的学生前往吉林省进行人文地理实习，请你为此次实习设计一条为期十天的合理的旅游线路。

素养园地

大庆精神

习题

1. 说明东北旅游区火山地貌景观的主要分布区和景观特点。
2. 简述东北旅游区的旅游资源特色。
3. 简述黑龙江的主要旅游资源。
4. 简述长白山天池的主要旅游景观。

项目八 黄河中下游旅游区（陕晋豫鲁）

任务一 黄河中下游旅游区旅游特色

学习任务

能力目标：理解中部开发和东西部的区域联合

知识目标：了解黄河中下游旅游区的旅游资源特色

素养目标：掌握中原文化作为中华文明摇篮的深厚基础和黄河中下游旅游区重要景观的价值

一、旅游地理环境

（一）区位环境

黄河中下游旅游区位于我国黄河中下游地区，古称“中原”，包括陕西、山西、河南、山东四省。黄河流域是中华民族的摇篮，该区是我们的祖先最早生存繁衍的地区之一。在我国五千年的文明史中，该区长期作为政治、经济和文化中心，因而留下了无数历史遗迹、遗址、古建筑和文物，人文景观异常丰富，成为发展旅游的突出优势。同时本区也不乏闻名中外的山水名胜，并具有独特的黄土高原风光，是我国重要的旅游区。

（二）自然地理环境

1. 地貌类型齐全，海陆兼备

本区位于我国中北部，跨地势的第二、三阶梯。东部临渤海与黄海，拥有山地、高原、平原、丘陵和盆地等各种地形，地貌类型齐全，自然景观多样。黄淮冲积平原地表平坦，地下水丰富，物产丰饶。

本区许多山地、丘陵都很有名。如五岳中的泰山、华山、嵩山、恒山都在本区；五台山是我国四大佛教名山之一；太白山有典型冰川地貌，动植物种类丰富。

本区主要河流有黄河、汾河、渭河等。黄河蕴藏着极为丰富的自然资源，在本旅游区还有壶口瀑布、三门峡等壮丽景观。本区湖泊较少，分布较散。本区河流水量不稳定，季节变化大，含沙量大，冬季大部分河流有一定的封冻期，不利于航运。但局部河段的特殊景观是旅游热点。

2. 暖温带大陆性季风气候典型，旅游淡旺季分明

本区处于中纬度大陆性气候区。由于距海远近不同，加上地形多样，形成了湿润、半

湿润、半干旱等干湿气候特征。大部分地区最冷的 1 月平均气温为 0～8℃，最热的 7 月一般为 22℃～28℃，降水集中于夏季，平均年降水量多在 500～1 000 毫米。

区内四季分明，春季短促，干旱多风，为旅游淡季；夏季是温度宜人的海滨区的旅游旺季；秋季天高气爽，风和日丽，为全区旅游黄金时期；冬季漫长，可达 5 个月，由于植被以阔叶林为主，枝叶凋谢，景色黯淡，但是飘雪时期，雪景迷人，为旅游次淡季。

（三）人文地理环境

1. 经济基础雄厚

黄河中下游旅游区是我国农牧业发展历史较早的地区之一。早在 4 000 多年前，本区的汾河谷地和黄河冲积扇一带，就成为我国古代文化发达的地区之一，神话传说中的尧、舜、禹都建都于本区。这里是我国小麦和杂粮的集中产区，经济作物以棉花、花生为主，在此基础上，青岛、济南、郑州、西安等城市都发展了以棉、麻、毛纺织为主的轻工业。

本区煤、油、气资源丰富，重工业发达。山西是我国最大的煤炭工业基地，山东胜利油田是我国的第二大油田，河南省是我国重要的煤炭产地，中原油田在我国石油工业中也占有相当重要的地位。这三省煤化工和石油化工发达。另外，太原是我国大型钢铁基地之一，洛阳是我国最大的农机生产基地。胶东半岛、煤海三晋、关中平原以及郑州一带经济实力较强，城市化水平高。较好的经济基础为发展旅游业提供了物质保障。

2. 交通运输发达

黄河中下游旅游区内的交通运输以铁路为主。京沪、京九、京广、陇海线是我国交通运输网络的大动脉，还有胶济、同蒲、太焦、焦柳、宝成线等，也担负着区内外重要的运输任务。海上运输有烟台、威海、青岛等优良港口，而且这些港口多为不冻港。公路运输线以豫、鲁两省密度最大。西安、郑州、济南、烟台、青岛、太原、洛阳为重要的航空港，以国内航线为主。发达的经济、便捷的交通为本区发展旅游业创造了优越的条件。

二、旅游资源特色

（一）名山大河、黄土高原，自然资源丰富独特

从全球范围看，我国黄土的广度、厚度和发育的完整性都是世界其他国家和地区无法比拟的，而我国的黄土又集中分布在黄河中下游旅游区内，奇特的塬、梁、峁等黄土地貌景观极富原始美感，是一种独特的地貌旅游资源。除黄土高原和华北平原外，本区还有大面积的山地和丘陵，诸如吕梁山、太行山、秦岭、山东丘陵。本区动植物资源十分丰富，有许多引人入胜的风景区，特别是五岳中的泰山、华山、嵩山、恒山以及太白山等，更是闻名海内外。

山东省东部突出于渤海和黄海之间，形成山东半岛，海滨岩岸、沙岸、泥岸、河口等各种海岸地貌齐全，多已开辟为海滨浴场。青岛、威海等海滨城市已成为闻名中外的避暑旅游胜地。

（二）民族摇篮、胜迹荟萃，人文资源博大精深

历史上，在相当长的时间内，黄河中下游地区是我国的政治、经济、文化中心，因而本区拥有无数的历史名胜和文物古迹，比如已发现的蓝田人与丁村人等古人类化石和遗址、半坡文化遗址、仰韶文化遗址、大汶口文化遗址、龙山文化遗址、殷墟等。中国七大古都中就有四个在本区内，分别是西安、洛阳、开封、安阳。本区还拥有众多的诸如秦始

皇陵、孔子墓等古代陵墓类旅游资源。极其丰富的人文旅游资源，成为本区发展旅游业的突出优势。

（三）文化艺术特色鲜明，地方韵味浓厚

黄河中下游旅游区历史悠久，因而文化艺术多姿多彩，地方特色鲜明。诸如山东的吕剧、山东快书，山西的皮影、木偶以及拥有“中国第一鼓”之称的山西锣鼓，陕西的秦腔、信天游、安塞腰鼓，河南的豫剧、曲剧、越调等，都反映了当地鲜明的文化艺术特色，在中国的传统艺术中占有举足轻重的地位。

本区旅游商品繁多，特种工艺品和民间工艺品生产历史悠久，做工精细，深受广大旅游者的喜爱。河南洛阳的唐三彩、禹州的钧瓷，山东的鲁砚、潍坊的风筝等，都是不可多得的艺术珍品。另外，山西的刀削面、山东的煎饼卷大葱、陕西的羊肉泡馍等地方名吃，以及山西的汾酒、竹叶青酒，山东的青岛啤酒等全国知名品牌，也都不同程度地展示了本区旅游资源的特色。

活动训练

小组活动训练：为河南旅游设计一个宣传语，要求既体现河南的自然旅游资源，又体现其人文旅游资源。

能力训练任务

课堂讨论：黄河中下游旅游区地理位置的优越性和旅游资源的特色。

任务二　区域旅游亚区概况

学习任务

能力目标：能设计不同特色的黄河中下游旅游区旅游线路

知识目标：重点掌握黄河中下游旅游区被列入《世界遗产名录》的名胜古迹和国家级风景名胜区

素养目标：熟悉黄河中下游旅游区各旅游亚区的资源特色

一、陕西旅游亚区

陕西是中华民族和中华文化的主要发祥地。自周开始有秦、西汉、西晋、前赵、前秦、后秦、西魏、北周、隋、唐等 13 个王朝在陕西建都，时间长达 1 000 余年。此外，还有刘玄、赤眉、黄巢、李自成 4 次农民起义在此建立政权计 11 年，赫连夏在定边、长安建都 24 年。陕西是中国历史上建都时间最长的省份。

陕西是中国文物特大省，全省共有不可移动文物 49 058 处，其中全国重点文物保护

单位 270 处，省级文物保护单位 1 097 处，经第一次全国可移动文物普查，全省有 522 家国有文物收藏保管机构，收藏可移动文物 7 748 750 件。陕西古遗址、古建筑、古陵墓、碑碣石刻及国家级文物数量多，居全国之首。陕西现有国家级历史文化名城 6 座、省级 18 座，世界文化遗产 3 处。

其自然景观也极为丰富，有我国地理上南北分界线的秦岭；有秦岭以北的黄土高原以及渭河谷地；有险峻的华山；有秀丽幽静的终南山；有富有历史韵味的骊山。这一切都给陕西蒙上了一层美丽而神秘的面纱。

（一）主要旅游城市及景区、景点

1. 华山

西岳华山（见图 8－1）是我国著名的五大山岳之一，位于华阴市城南，海拔 2 154.9 米，北瞰黄河，南依秦岭，“远而望之若花状”（《水经注》），故有其名。又因其西临少华山，故古称太华山。华山为国家级风景名胜区。这里有被誉为关中八景之一的“华岳仙掌”。

图 8－1　华山

华山以奇险峻秀而驰名天下，自山麓至绝顶，名胜古迹极多，庙宇道观、亭台楼阁、雕塑石刻随处可见，险径奇石，鬼斧神工，更有云海劲松，引人入胜。山顶有朝阳（东峰）、落雁（南峰）、莲花（西峰）三峰，皆岿然笔立，直插云霄。三峰之下，有云台（北峰）、玉女（中峰）诸峰环侍拱卫，各具特色。

2. 秦始皇陵及兵马俑

秦始皇陵位于距西安市 30 多千米的临潼区以东的骊山脚下。据史书记载，秦始皇嬴政从 13 岁即位时就开始营建陵园，由丞相李斯主持规划设计，大将章邯监工，修筑时间长达 38 年，其工程之浩大、气魄之宏伟，为历代封建统治者奢侈厚葬之最。秦始皇陵现存墓封土高 40 米，底边周长 1 700 余米，筑有内外两重夯土城垣，象征都城的皇城和宫城。内城略呈方形，周长约 2.5 千米，除北面开两门外，其余三面各开一门。外城为长方形，周长约 6.3 千米，四面各开一门。陵冢位置在陵园南部。兵马俑坑是秦始皇陵的陪葬坑，位于陵园东侧 1 500 米处。陪葬坑坐西向东，三坑呈“品”字形排列。最早发现的是一号坑，呈长方形，东西长 230 米，南北宽 62 米，深约 5 米，总面积 14 260 平方米，四面有斜坡门道，左右两侧又各有一个兵马俑坑，现称二号坑和三号坑。陪葬的武士俑阵容齐整，装备完备，威风凛凛，气壮山河，是秦始皇当年浩荡大军的艺术再现，具有强烈的艺术感染力。图 8－2 所示为秦始皇陵兵马俑。

图 8－2　秦始皇陵兵马俑

3. 骊山及华清池

华清池位于西安城东 30 多千米处的临潼

区内，南依骊山，北临渭水，内有自然造化的天然温泉。历史文献及考古发掘的资料证明，华清池具有 6 000 年的温泉利用史和 3 000 年的皇家园林建筑史。

西周的周幽王在此修有骊宫，周以后经历了秦始皇的骊山汤、汉武帝的汉离宫、唐太宗的汤泉宫、唐高宗的温泉宫，到了唐玄宗李隆基时期，在以前宫殿的基础上大兴土木，依骊山的山势而筑，制汤井为池，环山列宫殿，宫周筑罗城，修有登山的辇道和通往长安的复道，把这里同长安的大明宫、兴庆宫连为一体。宫内的建筑格局以骊山第三峰和温泉总源为中轴线，以温泉为中心向四面辐射展开，既合理地利用了温泉，又体现了宫内严谨的布局，内置百官衙署及公卿府第。

4. 大雁塔

大雁塔（见图 8－3）位于西安市南部的大慈恩寺内。大慈恩寺始建于隋，唐贞观二十二年（648 年），太子李治为纪念亡母文德皇后以报答养育之恩而重修此寺，并改名“慈恩寺”。唐永徽三年（652 年），玄奘在寺内西院建塔，名慈恩寺塔，用以存放从印度带回来的经籍。现在的塔名源自《大慈恩寺三藏法师传》中记载的一个故事：摩揭陀国有一僧寺，一日有一只大雁离群落羽，摔死在地上。僧众认为这只大雁是菩萨的化身，决定为大雁建造一座塔，因而又名雁塔，也称大雁塔。大雁塔初建时为砖表土心五层方塔，后改造为七层方形楼阁式，唐大历年间再改为十层，到明代又以砖面加砌唐塔之外。现塔身通高约 64 米，每层为仿木结构，底层门楣有精美的线刻佛像，西门楣为阿弥陀佛说法图，图中刻有富丽堂皇的殿堂。塔底层南门内的砖龛里，嵌有两通石碑，上刻《大唐三藏圣教序》和《大唐三藏圣教序记》，均为唐代大书法家褚遂良书写。大雁塔在唐代就是著名的游览胜地，因而留有大量文人雅士的题记，仅明清时期的题名碑就有二百余座。如今，大雁塔仍是古城西安的标志性建筑，也是闻名中外的胜迹。

图 8－3　大雁塔

5. 黄帝陵

黄帝陵是陕北观光线路中主要的景点，是中华民族的始祖轩辕黄帝的陵墓，被称为中华第一陵，位于黄陵县城北 1 千米处的桥山之巅，为全国重点文物保护单位，是朝圣旅游的胜地。黄帝陵地处桥山，沮水环绕，群山环抱，古柏参天，四季青翠，环境幽雅。山下有大路可通山顶直至陵前。黄帝陵位于山顶正中，陵冢高 3.6 米，周长 48 米。陵前数十米处有一高台。相传汉武帝征朔方还，在这里祭黄帝，筑台祈山，故称“汉武仙台”。黄帝庙呈四方形，庙门朝南，气势雄伟，门额上大书“轩辕庙”三字。千百年来，每逢清明，来此拜谒祭陵的人络绎不绝。

6. 延安宝塔

延安宝塔在陕西延安市东侧延河岸边的土山上，因塔建于山顶，故山名为宝塔山。塔高 44 米，八角形，旁有明崇祯年间所造铁钟一口。1937 年 1 月，党中央进驻延安，宝塔便成了延安革命圣地的象征。山上现已建成宝塔山公园，公园内林木葱郁，环境优美，是融自然景观与人文景观为一体、历史文物与革命旧址合而为一的著名风景名胜区。

7. 大唐芙蓉园

大唐芙蓉园位于陕西省西安市雁塔区大雁塔东南侧，占地面积 1 000 亩，其中水域面积 300 亩。大唐芙蓉园是在原唐代芙蓉园遗址以北，仿照唐代皇家园林式样重新建造的，是中国第一个全方位展示盛唐风貌的大型皇家园林式文化主题公园。

大唐芙蓉园 2002 年开工建设，2004 年落成，于 2005 年 4 月 11 日正式对外开放。大唐芙蓉园内建有紫云楼、仕女馆、御宴宫、杏园、芳林苑、凤鸣九天剧院、唐市等许多仿古建筑。

2011 年，大唐芙蓉园被评为国家 5A 级旅游景区。2018 年，大唐芙蓉园入围“神奇西北 100 景”榜单。

（二）精品旅游线路与特色旅游项目

1. 精品旅游线路

名山古迹游：古都西安—秦始皇陵兵马俑—华清池—西岳华山—延安—壶口—法门寺。

2. 特色艺术

（1）安塞腰鼓。

安塞腰鼓是一种拥有 2000 年以上历史的民间大型舞蹈艺术形式，具有独特的艺术魅力，展示了西北黄土高原劳动人民朴素而豪放的性格。

（2）安塞剪纸。

安塞剪纸是陕北劳动妇女创造美的一个典范。最初用来装饰美化生活的“窑洞剪纸”，被一代又一代的劳动妇女传承下来，形成古朴生动、强烈自由的风格，反映出陕北劳动妇女淳朴的思想感情和对生活的热爱。安塞剪纸形式多样、内容丰富，花鸟鱼虫、瓜果蔬菜、家畜走兽、人物树木，大自然中的一切美好事物无不包罗其中，是对劳动生活的直接反映。

（3）凤翔彩绘泥塑。

陕西凤翔彩绘泥塑是有着数千年历史的传统民间手工艺美术品，由民间艺人手工制作，经创作毛稿、制模、翻坯、黏合成型、精抛、彩绘、勾线、上色、上光等数十道工序。其形态逼真、粗犷夸张、简练概括、色彩大红大绿或素描。其种类主要是座虎、挂虎、五毒、卧牛、十二生肖等玩具类和八仙过海、三国演义、西游记等神话民俗类。

3. 旅游节庆活动

西安古文化艺术节是西安市举办的一项大型文化旅游节庆活动。从 1990 年开始，每年金秋九月在城区举办一次，历时 7 天，好戏连台，异彩纷呈，1998 年改为西安古文化艺术节暨旅游节。其目的在于弘扬民族优秀文化，振奋民族精神，促进国内外的文化艺术交流，增进友谊，并以此为契机带动国内外经济技术合作，推动全省旅游业发展。

二、山西旅游亚区

山西省位于华北平原以西、黄土高原的东部，与河北、河南、陕西、内蒙古等省区为邻。全省面积 15.67 万平方千米。山西省以在太行山之西而得名，唐朝时大部分属河东道；宋设河东路；金分河东北、南路；元设山西河东道；明置山西省，后改山西布政司；清改山西省，省名至今未变。因春秋时省内大部分地方属晋国而简称晋。

山西省素有文物大省的美誉，有全国重点文物保护单位达 531 处，数量稳居全国第一。

山西省“国保单位”以其质量高、种类全、年代久远、保存原貌完好而著称于世，蕴含文化多元，涵盖古遗址、古建筑、古墓葬、石窟寺及石刻、近现代革命遗址等相关类型。这些文物资源是中华民族的共同文化遗产。在山西目前的 531 处“国保单位”中，古建筑数量最多，为 420 处，占比 79.1%；古遗址 46 处，占比 8.7%；近现代重要史迹及代表性建筑 29 处，占比 5.5%；古墓葬 20 处，占比 3.8%；石窟寺及石刻 15 处，占比 2.8%；另有其他类一处，为稷山大佛。按类型划分，古建筑高居第一位，其次为古遗址和近现代重要史迹及代表性建筑，分别代表了不同类型的特色文化。

山西省 11 个地市均分布有“国保单位”，其中，运城达 103 处，为全国重点文物保护单位数量最多的地级市，其后是长治 74 处、晋城 72 处、晋中 70 处、临汾 54 处、吕梁 39 处、太原 38 处、忻州 37 处、大同 32 处（含跨县一处）、阳泉 11 处、朔州 6 处，跨区域 2 处。

山西省是中国现存古建筑最多的省份，现有古建筑 28 027 处，其中“国保单位”420 处，约占中国古建筑“国保单位”的 1/5，占山西省国保单位总数的 4/5。山西古建筑不仅数量众多，其年代之久远更是其他省份无法比拟的。

（一）主要旅游城市及景区、景点

1. 云冈石窟

云冈石窟位于山西省大同市以西约 16 千米处的武州（周）山南麓。云冈石窟始建于北魏，前后大致历时 70 年，其中最早的是高僧昙曜开凿的 5 个窟，后来又逐步开凿了 200 多个窟，包括了官方和民间的。现存主要洞窟 45 个，附属洞窟 209 个，雕刻面积达 18 000 余平方米。石窟大多数在清代做过泥塑和彩绘，不过因为风化的原因，泥塑和彩绘大多都消失了。图 8-4 所示为云冈大佛。

云冈石窟的造像气势宏伟，内容丰富多彩，堪称 5 世纪中国石刻艺术之冠，被誉为中国古代雕刻艺术的宝库。按照开凿的时间可分为早、中、晚三期，不同时期的石窟造像风格也各有特色。此外，石窟中留下的乐舞和百戏杂技雕刻，也是当时佛教思想流行的体现和北魏社会生活的反映。

图 8-4 云冈大佛

2. 恒山

恒山位于大同市浑源县，距大同 62 千米。西汉时因避汉文帝刘恒讳，一度改称为“常山”。据《尚书》记载，舜帝北巡时，曾遥祭北岳，遂封北岳为万山之宗主。之后，大禹治水时有“河之北属恒山”的记载。先后有秦始皇、汉武帝、唐太宗、唐玄宗、宋真宗封北岳为王、为帝，明太祖又尊北岳为神，可见其历史之悠久。图 8-5 所示为恒山

图 8-5　恒山悬空寺

悬空寺。

3. 五台山

五台山位于山西省东北部、忻州市五台县和繁峙县之间，西南距省会太原市 240 千米。五台山与浙江普陀山、安徽九华山、四川峨眉山共称“中国佛教四大名山”；与尼泊尔蓝毗尼园，印度鹿野苑、菩提伽耶、拘尸那迦并称为“世界五大佛教圣地”，或者“世界五大佛教名山”。

五台山到处都是奇峰灵崖，著名者达 50 余处。其中写字崖，用水洒湿以后，拿手帕仔细擦拭，崖面会显示出类似篆隶体字迹，水干字隐。有人曾除去其表皮石层，结果下层仍能擦出字来。层层有字，字字不同。据载这里曾发现过“天之三宝日月星，地之三宝水火风，人之三宝精气神”的联句。五台山总面积 2 837 平方千米，因五峰如五根擎天巨柱拔地而起，巍然矗立，峰顶平坦如台，故名五台。又因山上气候多寒，盛夏仍不见炎暑，故又称清凉山，是一个融自然风光、古建艺术、历史文物、佛教文化、民俗风情、避暑休养为一体的旅游区。

4. 晋祠

晋祠（见图 8-6），原为晋王祠（唐叔虞祠），是为纪念晋（汾）王及其母后邑姜而兴建的。晋祠位于山西太原市西南悬瓮山麓、晋水发源处，祠内有几十座古建筑，环境幽雅舒适，风景优美秀丽，素以雄伟的建筑群、高超的塑像艺术闻名于世，是集中国古代祭祀建筑、园林、雕塑、壁画、碑刻艺术为一体的唯一而珍贵的历史文化遗产，也是世界建筑、园林、雕刻艺术中心。周柏、难老泉、宋代彩塑侍女像被誉为“晋祠三绝”。

5. 黄河壶口瀑布

黄河壶口瀑布（见图 8-7）以排山倒海的壮观气势著称于世。滔滔黄河到此被两岸苍山挟持，束缚在狭窄的石谷中，300 多米宽的洪流骤然收束为 50 多米，这时河水奔腾怒啸，山鸣谷应，形如巨壶沸腾，最后从 20 多米高的断层石崖飞泻直下，跌入 30 多米宽的石槽之中，听之如万马奔腾，视之如巨龙鼓浪，形成壶口大瀑布中的“雷首雨穴”“万丈龙槽”“彩桥通天”等种种奇观。

图 8-6　晋祠

图 8-7　黄河壶口瀑布

6. 平遥古城

图 8-8　平遥古城

平遥古城（见图 8-8）位于山西中部，是一座有 2 700 多年历史的文化名城，与同为第二批国家历史文化名城的四川阆中、云南丽江、安徽歙县并称为中国“保存最为完好的四大古城”，也是目前我国唯一以整座古城申报世界文化遗产获得成功的古县城。

平遥古城是中国境内保存最为完整的一座古代县城，是中国汉民族城市在明清时期的杰出范例，为人们展示了一幅非同寻常的文化、社会、经济及宗教发展的完整画卷。

7. 尧庙和尧陵

尧庙位于山西临汾市尧都区，始建于西晋，后经唐、元、明、清历代修建，不断扩大。庙内前面有东西朝房、光天阁、尧井亭，后面有尧宫、舜宫、禹宫、万寿宫，最后是寝宫，东西两边还有许多房舍、庭院。史传尧庙规模最大时占地 52 万平方米。

尧陵在山西临汾市东北 35 千米处。临汾古称平阳，因尧在此建都，故称尧都，城南有尧庙，城东筑尧陵，陵周土崖环峙，河水经陵前南泄。

（二）精品旅游线路与特色旅游项目

1. 精品旅游线路

名山佛国关公故里三晋文化游：大同—恒山—五台山—太原—平遥—吉县—解州。

2. 风味美食

山西面食历史悠久，种类繁多，原料为小麦粉、高粱面、豆面、荞面、莜面，品种有刀削面、疙瘩面、推窝窝等，有据可查的面食品种达 280 余种。

3. 旅游节庆活动

平遥古城文化节：每年的 6 月举办，文化节期间举办大型的民间文艺表演、古玩鉴赏，同时举办经贸洽谈会。

三、河南旅游亚区

河南省简称豫，省会郑州。早在 50 万年前，河南就已经有了人类的足迹，新石器时代出现了著名的仰韶文化。夏、商以此为生息地。唐朝时正式建河南道，到宋朝时，河南开封（东京）不但是全国政治、经济、文化中心，也是世界上最繁华的都市之一，有国际都会之称。明朝改河南布政司，清创河南省。

河南省旅游资源丰富，上古文化遗址、太昊陵、东周王陵、北宋皇陵、苏秦故里、玄奘故里、杜甫故里、白马寺、少林寺、大相国寺、龙门石窟等古迹值得一游，洛阳太学、嵩阳书院、应天府书院等古代学府墨香犹存。河南洛阳也是一座历史悠久的文化名城，自夏朝以来，有 13 个王朝在此建都，洛阳因文人云集而得名“诗都”，又因遍植牡丹花而被称为“牡丹花都”。中岳嵩山、滔滔黄河、清凉世界鸡公山、奇特的岩溶洞穴等，组成了河南丰富的自然旅游资源。

（一）主要旅游城市及景区、景点

1. 大相国寺

图 8-9 大相国寺

大相国寺（见图 8-9）位于河南开封市自由路西段，原为战国时魏公子信陵君故宅，北齐天宝六年（555 年）始建。大相国寺是中国著名的佛教寺院、禅宗圣地，在中国佛教史上占有重要地位。整个建筑保持着清代风格，古色古香，金碧辉煌。

大相国寺占地 2 万平方米，保存有天王殿、大雄宝殿、八角琉璃殿、藏经殿等古迹。新加坡灵山寺赠送的释迦牟尼真身舍利于 1993 年安奉于寺内。各殿安奉的佛像金碧辉煌、制作精良，均为佛教雕塑艺术珍品。八角琉璃殿中心亭的一尊银杏木雕千手千眼观音像更是蜚声海内外。这尊雕像雕造于乾隆年间，历时 50 多年雕刻而成，高达 7 米，像分四面，每面分四层，各雕手臂千只，工艺之精，造型之美，举世无双，极为珍贵。

2. 殷墟

殷墟是我国奴隶社会商朝后期的都城遗址，位于河南省安阳市区西北小屯村一带，距今已有 3 300 多年的历史，因出土了大量的甲骨文和青铜器而驰名中外。

公元前 14 世纪，商朝第 20 位君主盘庚将其都城从“奄”（即现在的山东曲阜），迁到风景秀丽、土地肥沃的“殷”地（即现在的安阳小屯村一带）。殷作为商朝都城的历史有 273 年。后人称这段历史为殷朝，此地也被称为殷都。殷都被西周废弃之后，逐渐沦为废墟，故称“殷墟”。

殷墟占地面积约 36 平方千米，大致分为宫殿区、王陵区、一般墓葬区、手工业作坊区、平民居住区和奴隶居住区，整个城市布局严谨而合理。

3. 龙门石窟

龙门石窟是中国四大石窟之一（另外三大石窟为山西云冈石窟、甘肃敦煌莫高窟和甘肃天水麦积山石窟），位于洛阳市城南 6 千米处的伊阙峡谷。这里香山和龙门山两山对峙，伊河水从中穿流而过，古称“伊阙”。隋炀帝迁都洛阳后，把皇宫的正门正对伊阙，从此，伊阙便被人们称为龙门。龙门自古为险要关隘、交通要冲，一向是兵家必争之地，因山清水秀、环境清幽、气候宜人，被列为洛阳八大景之冠。唐代大诗人白居易曾说“洛都四郊山水之胜，龙门首焉”，此处素为文人墨客的观游胜地，又因石质优良、宜于雕刻，故古人在此营建石窟。这里青山绿水、万象生辉，伊河两岸东西山崖壁上的窟龛星罗棋布，密如蜂房。

龙门石窟开凿于北魏孝文帝迁都洛阳之际（493 年），之后历经东魏、西魏、北齐、隋、唐、五代、宋等朝代 400 余年的营造，其中北魏和唐代的大规模营建有 140 多年，从而形成了南北长达千余米、具有 2 300 余座窟龛、10 万余尊造像、2 800 余块碑刻题记的石窟遗存。在龙门的所有洞窟中，北魏洞窟约占 30%，唐代洞窟约占 60%，其他朝代洞窟仅占10%左右。龙门石窟中最大的佛像卢舍那大佛（见图8－10），通高17.14米，头高4米，耳长1.9米。最小的佛像在莲花洞中，每个只有2厘米高，称为微雕。

图8－10　龙门石窟卢舍那大佛

龙门石窟是北魏、唐代皇家贵族发愿造像最集中的地方，是皇家意志和行为的体现，具有浓厚的国家宗教色彩。两朝的造像反映出迥然不同的时代风格。北魏造像在这一时期没有了云冈石窟造像粗犷、威严、雄健的特征，生活气息逐渐变浓，趋向活泼、清秀、温和。这些北魏造像脸部瘦长，双肩瘦削，胸部平直，衣纹的雕刻使用平直刀法，坚劲质朴。在北魏时期雕凿的众多洞窟中，以古阳洞、宾阳中洞和莲花洞这几个洞窟最有代表性。其中古阳洞集中了北魏迁都洛阳初期的一批皇室贵族和宫廷大臣的造像，反映出北魏王朝举国崇佛的历史情况。这些形制瑰丽、琳琅满目的石刻艺术品，是中国传统文化与域外文明交汇融合的珍贵记录。

4. 嵩山

古时嵩山名为“外方”，夏商时称“崇高”，五代后称中岳嵩山。嵩山属伏牛山系，主脉在登封境内，连绵60多千米，嵩山中部以少林河为界，中为峻极峰，东为太室山，西为少室山，嵩山是其总名。古人以太室为嵩山主山，太室少有奇峰，东西起伏如眠龙，故有“华山如立，中岳如卧”的说法。两座高山层峦叠嶂，绵延起伏于黄河南岸。历代王侯、墨客骚人、僧道隐士根据这些山峰的形态，给这些美丽的山峰命名，遂有七十二峰之说。

5. 嵩阳书院

嵩阳书院（见图8－11）位于河南省登封市城北3千米处的峻极峰下，因处嵩山之阳而得名。书院始建于北魏太和八年（484年），时称嵩阳寺，隋朝大业元年（605年）更名为嵩阳观，到五代时周代改建为太室书院，宋朝时重修并改名为嵩阳书院。嵩阳书院是我国四大书院之一，以理学著称于世，1961年被确定为全国重点文物保护单位。

6. 少林寺

少林寺（见图8－12）是我国享誉海内外的佛教寺院，位于河南省登封市西北13千米处的中岳嵩山西麓，背依五乳峰，周围山峦环抱、峰峰相连、错落有致，形成了少林寺的天然屏障。嵩山东为太室山，西为少室山，各拥三十六峰，峰峰有名，少林寺就位于竹林茂密的少室山五乳峰下，故名“少林”。

少林寺的出名，在很大程度上是因为少林拳。1983年，国务院确定少林寺为全国重点佛教寺院。2007年5月8日，登封市嵩山少林寺景区经国家旅游局正式批准为国家5A级旅游景区。联合国教科文组织第34届世界遗产大会于2010年8月1日审议通过，将登封“天地之中”历史建筑群8处11项历史建筑列为世界文化遗产，包括少林寺建筑群（常住院、初祖庵、塔林）、太室阙和中岳庙、少室阙、启母阙、嵩岳寺塔、会善寺、嵩阳书院、周公测景台和观星台。

图 8－11　嵩阳书院

图 8－12　少林寺山门

7. 仰韶文化遗址

仰韶文化是我国最早的彩陶文化，距今已有六七千年。1921 年瑞典人安特生在位于渑池县城北 9 千米处的仰韶村发现了这个遗址，总面积近 30 万平方米，文化层厚约 2 米，最厚达 4 米。由于以彩绘陶器为特征的文化现象首先在仰韶村发现，故命名为“仰韶文化”，从而使仰韶村遗址闻名中外。

8. 洛阳牡丹

“洛阳地脉花最宜，牡丹尤为天下奇。”牡丹是中国传统名花，赏花是洛阳人民的古老习俗。唐代诗人白居易“花开花落二十日，一城之人皆若狂”和刘禹锡“唯有牡丹真国色，花开时节动京城”等脍炙人口的诗句，生动地描述了当时人们倾城观花的盛况。随着人民生活水平的日益提高和旅游事业的蓬勃发展，洛阳人种花、赏花的热情与日俱增。每年谷雨牡丹花开时节，中外游人纷至沓来，为洛阳的对外开放创造了良好的契机。

（二）精品旅游线路与特色旅游项目

1. 精品旅游线路

祖庭古都中原游：开封—郑州—嵩山—巩义—洛阳—三门峡。

2. 旅游纪念品

（1）唐三彩。

唐代是中国封建社会的鼎盛时期，经济上繁荣兴盛，文化艺术上群芳争艳。三彩釉陶始于南北朝而盛于唐朝，它以造型生动逼真、色泽艳丽和富有生活气息而著称，因为常用三种基本色，又在唐代形成特点，所以被后人称为“唐三彩”。古人多将其用于殉葬。

（2）钧瓷。

钧瓷是我国宋代五大名窑瓷器之一，以独特的窑变艺术而著称于世，素有“黄金有价钧无价”和“家有万贯，不如钧瓷一件”的美誉，是河南禹州独有的国宝瓷器。钧瓷凭借其古朴的造型，精湛的工艺，复杂的配釉，“入窑一色出窑万彩”的神奇窑变，湖光山色、云霞雾霭、人兽花鸟虫鱼等变化无穷的图形色彩和奇妙韵味，被誉为中国“五大名瓷”之首。

3. 旅游节庆活动

河南旅游节庆活动主要有洛阳牡丹节、三门峡国际黄河旅游节、安阳殷商文化旅游节、黄帝故里拜祖大典、开封菊花文化节、郑州少林国际武术节等。

四、山东旅游亚区

山东省地处中国东部、黄河下游，是中国主要沿海省份之一。山东位于北半球中纬度地带，陆地南北最长约 437 千米，东西最宽约 720 千米，陆地总面积 15.81 万平方千米，约占全国陆地总面积的 1.6%。山东东临海洋，西靠大陆。水平地形分为半岛和大陆两部分。东部的山东半岛突出于黄海、渤海之间，隔渤海海峡与辽东半岛遥遥相对。庙岛群岛屹立在渤海海峡，是渤海与黄海的分界处，扼海峡咽喉，成为拱卫首都北京的重要海防门户。

山东是中国古老文化的发祥地之一，这片伟大的土地不仅有名山大川、碧波万顷，而且在漫长的历史发展过程中孕育了非常灿烂的文明。山东的名胜古迹、山水风光举不胜举："万世师表"的孔子故里，誉满天下的泰山，"泉城"济南，"齐都"淄博，还有"风筝故乡"潍坊，深厚的文化积淀，使游人如同走进了东方文明的历史宫殿；"滨海明珠"青岛、烟台和威海的旖旎风光，也让游客流连忘返。

（一）主要旅游城市及景区、景点

1. 泰山

泰山位于山东省中部，隶属于泰安市。泰山绵亘于泰安、济南、淄博三市之间，东西长约 200 千米，南北宽约 50 千米，主峰为玉皇顶。

泰山是"五岳"之首（见图 8－13），有"天下第一山"之美誉，又称东岳，是中国最美、最令人震撼的十大名山之一。泰山自然景观雄伟，又有数千年精神文化的渗透和渲染以及人文景观的烘托。著名风景名胜有天烛峰、日观峰、百丈崖、仙人桥、五大夫松、望人松、龙潭飞瀑、云桥飞瀑、三潭飞瀑等。泰山于 1987 年被列入《世界遗产名录》。数千年来，先后有 12 位皇帝来泰山封禅。孔子登泰山而小天下，杜甫则留下了"会当凌绝顶，一览众山小"的千古绝唱。

2. 趵突泉

趵突泉（见图 8－14）位于济南市历下区，趵突泉南路和泺源大街中段，南靠千佛山，东临泉城广场，北望大明湖。趵突泉公园面积约 10.5 万平方米，是以泉为主的特色园林。该泉位居济南七十二名泉之首，被誉为"天下第一泉"，也是最早见于古代文献的济南名泉。趵突泉是泉城济南的象征与标志，与千佛山、大明湖并称为济南三大名胜。

图 8－13　泰山"五岳独尊"石刻

图 8－14　趵突泉

3. 曲阜三孔——孔府、孔庙、孔林

曲阜的孔府、孔庙、孔林，统称“三孔”，是中国历代纪念孔子、推崇儒学的表征，以丰厚的文化积淀、悠久的历史、宏大的规模、丰富的文物珍藏以及极高的艺术价值而著称。

图 8-15　蓬莱阁

4. 蓬莱阁

蓬莱阁（见图 8-15）在蓬莱市区西北的丹崖山上，1982 年与蓬莱水城同被国务院公布为全国重点文物保护单位。蓬莱阁是由三清殿、吕祖殿、苏公祠、天后宫、龙王宫、蓬莱阁、弥陀寺等几组不同的祠庙殿堂、阁楼、亭坊组成的建筑群，统称为蓬莱阁，面积有 32 800 平方米。自宋嘉祐年间起，进行了多次扩建重修。

蓬莱阁同湖北武汉黄鹤楼、湖南岳阳岳阳楼、江西南昌滕王阁齐名，被誉为我国古代四大名楼。这里也是“蓬莱十大景”中“仙阁凌空”“渔梁歌钓”二景的最佳观景处。

5. 崂山

崂山，古代又曾称牢山、劳山、鳌山等，史书各有解释，说法不一。它是山东半岛的主要山脉，崂山的主峰名为“巨峰”，又称“崂顶”，海拔 1 132.7 米，是我国海岸线上的第一高峰，有着“海上第一名山”之称。它耸立在黄海之滨，高大雄伟。当地有一句古语说：“泰山虽云高，不如东海崂。”

崂山是中国著名的道教名山，过去最盛时有“九宫八观七十二庵”，全山有上千名道士。著名的道教人物丘处机、张三丰都曾在此修道。原有道观大多毁坏，保存下来的以太清宫的规模为最大，历史也最悠久。

6. 刘公岛

刘公岛，位于威海湾口，距市区旅游码头 2.1 海里，乘船 20 分钟可到达。它面临黄海，背接威海湾，素有“东隅屏藩”、“海上桃源”和“不沉的战舰”之称。刘公岛北陡南缓，东西长 4.08 千米，南北最宽 1.5 千米，最窄 60 米，海岸线长 14.95 千米，面积 3.15 平方千米，最高处海拔 153.5 米。全岛植被茂密，郁郁葱葱，以黑松为主。刘公岛博览园是刘公岛管委会兴建的一处融历史文化与影视科技于一体，集古典建筑与园林艺术于一身，汇甲午风云、英租历史、刘公文化、海权文化、海洋文化于一园的综合性景观，占地面积 5 万平方米，建筑面积 1 万多平方米，包括六大展区，因其展示内容广博而得名博览园。

（二）精品旅游线路与特色旅游项目

1. 精品旅游线路

儒学朝圣山东半岛风光游：济南—泰山—曲阜—青岛—威海—烟台—蓬莱。

2. 风味美食

鲁菜是我国八大菜系之首，是北方菜的代表。鲁菜讲究调味纯正，口味偏咸鲜，具有鲜、嫩、香、脆的特色，十分讲究清汤和奶汤的调制，清汤色清而鲜，奶汤色白而醇。鲁菜常用的烹调技法有 30 种以上，尤以爆、扒技法独特而专长。

代表美食和小吃有：八仙宴、酱包瓜、煎饼（山东）、孔府宴、辣子鸡丁、卤驴肉、油旋（济南）、酱磨茄、蓬莱小面、牙枣、油炸螺丝糕、炖大肠、德州扒鸡。

3. 旅游节庆活动

山东旅游节庆活动主要有青岛啤酒节、中国曲阜国际孔子文化节、中国泰山国际登山节、山东潍坊国际风筝节、菏泽国际牡丹花会等。

活动训练

小组训练活动：收集乔家大院、王家大院、常家大院等的相关资料，小组讨论分析晋商文化的宅居内涵。

能力训练任务

东北某学校欲组织教师前往山东省进行为期 7 天的考察旅游活动，请你为他们设计一条既体现人文历史又有自然风光的旅游线路。

素养园地

黄河大合唱

习题

1. 黄河中下游旅游区的旅游资源特色是什么？
2. 黄土地貌的典型特征是什么？与此相关的旅游景点有哪些？
3. 说明黄河中下游旅游区的著名风景名胜所在位置和景观特点。
4. 请简要介绍一下孔府、孔庙和孔林。

项目九 长江中上游旅游区（川渝湘鄂）

任务一 长江中上游旅游区旅游特色

学习任务

能力目标：根据长江中上游旅游区的地理环境和旅游资源特色，初步学会设计具有区域特色的旅游线路

知识目标：理解长江中上游旅游区的地理环境特征，掌握其旅游资源特色，熟悉该区域内的重点旅游城市

素养目标：熟知长江中上游旅游区最为知名的旅游景区、景点的地理分布和特色

一、旅游地理环境

（一）区位环境

长江中上游旅游区地处我国中部，包括四川、湖南、湖北、重庆三省一市。湖北素有“九省通衢”之称，京广、京九、焦柳、襄渝等铁路线贯穿境内。长江与其支流形成四通八达的水上交通运输网，重庆是长江上游水陆交通枢纽，武汉、荆州、宜昌、岳阳是本区较大的港口。武汉天河国际机场、重庆江北国际机场、湖南长沙黄花国际机场等连通国内外。本区公路建设迅速，公路运输较为便捷。

长江中上游旅游区的两湖平原地势低平，河网交织，湖泊众多，土地肥沃，是我国重要的农业生产基地，曾有“湖广熟，天下足”之说。两湖平原也是我国重要的棉花产区之一。该区工业发展较早，工业经济较为发达，株洲、十堰、武汉、重庆是我国重要的工业城市。

（二）自然地理环境

1. 复杂多样的地貌分布

长江中上游旅游区跨越我国地势的三级阶梯，地貌类型多样，分布有四川盆地、川西高原、川鄂山地、湘中丘陵、长江中游平原五大地貌。

四川盆地的面积约 16.5 万平方千米，占四川省面积的 34%。四川盆地西依青藏高原和横断山脉，北近秦岭，与黄土高原相望，东接湘鄂西山地，南连云贵高原，岩石主要由紫红色砂岩和页岩组成。四川盆地由连接的山脉环绕而成，包含渝西、川中及川东的大部，区位优越，气候宜人，山水秀丽，区域内物产极为丰富，人口稠密，文化昌盛，经济繁荣。

川西高原在岷山—大凉山一线以西，它的北部属于青藏高原的组成部分，位于第一阶梯和第二阶梯的过渡带，地形地貌较为复杂，交替排列着山脉与河流，如金沙江、沙鲁里山、雅砻江、大雪山、大渡河、岷江、岷山等，形成了“一山有四季，十里不同天”的山地气候与高山、峡谷景色。

川鄂山地是著名的长江三峡所在地，主要包括北面的大巴山—神农架。大巴山山体巍峨，气势磅礴，是汉水与长江的分水岭，在四川奉节白帝城到湖北宜昌南津关之间河段上切割出幽深险峻、峭壁临江的三个大峡谷——瞿塘峡、巫峡、西陵峡，峡谷高差达数百米乃至千米，峡谷间有大宁河宽谷、香溪宽谷两个宽谷地带。宽谷地带农业较发达，是远古时代著名的大溪文化和巴文化的孕育之地。

湘中丘陵是江南丘陵的一部分，这里狭长山岭和盆地交错，各盆地内广泛分布着第三纪红色岩层。在流水切割作用下，形成独特的丹霞地貌。红岩盆地主要有醴陵盆地、湘浏盆地、衡阳盆地、茶陵—永兴盆地等。

长江中游平原由两湖平原和鄱阳湖平原两部分组成。两湖平原以长江干流分界，长江以北为江汉平原，属湖北省；长江以南为洞庭湖平原，属湖南省。

2. 河网稠密，湖泊较多

该区域主要湖泊是主要分布于湖南省的洞庭湖，湖北省湖泊也较多，有“千湖之省”之称，著名的有武汉东湖等。本区的主要河流是长江及其支流，如嘉陵江、乌江、汉水、湘江。这些河网、湖泊形成了丰富的自然旅游资源，并孕育了各具特色的人文旅游资源。

该区域内河流水量大、汛期长、泥沙少、无冰期、水流稳定，为开展水上旅游创造了十分有利的条件。

3. 四季分明的亚热带季风气候

长江中上游旅游区一年四季皆适宜旅游，加之名山广布，南岳衡山、缙云山都是避暑胜地，神农架、张家界、九寨沟、卧龙等自然保护区自然风光优美，是旅游者向往的旅游胜地。

该区域气候属于温暖湿润的亚热带季风气候。冬季温暖，夏季炎热，四季分明，降水充沛，夏季时间较长，秋天则天气晴朗。因为受地形影响，各地差异明显。川西高原北段属高寒气候，南段属山地气候，垂直变化显著。四川盆地东部的重庆一带，其北、东、南三面有山地屏障，冬季较平原温暖湿润，1 月份平均气温在 5℃左右，冬春多雾，夏季十分炎热。江汉平原、洞庭湖平原 1 月份平均气温在 0～2℃，7 月份平均温度超过 29℃。该区域植被种类繁多，植被覆盖率高，冬季仍然是一片山清水秀的明媚景色。总体上，该区植被以常绿阔叶林为主，间有南方热带型植被和北方温带型植被。

（三）人文地理环境

1. 巴蜀文化

巴蜀文化是中华文化的一个分支，主要是指重庆（巴）和成都（蜀）所代表的文化。巴文化最早源于湖北西南的清江流域，后发展至四川盆地东部及附近地区。蜀文化以成都为中心，包括盆地西部及陕南、滇北一带。西周时，建有巴国，受蜀影响，始有较高水平的农业。巴蜀文化具有很强的辐射能力，除与中原、楚、秦文化相互渗透影响以外，主要表现在对滇黔夜郎文化和昆明夷文化、南诏文化的辐射，其影响力还远达东南亚大陆地区，在金属器皿、墓葬形式等方面对东南亚产生了深远的影响。

2. 楚文化

楚文化为东周时期至秦朝末年中国南方的一种高度发达且风格独特的区域文化，在国际上具有深远影响与极高的研究价值。楚文化是在楚国形成的，是以中国汉水（又称汉江，为长江最大支流）流域和长江中游流域文化为代表的历史文化。楚文化的主源是中原文化，楚国先民吸收了中原先民所创造的先进文化因素，并以中原商周文明特别是姬周文明为基础缓慢向前发展。现今的湖北大部、河南西南部和南部为早期楚文化的中心地区；江苏、浙江和安徽的北部为晚期楚文化的中心；湖南、江西也是春秋中期以后楚文化的中心地区；贵州、云南、广东等地的部分地区和韩国也受到了楚文化的影响。

3. 湖湘文化

湖湘文化的基本精神是“淳朴重义”“勇敢尚武”“经世致用”“自强不息”。“淳朴重义”，即敦厚雄浑、不加修饰、不受拘束的生猛活脱之性，以及强烈的正义感和向群性。“勇敢尚武”，即临难不惧、视死如归的精神。二者融会贯通，构成了湖湘文化独特的魅力，具有鲜明的英雄主义色彩。“经世致用”，即重视实践的务实精神，是实践理性与“天下兴亡，匹夫有责”的参与意识的集中体现，这一普遍性范畴一旦与英雄主义相结合，就成为一种“当今天下，舍我其谁”的“敢为天下先”的豪迈气概，给湖湘文化提供了明确的奋斗目标。“自强不息”是“天行健”的宇宙精神的基本形态，而在湖湘文化中，则将它列为“人极”的范畴，视为文化的“极则”。这就赋予了湖湘文化独特的哲学依据。正是由于这一点，湖湘文化才具有“独立不羁，遁世不闷”的特殊品格。

4. 三国时代古迹

东汉灭亡之后，三国鼎立（魏、蜀、吴）的半个世纪，是一个英雄辈出、割据争霸的时代，以曹魏、蜀汉、东吴为首的三个军事政治集团围绕着统一战争的目标，斗智、斗勇、斗谋，演绎出一个又一个扣人心弦的故事。三国故事脍炙人口，在民间影响非常广泛，同时也在周边国家及西方国家流传。川、渝、湘、鄂是这些故事的主要发生地，留下了大量三国文化遗存，如古隆中、赤壁古战场、麦城古战场、刘备墓、武侯祠、张飞庙、白帝城、剑门关、姜维庙、长坂坡、荆州古城，为开展三国主题旅游提供了资源基础。

二、旅游资源特色

（一）动植物旅游资源丰富

为了保护该区域的生物资源，该区域建有多处自然保护区，如湘西武陵源的天子山、索溪峪、杨家界自然保护区，鄂西的神农架自然保护区，重庆的金佛山自然保护区、四面山自然保护区。这些保护区大多较少受人类活动干扰，保持着较为原始的山林景观，对游客的吸引力很大。该区域自然保护区的植物资源丰富且有明显的过渡性特征。

（二）名山峻岭各具风采，三峡风光壮丽奇秀

该区域自然环境具有南北交融的过渡色彩，自然景观丰富多彩。多样的地貌形态、湿润多雨的气候、苍翠的森林植被孕育了秀美多姿的名山峻岭，张家界、衡山、缙云山等各显风采，景色迷人。

长江三峡是长江风景线上景色最为壮丽奇秀、资源最为集中的地带之一，沿线文化古迹众多，又构成了一幅历史文化画卷。其幽深壮丽的峡谷景观，配以众多的名胜古迹和雄

伟的三峡水利工程，形成了驰名中外的峡谷风光旅游景观带。

（三）楚文化和巴蜀文化特色鲜明

该区域有着鲜明的文化积淀——楚文化和巴蜀文化。楚文化是我国古代大放异彩的一种区域文化，来自中原，随着祝融部族西迁到鄂西北，再由荆山丛林移至江汉平原的前进步伐而产生、发展，在不断融合江南众多部族文化的过程中成长壮大，春秋中期终于崛起为统领南方、能与中原文化相媲美的中国文化南支。其鲜明的特色主要表现在青铜冶铸工艺、丝织与刺绣工艺、美术、乐舞、文学创作等方面。

3 000 多年前，重庆即为巴国首府。2 400 多年前，成都即为蜀国王都，四川历来以“蜀”相称，故而成长发育于四川盆地的地域文化被称为巴蜀文化。两湖人口迁入四川后，融入了两湖平原的部分文化，但较多保留了巴蜀文化特色，如崇尚白虎、独特的婚俗——哭嫁等。

（四）革命圣地众多

长江中上游区域曾是近、现代中国革命早期活动中心，革命胜迹丰富了区内的人文旅游资源，也为开展红色旅游提供了有利条件。洪湖、大别山等都是革命圣地，武汉和长沙等地都留下了诸多纪念地，该区域的代表性红色旅游资源有：湖南韶山冲毛泽东故居、湖南炭子冲刘少奇故居、湖北武汉中央农民运动讲习所旧址、湖北武汉武昌起义纪念馆、重庆歌乐山烈士陵园等。

（五）多条特色旅游线路

长江中上游旅游区资源富集，特色鲜明，针对旅游资源的类型相似性和差异性，结合地理分布、交通等现实条件，在本区域形成了 5 条较为成熟的旅游线路：湖北三国旅游线、长江三峡旅游线、渝西旅游线、湘东旅游线、湘西旅游线。

1. 湖北三国旅游线

长江流域是中华文明的主要发源地之一，文化古迹众多，尤其是三国文化在荆楚之地留有诸多遗迹，由此形成了湖北三国旅游线，该线路经黄石、武汉、赤壁、荆州、宜昌、当阳等地，是一条以三国遗迹为主题的特色旅游线路。

2. 长江三峡旅游线

长江三峡旅游线是一条以峡谷风光为主，融汇各类人文景观的黄金旅游线，该旅游线路始于重庆城区，终点在湖北宜昌，其中包括长江三峡风光、大宁河小三峡、奉节白帝城、秭归屈原祠、丰都鬼城等风景名胜。

3. 渝西旅游线

渝西旅游线地处渝西，以环都市旅游为中心，可以领略重庆特有的人文景观和自然风光。代表景点有大足石刻、重庆山城风光、陪都文化与遗址、四面山、缙云山、钓鱼城等。

4. 湘东旅游线

湘东旅游线是一条融名山胜水古迹于一体的旅游线路，包括岳阳楼、洞庭湖、长沙、衡山等旅游地。

5. 湘西旅游线

该旅游线以民俗风情与较原始的自然风光为特色，武陵源风景名胜区是该线最为著名的旅游地，湘西土家族苗族自治州的民居建筑、芙蓉楼、凤凰古城、桃花源也是该线上的特色旅游点。

活动训练

收集本旅游区的旅游形象宣传口号，并指出这些宣传口号的优劣。

能力训练任务

在讨论认知本旅游区的地理环境和旅游资源特色的基础上，尝试为本区域构思几个旅游宣传口号。

任务二 区域旅游亚区概况

学习任务

能力目标：能根据长江中上游旅游区的旅游资源特色，对代表性景区所组成的旅游线进行简单推荐和宣传

知识目标：熟知长江中上游旅游区的主要旅游资源和旅游景区、景点

素养目标：以长江中上游旅游区资源禀赋之美，陶冶学生的情操，激发学生的爱国热情

一、四川旅游亚区

四川，简称川或蜀，省会成都。位于中国西南地区内陆，东连重庆，南邻云南、贵州，西接西藏，北接陕西、甘肃、青海。四川省地貌东西差异大，地貌复杂，以山地为主要特色，具有山地、丘陵、平原和高原 4 种地貌类型，位于中国大陆地势三大阶梯中的第一级青藏高原和第三级长江中下游平原的过渡地带，地势呈西高东低的特点，落差悬殊。总面积 48.6 万平方千米。

四川省世界遗产较多，现有世界遗产 6 处，列入联合国教科文组织“人与生物圈”保护区网络的自然保护区 4 处，世界地质公园 4 处，以及国家 5A 级景区 18 处，国家级森林公园 38 处，国家级地质公园 20 处。全国重点文物保护单位 262 处。

（一）主要旅游城市及景区、景点

1. 成都

成都是四川省省会，位于成都平原中部。成都物产丰富，享有“天府之国”的美誉。因为汉时盛产蜀锦，加之朝廷专管织锦官员居住于成都，因此成都别称“锦城”。又因五代后蜀后主孟昶曾在成都遍植芙蓉，因此成都别称“蓉城”，简称“蓉”。1982 年 2 月，成都跻身首批国家历史文化名城。成都现已成为西部中心城市，西部政治、商贸、科技、通

信、文化、教育、交通、经济、军事、金融中心，享有“西部之心”的美誉。

成都境内的地形较为复杂，东部为龙泉山脉和盆中丘陵，中部为成都平原，西部为邛崃山脉；最高点是苗基岭，最低点在简阳市沱江出市域处河岸。四川是中国六大客家人聚居省份之一，人数约300万，主要聚居在成都的东山区域和川中的沱江区域，至今仍有100多万人能讲客家方言，并保持着客家人的风俗习惯。

成都属于亚热带季风气候，由于四周高山环绕，又具有典型的盆地气候特征。春天来得早，通常在春节前后就春暖花开，夏天比较闷热，秋天凉爽宜人，冬天无严寒霜冻。全年平均气温在16℃～18℃。7月、8月是雨季，春季和冬季少雨，冬天的气温极少低于5℃。一年四季日照少，多雾少风。

成都的主要景点有武侯祠、杜甫草堂、永陵、望江楼、文殊院、昭觉寺、青羊宫、金沙遗址博物馆、洛带古镇。都江堰旅游景区被列为世界文化遗产。

2. 九寨沟

被誉为“童话世界”的九寨沟位于四川省阿坝藏族羌族自治州境内的九寨沟县中南部，是长江水系嘉陵江上游白水江源头的一条大支沟，因景区内有荷叶、树正、则查洼等九个藏族村寨而得名。游览区海拔2 000～3 100米，气候宜人，冬无寒风，夏季凉爽，四季美丽，是世界上旅游环境最佳的景区之一。

九寨沟风景名胜区于1992年被列入《世界遗产名录》，1997年被纳入联合国教科文组织“人与生物圈”保护区网络，2007年被评为中国首批5A级景区之一，是四川省三大旅游精品之首。九寨沟集翠海、叠瀑、彩林、雪山和藏族民俗文化于一体。水是九寨沟的灵魂，九寨沟的水清纯洁净、晶莹剔透、色彩丰富，故有“九寨归来不看水”之说。水、倒影、石磨、藏寨、经幡和藏羌歌舞等，构成了九寨沟独特的旅游文化。

3. 黄龙

黄龙景区是国家级风景名胜区，与九寨沟同时被列为世界自然遗产。景区以其奇、绝、秀、幽的自然风光而闻名。景区内整个山谷几乎全被乳黄色的碳酸钙质覆盖，从高处看去，宛若一条从岷山雪峰飞腾而下的黄龙，蜿蜒于茂林翠谷之中。千层碧水形成层层叠叠的梯状湖泊、池沼，如璞玉，似牙雕。池水澄清无尘，水色因水底沉积物和树木、山色的千变万化而呈黄、绿、浅蓝、蔚蓝等颜色，堪称人间仙境。沟谷两侧山坡上满布着翠绿的原始针叶林，沟中是金黄色的钙华滩流，连接着成百上千个千姿百态、斑斓夺目的钙华彩池。地质学上把这种独特的地貌称为钙华梯池，也叫灰华田。黄龙沟的巨型钙华岩溶景观是当今世界规模最大、保存最好的喀斯特地貌，有世界“三最”：最壮观的露天钙华彩池群、最大的钙华滩流、最大的钙华塌陷壁。钙华彩池是黄龙最主要的景观，景区一共3 000多个彩池，彩池层层相连，由于光线照射而色彩迷人，因此人们便称其为“五彩池”。

4. 峨眉山—乐山大佛风景名胜区

峨眉山与乐山大佛相距40多千米，均位于四川省乐山市，是世界上第22个文化与自然双遗产，也是中国仅有的4个文化与自然双遗产之一。

峨眉山位于四川省峨眉山市境内，景区面积154平方千米，最高峰万佛顶海拔3 099米，是著名的旅游胜地和佛教名山，也是一个集自然风光与佛教文化于一体的国家级山岳型风景名胜区。1996年12月，峨眉山被列入《世界遗产名录》。峨眉山平畴突起，巍峨、秀丽、古老、神奇。它以优美的自然风光、悠久的佛教文化、丰富的动植物资源、独特的地质地貌而著称于世，被人们称为“仙山佛国”“植物王国”“动物乐园”“地质博物馆”等，素有“峨眉天下秀”之美誉。峨眉山是人们礼佛朝拜、游览观光、科学考察和休闲疗养的胜地。作为中国四大佛教名山之一，峨眉山有寺庙 30 余座，主要有伏虎寺、报国寺、清音阁、万年寺等。在峨眉金顶上可欣赏日出、云海、佛光、圣灯四大奇景。

乐山大佛景区位于岷江、青衣江、大渡河三江汇流处，它集嘉州山水之精华，汇乐山风光之秀色。乐山大佛为弥勒佛坐像，通高 71 米，是我国现存最大的一尊摩崖石刻造像（摩崖石刻并非是石窟艺术）。大佛开凿于唐代开元元年（713 年），完成于贞元十九年（803 年），历时约九十年。大佛两侧断崖和登山道上有许多石龛造像，多是盛唐作品。凌云寺右侧灵宝峰上，现存一座砖塔，塔高十三层，造型与西安小雁塔相似。乐山大佛气势恢宏，号称“山是一尊佛，佛是一座山”，神韵风采超凡脱俗，佛文化博大精深，山光水色气象万千，这一奇观无不使中外游客叹为观止。除此之外，景区内尚有注易洞、沫若堂、海师洞、千峰洞、古炮台、碑林、璧津楼、麻浩崖墓、乌尤寺、东方佛都等众多名胜景点。

5. 三星堆遗址

三星堆遗址为西南地区的青铜时代遗址，位于四川广汉南兴镇。1929 年春，当地农民在宅旁挖水沟时，发现了一坑精美的玉器，由此拉开了三星堆文明的研究序幕。

三星堆遗址是迄今在西南地区发现的范围最大、延续时间最长、文化内涵最丰富的古城、古国、古蜀文化遗址。三星堆文明上承古蜀宝墩文化，下启金沙文化、古巴国文化，前后历时约 2 000 年，是我国长江流域早期文明的代表。

6. 青城山—都江堰风景名胜区

青城山—都江堰是首批公布的国家级风景名胜区之一，位于四川省都江堰市境内。

青城山背靠岷山雪岭，面向川西平原，因四周密林青翠，岁寒不凋，诸峰环绕，状若城郭而得名。青城山山形多姿，深壑纵横，清溪长流，植被丰富，幽深莫测，素有“青城天下幽”之称。青城山是我国道教发祥地之一，以道教文化为主体的道、佛教文化并存的古建筑、古遗址、古碑石及宗教活动构成了一座活的“宗教博物馆”。

都江堰是距今 2 000 多年前由秦蜀郡太守李冰父子主持修建的伟大水利工程，包括鱼嘴、内江、外江、飞沙堰、宝瓶口等部分。鱼嘴是建于岷江江心的分水堤，它将汹涌的岷江水迎头劈开导入内、外两江。外江是岷江正流，排泄洪水；内江水流经宝瓶口后，通过大大小小的鱼嘴，剖成千百条灌溉渠道，流入川西平原，滋润着沃野千里的天府之国。都江堰除有饮水灌田、分洪减灾的功能外，还兼具漂木、航运之效。都江堰风景迷人，至今还有二王庙、伏龙观、斗犀台、安澜索桥、玉垒关等众多景点。

（二）精品旅游线路与特色旅游项目

1. 经典旅游线路

九寨沟—黄龙—峨眉山—乐山大佛—青城山—都江堰。

2. 南国冰雪旅游线路

九寨沟—西岭雪山—峨眉山—海螺沟—瓦屋山国家森林公园—卧龙自然保护区—龙池国家森林公园。

3. 蜀汉文化旅游线路

成都武侯祠—大邑子龙庙—德阳庞统祠—绵竹诸葛双忠祠—绵阳富乐山和蒋琬墓—昭

化敬侯祠—剑阁翠云廊—勉县定军山武侯墓。

4. 旅游节庆活动

有南国国际冰雪节、武侯祠成都大庙会、红梅艺术展、文殊坊新春大庙会、望果节、黄龙庙会、龙泉桃花节等。

5. 主要地方特产及风味美食

（1）地方特产。

有蜀绣蜀锦、瓷胎竹编、扎染、剪纸、黄龙香米、泸州曲酒、染山竹帘、安岳竹席、竹藤器、南充竹帘画、宋笔、百花石刻等。

（2）风味美食。

有松花皮蛋、川味泡菜、青菠面、燕窝丝、红橘酒、四川榨菜、板鸭、麻辣牛肉、豆腐乳等。

二、重庆旅游亚区

重庆位于嘉陵江和长江汇合处，简称渝或巴，别称“山城”“渝都”“雾都”等，是中国五大中心城市之一，也是国家历史文化名城、长江上游地区经济中心、国家重要的现代制造业基地、西南地区综合交通枢纽。

重庆具有历史悠久的巴渝文化、丰富的陪都遗迹和独特的山城风貌。市内主要游览点有：红岩村、红岩革命历史博物馆、枇杷山公园、白公馆、烈士陵园等。重庆山城夜景尤为出名，入夜后万家灯火层层叠叠，立体感强，倒射江中，构成十分壮观的山城夜景。重庆火锅风行全国，重庆菜也是川菜中特别的一支。

（一）主要景区、景点

1. 大足石刻

大足石刻（见图 9－1）位于重庆市，以大足区、潼南区、铜梁区、璧山区为范围，是唐末宋初时期的宗教摩崖石刻，以佛教题材为主。大足石刻群有石刻造像 70 多处，其中以宝顶山和北山摩崖石刻最为著名，其以佛教造像为主，儒、道教造像并陈，是中国晚期石窟造像艺术的典范，其规模之宏大、艺术之精湛、内容之丰富，可与敦煌莫高窟、云冈石窟、龙门石窟齐名。

图 9－1　大足石刻

大足石刻摩崖造像共分北山、宝顶山、南山、石篆山、石门山 5 处。北山石刻中的“转轮经藏窟”被许多艺术家誉为宋代石刻之精华和代表，此窟石刻造像秀美、雕刻精细、整体布局和谐，堪称东方美神之大荟萃。特别是此窟中的普贤菩萨，被誉为“东方维纳斯”。宝顶山石刻气势磅礴，雕像无一雷同。南山石刻是中国道教造像的代表，其中的三清古洞是中国宋代雕刻最为精美的石窟。石篆山石刻是典型的释、道、儒三教合一造像区，在石窟中十分罕见，如孔子龛、老君龛等。石门山石刻是佛教、道教合一造像区，尤以道教造像最具特色。如玉皇大帝龛外的千里眼像，眼如铜铃，似能目及千里，顺风耳面貌丑怪，张耳作细听状，二像肌肉丰健，筋脉显露，手法夸张。

2. 南北温泉

温泉旅游是现代旅游一个新的发展方向。在重庆，宋代有北温泉，明代有南温泉，抗战时期重庆成为陪都，南北温泉名声远扬。重庆有“中国温泉之乡”“中国温泉之都”两大称号。

南温泉位于重庆市南郊南温泉风景名胜区内，建于1927年。在距市中心18千米的花溪河畔，独具特色的温泉和蜿蜒而过的花溪河组成优美的自然景观。主要景点有：南塘温泳、花溪垂钓、虎啸悬流、峭壁飞泉、五湖占雨、三峡奔雷、仙女幽岩、小塘水滑、建文遗址、石洞探奇、弓桥泛月等。南温泉发现于明朝，始建于清，为硫酸钙镁钠型热泉，水温在39℃～42℃。其水质堪与临潼华清池媲美，是国内最优秀的温泉之一。

北温泉位于北碚区，北濒嘉陵江，南倚缙云山。其前身为温泉寺，1927年，卢作孚于此修建嘉陵江温泉公园，增建温泉游泳池与浴室、餐厅等旅游设施，后更名为重庆北温泉公园，有温泉泉眼10处，水温在35℃～37℃，属弱碱性硫酸型矿泉，对皮肤、关节、肠胃等部位疾病有一定疗效，北温泉的自然资源也非常丰富，除有充足的温泉水外，还有乳花洞和各种独特的植物资源。

3. 缙云山

缙云山，雄峙重庆市北碚区嘉陵江温塘峡畔，是7 000万年前“燕山运动”造就的“背斜”山岭，古名巴山。山间白云缭绕，似雾非雾，似烟非烟，磅礴郁积，气象万千。早晚霞云，姹紫嫣红，五彩缤纷。古人称“赤多白少”为“缙”，故名缙云山。缙云山与嘉陵江小三峡、合川钓鱼城一并被确定为国家级风景名胜区。

缙云山从北到南有朝日峰、香炉峰、狮子峰、聚云峰、猿啸峰、莲花峰、宝塔峰、玉尖峰和夕照峰等九峰。其中玉尖峰最高，海拔1 050米；狮子峰最险峻壮观，其余各峰亦各具风姿。缙云山又是具有1 500多年历史的佛教圣地。山中的缙云寺始建于南朝刘宋景平元年（423年），后曾称“相思寺”“崇胜寺”“崇教寺”，曾受到历代帝王的封赐。寺中自古办学，名为“缙云书院”。寺内现存有宋太宗诵读过的24部梵经。

4. 四面山

四面山位于江津区境内，距重庆市区约140千米。四面山系地质学上所谓“倒置山”，因山脉四面围绕而得名。景区景观以原始森林为基调，众多溪流、湖泊、瀑布点染于苍山绿树之间，丹霞地貌丰富。四面山的瀑布最为壮观，共有大小瀑布100多处。瀑布倾泻激荡，掀起满天烟雾，轰然鸣响，气势恢宏。望乡台瀑布高152米，宽40米，居我国高瀑之首；水口寺瀑布高94米，悬挂在一个天然洞穴之下，景象奇特；鸳鸯瀑布似鸳鸯比翼齐飞，撩人遐思。

四面山原始绿叶阔叶林带在同纬度中保存较好，有植物1 500多种，珍稀濒危植物19种，其中桫椤是3亿多年前的史前残遗植物。动物有207种，其中国家重点保护野生动物16种，省级保护动物8种，为我国“物种基因的宝库”。

（二）精品旅游线路与特色旅游项目

1. “长江三峡”旅游线路

朝天门—丰都—奉节白帝城—大宁河小三峡—巫山十二峰—秭归—三峡大坝。

2. “都市风光”之旅

重庆市区游。

3. 地方特产和风味美食

（1）地方特产。

有折扇、夏布、陶器等。

（2）风味美食。

有九园包子、松花皮蛋、豆豉、白市驿板鸭、抄手、玫瑰牌油酥米花糖、重庆火锅、重庆沱茶、冰糖麻饼和怪味胡豆等。

4. 旅游节庆活动

有石柱土家族“毕兹卡”节、大足石刻国际旅游文化节、永川茶山竹海风情节、黔江土家摆手节、重庆金佛山冰雪温泉节、丰都庙会、重庆都市文化旅游节等。

三、湖南旅游亚区

湖南省，简称湘，省会长沙。东临江西，西接重庆、贵州，南毗广东、广西，北连湖北，总面积21.18万平方千米。湖南地处云贵高原向江南丘陵和南岭山脉向江汉平原过渡的地带，地势呈三面环山、朝北开口的马蹄形，由平原、盆地、丘陵、山地、河湖构成，地跨长江、珠江两大水系，属亚热带季风气候。

湖南省张家界已成为世界自然景观一绝闻名于世。此外，湖南还拥有一定数量的国家级景区景点，如在国内较有影响的南岳衡山、岳阳楼、韶山等。目前湖南省已初步建立起了功能齐备、品类齐全的旅游产品体系。

（一）主要旅游城市及景区、景点

1. 长沙

长沙是国家级历史文化名城。长沙之名始于西周，春秋时为楚南重镇，秦置长沙郡，汉置长沙国，此后一直为历代郡、州、府治。长沙马王堆汉墓出土的完好女尸及帛书、帛画，走马楼出土的吴简数万片，均可称为世界奇迹，反映了其深厚的楚文化及湖湘文化底蕴。长沙为“湖湘学派”的渊源地，千年学府岳麓书院为宋代“天下四大书院”之首，是湖南文化教育的象征。长沙是楚文化和湖湘文化的发源地，经历3 000年历史城址不变，因屈原和贾谊的影响而被称为“屈贾之乡”。近代，长沙是中国革命的重要活动中心，英才辈出，谭嗣同、黄兴、宋教仁以及毛泽东、刘少奇等名人都在这里留下了他们的足迹。城内岳麓山西峙，湘江南北穿越，橘子洲（又称长岛）静卧江中，浏阳河逶迤东来，构成长沙特有的集山、水、洲、城于一体的景观。

2. 岳阳楼—洞庭湖风景名胜区

岳阳楼—洞庭湖风景名胜区位于岳阳市，主要景观有岳阳楼（见图9－2）、君山、南湖、芭蕉湖、汨罗江、铁山水库、福寿山、黄盖湖等景区。

岳阳是一座有着2 500多年历史的古城，古称巴陵，又称岳州，为历来郡府所在地。“江湖之胜，巴陵兼有之。”岳阳市西门城头的岳阳楼，建筑精巧雄伟，为我国江南三大名楼之一，是我国古建筑中的瑰宝，自古就有“洞庭天下水，岳阳天下楼”之誉。岳阳楼的成名，在很大程度上是由于北宋著名文学家范仲淹写了一篇不朽的散文《岳阳楼记》。岳阳楼所处的位置极好，它屹立于岳阳古城之上，背靠岳阳城，俯瞰洞庭湖，遥对君山岛，北依长江，南通湘江，登楼远眺，一碧无垠，白帆点点，云影波光，气象万千。岳阳楼的建筑很有特色。主楼3层，楼高19.42米，整座楼由4根楠木金柱、12根木廊柱和24根木檐柱支撑，柱上架梁，梁上立柱，彼此牵制，结为整体，全楼梁、柱、檩、椽全靠榫头衔接，相互咬合，稳如磐石。其建筑的另一特色，是楼顶的形状酷似一顶将军头盔，既雄伟又不同于一般。岳阳楼旁有仙梅亭、三醉亭、怀甫亭等建筑。

洞庭湖（见图9-3）位于岳阳市西南15千米处，“衔远山，吞长江，浩浩汤汤，横无际涯，朝晖夕阴，气象万千”。自古以来，洞庭湖就以湖光山色吸引了众多游人，历代文人墨客无不为之倾倒。唐李白诗云：“淡扫明湖开玉镜，丹青画出是君山。”诗人刘禹锡也吟道：“湖光秋月两相和，潭面无风镜未磨。遥望洞庭山水色，白银盘里一青螺。”洞庭湖是楚文化的摇篮，在历史的长河里，留下了许多名胜古迹。君山在洞庭湖中，有72峰、36亭、48庙；山上古迹颇多，有舜帝二妃之墓、柳毅井、秦始皇封山印、射蛟台（相传汉武帝射蛟于此）等。此外，汨罗江畔有屈子祠、杜甫墓等；景区内还有慈氏塔、鲁肃墓、黄盖湖、三国古战场等名胜古迹。

图9-2 岳阳楼

图9-3 洞庭湖

3. 武陵源

武陵源风景名胜区位于湖南省西北部，由张家界市的张家界森林公园与杨家界自然保护区、慈利县的索溪峪自然保护区和桑植县的天子山自然保护区组合而成，总面积397平方千米。亿万年前，武陵源是一片汪洋大海，大自然不停地搬运、雕琢，变幻出今日武陵源砂岩峰林峡谷的地貌。这里遍地奇花异草，苍松翠柏，蔽日遮天；奇峰异石，突兀耸立；溪绕云谷，绝壁生烟。武陵源（见图9-4）以奇峰、怪石、幽谷、秀水、溶洞“五绝”闻名于世。

图9-4 武陵源

武陵源水绕山转，素有“秀水八百”之称。众多的瀑、泉、溪、潭、湖各呈其妙。金鞭溪是一条10余千米长的溪流，从张家界沿溪一直可以走到索溪峪，两岸峰林对峙，倒映溪间，别具风味。武陵源的溶洞数量多、规模大，极富特色，现有大小溶洞40余个，其中最为著名的是黄龙洞，全长约 7.5 千米，洞内分为四层，景观奇异，是东南亚岩溶景观的缩影。武陵源地貌景观千姿百态，变幻莫测，包括砂岩峰林、方山台原、天桥石门、岩溶峡谷、岩溶洞穴、沉积构造、地层剖面、古生物化石等丰富多彩的地质遗迹。

武陵源有多姿多彩的气象景观。云雾是武陵源最多见的气象奇观，有云雾、云海、云涛、云瀑和云彩五种形态。武陵源有宝贵的野生珍稀动物。境内陆生脊椎动物共有 58 科 149 种，其中包括国家一级保护动物 3 种；在武陵源动物世界中，较多的是猕猴，有 300 只以上；大鲵遍布于溪沟、泉眼和深潭之中。武陵源有十分丰富的植物资源。境内森林覆盖率达 77.94%，有珙桐等 35 种重点保护的珍稀濒危种子植物，武陵松分布最广、数量最多、形态最奇，有“武陵源里三千峰，峰有十万八千松”之美誉。

4. 衡山

衡山（见图 9－5）号称南岳，是我国五岳之一，位于湖南省衡阳市南岳区，主峰祝融峰海拔 1 300.2 米。由于气候条件较其他四岳为好，衡山处处茂林修竹，终年翠绿，奇花异草，四时飘香，自然景色十分秀丽，因而又有“南岳独秀”的美称。衡山风景名胜区现为国家级风景名胜区、国家级自然保护区、全国文明风景旅游区示范点和国家 5A 级旅游景区。

图 9－5 衡山

衡山南起“雁阵惊寒，声断衡阳之浦”的衡阳回雁峰（南岳衡山首峰），北止“停车坐爱枫林晚，霜叶红于二月花”的长沙岳麓山（衡山尾峰），由巍然耸立着的 72 座山峰组成，亦被称作“青天七十二芙蓉”。衡山横跨湖南省八个市县，逶迤 400 千米，72 峰中南岳区境内有 43 峰，群峰巍峨，气势磅礴。衡山首峰回雁峰位于衡阳市中心，东临湘江，南接衡州大道，西邻蒸阳南路，北对中山南路。祝融峰之高、藏经殿之秀、水帘洞之奇、方广寺之深堪称“衡山四绝”；春花、夏云、秋日、冬雪为“衡山四季佳景”。

衡山是中国著名的道教、佛教圣地，有道教三十六洞天之第三洞天——朱陵洞天，道教七十二福地之青玉坛福地、光天坛福地、洞灵源福地；佛祖释伽牟尼两颗真身舍利子藏于衡山南台寺金刚舍利塔中。

（二）精品旅游线路与特色旅游项目

1. 精品旅游线路

（1）岳阳楼—洞庭湖—衡山—九嶷山。

（2）张家界—凤凰古城—桃花源—衡山—韶山—洞庭湖—长沙。

2. 旅游节庆活动

有火把节、张家界黑神会、社巴节、芦笙节、盘王节、龙舟赛、中国（耒阳）农耕文化节、洞庭渔火节、洪江雪峰山户外运动俱乐部挑战赛、梅山傩文化艺术节、益阳美食文化旅游旅游节等。

3. 主要地方特产和风味美食

（1）地方特产。

有湘绣、浏阳花炮、羽绒制品、铜官陶器、益阳水竹凉席、祁阳草席、醴陵瓷器、洞口墨晶石雕、浏阳菊花石雕等。

（2）风味美食。

有黄花菜、中华猕猴桃、怀化泡菜、武冈卤菜、张家界卤粉、油淋糯米鸡、米粉、龟蛇酒、溆浦鹅等。

四、湖北旅游亚区

湖北省，位于长江中游，洞庭湖以北，故名湖北，简称鄂。湖北东邻安徽，西连重庆，西北与陕西接壤，南接江西、湖南，北与河南毗邻，总面积 18.59 万平方千米，占我国陆地总面积的 1.94%。

湖北省地势大致为东、西、北三面环山，中间低平，略呈向南敞开的不完整盆地。在全省总面积中，山地占 56%，丘陵占 24%，平原湖区占 20%。湖北省地处亚热带，全省除高山地区属高山气候外，大部分地区属亚热带季风性湿润气候。湖北省水资源的优势极为明显，纳入全省湖泊保护名录的湖泊有 755 多个，常年水面面积达 2 700 余平方千米，可谓星罗棋布，素以“千湖之省”名闻遐迩。河流方面，5 千米以上的有 4 000 多条，总长约 6 万千米，尤以长江、汉江为最，流经湖北的长度均在 1 000 千米左右；无论平原还是山区，大大小小的池塘随处可见。省内大多数地区都分布有温泉，其中不乏全国知名的。湖北的湿地洼地也特别多，古有“泽国”之称，如今则是名副其实的“水乡”。

（一）主要旅游城市及景区、景点

1. 武汉

武汉，简称“汉”，为湖北省省会，是中部唯一的副省级城市，华中地区的最大都市及中心城市，中国长江中下游特大城市。长江及其最长支流汉江横贯市区，将武汉一分为三，形成了武昌、汉口、汉阳三区隔江鼎立的格局。唐朝诗人李白在此写下了“黄鹤楼中吹玉笛，江城五月落梅花”的诗句，因此武汉自古又称“江城”。武汉是长江中下游地区重要的工业城市和经济中心、重要的文化教育中心之一，也是重要的交通枢纽。武汉知名的旅游点主要有黄鹤楼、东湖风景区、武汉长江大桥等。

2. 黄鹤楼

黄鹤楼是江南三大名楼之一，素有“天下江山第一楼”之美誉。

黄鹤楼相传始建于三国，唐时名声始盛，这主要得益于诗人崔颢“昔人已乘黄鹤去，此地空余黄鹤楼”的诗句。黄鹤楼坐落在武汉市长江边的蛇山上，现存的黄鹤楼主楼以清代“同治楼”为原型设计，楼高 5 层，总高度 51.4 米，建筑面积 3 219 平方米。72 根圆柱拔地而起，雄浑稳健；60 个翘角凌空舒展，恰似黄鹤腾飞。楼的屋面用 10 多万块黄色琉璃瓦覆盖。在蓝天白云的映衬下，黄鹤楼色彩绚丽，雄奇多姿。

3. 神农架

神农架（见图 9-6）位于湖北省西部，东与湖北省保康县接壤，西与重庆市巫山县毗邻，南依兴山、巴东，北倚房县、竹山。神农架林区 1970 年经国务院批准建制，直属湖

图 9-6 神农架

北省管辖，是我国唯一以林区命名的县级行政区。

神农架是长江和汉水的分水岭，境内有香溪河、沿渡河、南河和堵河 4 个水系。神农架地处中纬度北亚热带季风区，受大气环流控制，气温偏凉且多雨，并随海拔的升高形成低山、中山、亚高山 3 个气候带。独特的地理环境和立体小气候，使神农架成为中国南北植物种类的过渡区域和众多动物繁衍生息的交叉地带。这里拥有当今世界北半球中纬度内陆地区唯一保存完好的亚热带森林生态系统。神农架的主要旅游景点有：神农架神农顶、天燕原始生态旅游区、红坪、燕子垭、老君山、杉树坪、神农架自然博物馆、神龙洞等。

4. 武当山

武当山（见图 9-7）位于湖北省十堰市丹江口境内，属大巴山东段，西界堵河，东界南河，北界汉江，南界军店河、马南河，背倚苍茫千里的神农架原始森林，面临碧波万顷的丹江口水库。武当山高峰林立，天柱峰海拔 1 612.1 米。武当山山体四周低下，中央呈块状突起，多由古生代千枚岩、板岩和片岩构成，局部有花岗岩。武当山有七十二峰、三十六岩、二十四涧、十一洞、三潭、九泉、十池、九井、十石、九台等胜景，风景名胜区以天柱峰为中心，有上、下十八盘等险道及“七十二峰朝大顶”和“金殿叠影”等景观。

图 9-7 武当山

武当山不仅拥有奇特绚丽的自然景观，而且拥有丰富多彩的人文景观。武当山古建筑群规模宏大，气势雄伟。据统计，唐至清代共建庙宇 500 多处，庙房 20 000 余间，明代达到鼎盛，历代皇帝都把武当山道场作为皇室家庙来修建。明永乐年间，大建武当，史有“北建故宫，南建武当”之说，共建成九宫、九观、三十六庵堂、七十二岩庙、三十九桥、十二亭等 33 处道教建筑群，面积达 160 万平方米。现存较完好的古建筑有 129 处，庙房 1 100 余间，金殿、紫霄宫、“治世玄岳”石牌坊、南岩宫、玉虚宫遗址是其中的代表。此外，武当山还存有许多道教文物，被誉为“道教文物宝库”。

5. 赤壁

湖北有两个赤壁，一个在咸宁地区的蒲圻，现在已改称赤壁市，因三国时周瑜和诸葛亮在此草船借箭火烧曹营，所以也叫周郎赤壁，又称武赤壁；另一个在黄冈地区，因北宋苏东坡在此作两赋一词而名扬四海，又名东坡赤壁，或称文赤壁。

周郎赤壁是我国古代著名战役中唯一尚存原貌的古战场，距赤壁市中心约 40 千米，由赤壁山、南屏山、金鸾山三山组成。其主要景观有赤壁摩崖石刻、望江亭、翼江亭、周瑜塑像、拜风台、凤雏庵、庞统井、赤壁碑廊、赤壁大战陈列馆、千年古银杏等。

东坡赤壁即黄州赤壁，在武汉市东南 70 千米处的黄冈市黄州区。宋代大诗人苏轼被贬于此当“团练副使”，为了排解心中烦闷，时常流连于此间的山水，在这里写下了著名的《前赤壁赋》和《后赤壁赋》，此地因而声名益著。名胜有二赋堂、栖霞楼、挹爽楼、薄刀峰、留仙阁、坡仙亭、睡仙亭、酹江亭、问鹤亭、喜雨亭等，建筑和山水相互映衬，极富文化特色，特别是保存完好的书法名画，是我国书法绘画中的精华。

（二）精品旅游线路与特色旅游项目

1. 三国历史古迹旅游线路

赤壁—洪湖—荆州—宜昌—当阳—襄樊。

2. 长江三峡精华旅游线路

宜昌—三峡人家、三峡大坝—神农溪/白帝城—屈原祠—宜昌。

3. 三峡景观名山旅游线路

长江三峡—神农架—武当山。

4. 武汉三镇风光旅游线路

汉口—汉阳—武昌—武汉长江大桥—黄鹤楼—东湖风景区。

5. 旅游节庆活动

有土家女儿会、荆州国际龙舟节、襄阳诸葛亮文化旅游节、湖北恩施清江国际闯滩节、苗族新年、侗族新年、东坡赤壁文化旅游节、神农架国际生态旅游节等。

6. 主要地方特产和风味美食

（1）地方特产。

有仿古漆器、金漆盆盘、荆州雪茄、根雕家具、九资河茯苓、仙人掌茶、宜红茶、玉露茶、青砖茶、湖北贝母等。

（2）风味美食。

有热干面、孝感麻糖、九黄饼、千张肉、五香豆豉、散烩八宝饭等。

活动训练

课堂训练：思考如何推介长江中上游旅游区独特的旅游资源，选择一个本区域内的旅游景区（点）向身边的同学进行讲述。

能力训练任务

有游客向你咨询长江中上游旅游区，你如何向游客推荐介绍该区域的旅游资源？各小组收集一些相关图片资料、视频资源，拍摄一段 2～3 分钟的视频素材，编辑成一段完整介绍本旅游区的视频，上传至个人新媒体（抖音、小红书、快手、百度视频、微博等）账号，根据视频转播量或点赞量，对制作质量高、转播量大、点赞量多的作品的小组进行奖励。

素养园地

张家界市武陵源区的生态环境保护

习题

1. 简述长江中上游旅游区的地理环境特征。
2. 简述长江中上游旅游区的旅游资源特色。
3. 简述长江中上游旅游区的主要旅游线路。

项目十 华东旅游区（赣皖苏浙沪）

任务一 华东旅游区旅游特色

学习任务

能力目标：依据华东旅游区的地理环境和旅游资源，初步学会设计具有该区域特色的旅游线路

知识目标：理解华东旅游区的地理环境特征，掌握其旅游资源特色，熟悉该区域内的重点旅游城市

素养目标：熟知华东旅游区最知名旅游景区、景点的地理分布和基本特色

一、旅游地理环境

（一）区位环境

本区包括江西、安徽、江苏、浙江、上海四省一市，地处长江下游，濒临东海、黄海，地理位置优越，交通便捷，经济发达。华东旅游区是我国交通最便利的地区之一，有以铁路、水运为主，公路和航空为辅的旅游交通网。铁路骨干以京广线、京沪线、沪杭线、浙赣线、焦柳线等为主，联系多条支线。全区多数旅游城市和重要风景名胜区都有铁路相通。内河航运发达，长江水运大动脉横贯东西，京杭大运河纵贯南北。航空运输以上海为中心，联系华东及国内主要大中城市，还有通往多国的国际航线，本区公路密度较大，基本建成了通达各县市的全天候公路，大城市之间多有省际公路或高速公路相连。

（二）自然地理环境

1. 地貌类型以平原、丘陵为主

华东旅游区地处我国地势三大阶梯的最低一级，地形结构上平原、丘陵相间分布，自北向南依次为黄淮平原、皖中丘陵、长江中下游平原及长江三角洲、江南丘陵及浙闽丘陵。

黄淮平原是华北平原的一部分，位于苏、皖二省北半部，地势西高东低，海拔在20～40米。平原北部的徐州和连云港附近有局部侵蚀残丘，海拔可上升到100～200米。连云港的云台山海拔600多米，是苏北的旅游胜地。

皖中丘陵海拔500米以下，分布有天柱山、琅琊山等风景名胜。

长江中下游地势低平，河网密布，湖泊众多，包括鄱阳湖平原、苏皖平原和长江三角洲。鄱阳湖平原主要由赣江、信水、修水、抚河等河流冲积而成，海拔在100米以下，是富庶的鱼米之乡。鄱阳湖湖口东西两侧有著名的风景名山石钟山和庐山。苏皖平原是指从湖口到镇江之间沿长江两岸分布的冲积平原。平原上河曲、残丘、湖泊、江心、沙洲星罗棋布，其中以巢湖面积最大，芜湖以下江面收缩，由于两岸丘陵夹峙，常有山崖伸入江中，称为“矶”。

长江中下游平原以南的广大地区为低山丘陵，包括江南丘陵和浙闽丘陵两部分。江南丘陵是指长江以南、南岭以北、武夷山和天目山以西、云贵高原以东的低山丘陵区。这里多山地旅游资源，黄山、九华山享誉中外，钟山、栖霞山、汤山、井冈山皆为旅游名山。浙江省除北部为平原外，大部分地区为低山丘陵，分布有天台山、会稽山、雁荡山等名山，天台山、四明山脉向东北延伸入海，形成舟山群岛，岛中之普陀山为我国四大佛教名山之一。闽赣两省交界处丹霞地貌发育典型，是我国著名的丹霞地貌风景区。

2. 河流密布，湖泊众多，地表水丰富

该区域河流水量大、汛期长、泥沙少、无冰期，为开展水上旅游活动创造了有利条件。在河流流经地区及沿江两岸分布有丰富多彩的自然旅游资源，并孕育了各具特色的人文旅游资源。主要河流有长江及其支流、淮河、钱塘江、京杭大运河等。

该区域湖泊集中分布在长江两岸，我国五大淡水湖中的鄱阳湖、太湖、洪泽湖、巢湖都在本区域内。另外，杭州西湖、扬州瘦西湖、嘉兴南湖、淳安千岛湖均为全国闻名的湖泊风景旅游区。

3. 典型的亚热带季风气候，温暖湿润

本区气候具有四季分明、冬温夏热、雨量丰富的特征，为典型的亚热带季风气候。夏季偏热，但无酷暑，而且本区域名山、湖泊、滨河分布广，适宜避暑。冬季与北方相比，并无严寒，仍可开展旅游活动。每年3～11月均适宜旅游，其中春秋两季为旅游旺季，尤其秋季是黄金旅游季节。温暖湿润的气候使本区域大多数地区的植被发育为常绿阔叶林，加之丘陵山地广布，使本区植被茂盛，花卉繁多，森林覆盖率高，形成一派山清水秀的秀丽景观。

（三）人文地理环境

1. 旅游商品丰富多彩

该区域自然条件优越，历史悠久，物产非常丰富，提供了丰富多样的旅游商品，土特产和工艺品极具地方风格和民族特色，著名的土特产品包括：杭州龙井、苏州碧螺春、祁门红茶、六安瓜片、金华火腿、南京板鸭等。著名的工艺美术品有景德镇的陶瓷、宜兴的紫砂陶器、无锡惠山的泥人、苏绣、南京的云锦、青田石雕、东阳木雕、泾县宣纸等。

2. 历史悠久，经济发达

长江中下游平原开发历史悠久，南北朝之后长期是我国的经济文化中心，形成了极具特色的文化环境，并造就了一批历史悠久、文化资源丰富的历史文化名城、名镇。近现代以来，该区经济继续领先于全国，其中上海是全国最大的城市与最大的工商业中心。发达的经济为当地旅游业的发展奠定了雄厚的物质经济基础，使本区成为我国重要的国内旅游客源地和旅游热点地区之一。

二、旅游资源特色

（一）名山众多

华东旅游区的风景名山数量众多，其中许多属于国家级风景名胜区，如庐山、紫金山、钟山、云台山、雁荡山、普陀山、天台山、黄山、九华山、天柱山、井冈山、三清山、龙虎山、琅琊山、齐云山等。这些名山融丰富的自然景观和文物古迹于一体，加上宜人的气候和便捷的交通，多成为著名的避暑游览胜地，对该地区的旅游业发展具有十分重要的意义。

（二）水景秀丽多姿

华东旅游区水景丰富，秀丽多姿，既有海滨风光，又有江河美景，还不乏名泉名瀑。嵊泗列岛、普陀山、朱家尖是该区域著名的滨海旅游区，长江、京杭大运河、富春江—新安江、楠溪江是我国重要的江河旅游线。杭州西湖、江苏太湖、扬州瘦西湖是国家级风景名胜区。众多的泉水与瀑布更为本区旅游资源增光添彩，其中黄山温泉、杭州虎跑泉、南京汤山温泉、庐山三叠泉瀑布、雁荡山的大小龙湫瀑布皆为驰名全国的旅游景点。

（三）古典园林荟萃

华东旅游区气候温暖湿润，水系发达，常绿阔叶树种与花卉繁多，为造园提供了优越的自然条件，加之经济文化发达，历代达官富豪纷纷兴建园林。华东园林集中分布在苏州、南京、无锡、扬州、杭州、绍兴、嘉兴等地。狮子林、拙政园、留园、个园等更为江南园林之精华，成为中外游客向往的游览胜地。

（四）名城、古都、古镇繁多

华东旅游区历史悠久，人口稠密，经济繁荣，自古为经济、文化要地，尤其是南北朝后，江南成为全国经济文化中心，该区域形成了众多的名城、古都与特色各异的名镇。我国著名的七大古都中的南京和杭州都在该区。历史上这里名人集聚，留下许多诗文给后人欣赏。特别是周庄、乌镇等特色古镇形成了别有风味的江南小镇风光，是近年来的旅游热点。

活动训练

课堂讨论：2023 年 9 月 23 日，第 19 届亚运会开幕式在浙江省杭州市隆重举行。此次杭州亚运会恰逢中秋国庆假期。杭州市文化广电旅游局数据显示，中秋国庆长假全市各景区、景点（含乡村旅游）共接待游客 1 300.87 万人次。亚运会的举办给杭州带来了巨大的即时流量，知名度大增。讨论：如何用好体育赛事这个“IP”，把赛事“高流量”变现为文旅产业长期发展的“高留量”？

能力训练任务

华东旅游区的最大优势和劣势体现在哪里？针对这些优势和劣势提出几条建议。

任务二　区域旅游亚区概况

学习任务

能力目标：能根据华东旅游区的旅游资源特色，对代表性景区所组成的旅游线进行简单推荐和宣传

知识目标：熟知华东旅游区的主要旅游资源和旅游景区、景点

素养目标：认识华东旅游区各旅游亚区旅游资源的独特价值

一、江西旅游亚区

江西省，简称赣，省会南昌，总面积 16.69 万平方千米。江西位于中国东南部，长江中下游南岸，地处华东地区，东邻浙江、福建，南连广东，西靠湖南，北毗湖北、安徽而共接长江。江西区位优越、交通便利，自古为“吴头楚尾、粤户闽庭”，乃“形胜之区”，素有“江南鱼米之乡”之美称。

江西为长江三角洲经济区、珠江三角洲经济区和海峡西岸经济区的中心腹地，其资源丰富、生态优良，有中国第一大淡水湖——鄱阳湖，也是亚洲超大型的铜工业基地之一，有“世界钨都”“稀土王国”“中国铜都”“有色金属之乡”的美誉。江西的红色文化闻名中外，井冈山是中国革命的摇篮，南昌是中国人民解放军的诞生地，瑞金是中华苏维埃共和国临时中央政府成立的地方，安源是中国工人运动的策源地，万里长征也是从赣州于都县出发的。

（一）主要旅游城市及景区、景点

1. 南昌

南昌，又名豫章、洪城，为江西省省会，全省政治、经济、文化、科技、交通中心。南昌地处江西省中部偏北，赣江、抚河下游，毗邻上饶鄱阳湖，它既是国家历史文化名城，又是革命英雄城市，具有 2 200 多年建城史，曾作为五代南唐的都城，有“八一”南昌起义总指挥部旧址和位于伏虎山绝壁飞瀑间的洪崖丹井、享有“小庐山”之誉的梅岭等全国重点和省级文物保护单位 70 多处。它是长江下游地区重要经济带城市，三大创新制造业城市之一，鄱阳湖生态经济区核心城市。

南昌地处江南，水陆交通发达，形势险要，自古就有“襟三江而带五湖”之称。南昌具有“西山东水”的自然地势，是一座名副其实的东方水城，拥有异常丰富的水资源。城市因水而发，缘水而兴，南昌古民谚就有“七门九洲十八坡，三湖九津通赣鄱”之说。

2. 景德镇

景德镇坐落在江西省东北部，黄山、怀玉山余脉与鄱阳湖平原过渡地带，是江西省第三大城市，是鄱阳湖生态经济区的重要组成部分，也是国家重要的山水生态历史文化名城。由于景德镇制瓷历史悠久，瓷器产品质地精良，对外影响大，所以有“瓷都”之别称。

景德镇市域春秋时属楚东境，秦为九江郡番县辖地，汉属豫章郡鄱阳县。宋真宗景德

元年（1004年）因镇产青白瓷质地优良，遂以皇帝年号为名置景德镇，并沿用至今。景德镇制瓷历史悠久，从汉朝开始烧制陶器，距今已有1 800多年，从东晋开始烧制瓷器，距今已有1 600多年。诗人陈志岁《景德镇》诗云："莫笑挖山双手粗，工成土器动王都。历朝海外有人到，高岭崎岖为坦途。"景德镇瓷器造型优美、品种繁多、装饰丰富、风格独特，以"白如玉，明如镜，薄如纸，声如磬"的独特风格蜚声海内外。青花、玲珑、粉彩、色釉，合称景德镇四大传统名瓷。薄胎瓷人称神奇珍品，雕塑瓷为中国传统工艺美术品。郑和七次下西洋，携带了大量瓷器，特别是景德镇瓷器，使中国陶瓷远销海外，声誉远播，也极大地推动了景德镇陶瓷的国际贸易，使得景德镇青花瓷名声大振，海外需求量大增。

3. 庐山

庐山（见图10-1）是中国江西省北部名山，位于九江市庐山市境内。它是世界级名山，以雄、奇、险、秀闻名于世，素有"匡庐奇秀甲天下"之美誉，与鸡公山、北戴河、莫干山并称四大避暑胜地。

庐山风景区总面积302平方千米，山体面积282平方千米，山势雄伟，东偎婺源鄱阳湖，南靠南昌滕王阁，西邻京九大动脉，北枕滔滔长江。传周代有匡氏兄弟七人上山修道，结庐为舍，因名庐山。名胜古迹有白鹿洞、仙人洞、观音桥、周瑜点将台、爱莲池、三叠泉瀑布、含鄱口等。山中牯岭，又名牯牛岭，以有大块岩石状如牯牛而得名。

庐山风景区大江、大湖、大山浑然一体，雄奇险秀，刚柔并济，形成了江西罕见的壮丽景观。"春如梦、夏如滴、秋如醉、冬如玉"，四季都充满魅力。历史上，司马迁、陶渊明、李白、白居易、苏轼、王安石、黄庭坚、陆游、朱熹、康有为、胡适、郭沫若等文学家、政治家、哲学家、艺术家都曾登临庐山，据统计，自晋代以来歌咏庐山的诗词歌赋有4 000余首。慧远于此始建东林寺，开创"净土法门"，后逐渐形成集佛、道、天主、基督、伊斯兰教于一身的宗教圣地。朱熹在此重建白鹿洞书院和爱莲池弘扬"理学"，建起教育丰碑。20世纪30年代，庐山曾是国民政府的"夏都"，体现出庐山作为政治名山的地位。庐山的历史遗迹，代表了中国历史发展的大趋势，处处闪烁着中华民族历史文化的光华，充分展示了庐山极高的历史、文化、科学和美学价值。

4. 井冈山

井冈山（见图10-2）位于江西省西南部，地处湘赣两省交界处的罗霄山脉中段，古有"郴衡湘赣之交，千里罗霄之腹"之说。它东临江西泰和、遂川两县，南邻湖南炎陵县，西靠湖南茶陵县，北接江西永新县，是江西省西南的门户。

图10-1　庐山

图10-2　井冈山

井冈山山高林密，沟壑纵横，层峦叠嶂，地势险峻。其中部为崇山峻岭，两侧为低山丘陵，从山下往上望，巍巍井冈山犹如一座巨大的城堡，五大哨口是进入“城堡”必经的“城关”，把守各哨口，有“一夫当关，万夫莫开”之势。井冈山风景名胜区的面积有333平方千米，约占全市总面积的32.4%。

井冈山有很多革命人文景观，是土地革命初期中国工农红军革命遗址最集中的地方。保存完好的革命旧居旧址有几十处，如茨坪革命旧址群、井冈山革命烈士陵园、大井毛泽东旧居、古城会议会址、白露会议会址等。井冈山的自然景观同样令人叹为观止，主要的景观类型有峰峦、山石、瀑布、溶洞、高山田园风光、次生原始森林和珍稀动植物、温泉等，具有雄、险、秀、幽、奇的特色。

5. 龙虎山

龙虎山（见图10-3）位于江西省鹰潭市西南20千米处，为世界地质公园、国家5A级旅游景区、国家森林公园、全国重点文物保护单位。整个景区面积220平方千米，属典型的丹霞地貌风景，龙虎山作为中国丹霞的一部分，于2010年被列入《世界遗产名录》，成为世界自然遗产。

图10-3　龙虎山

龙虎山为道教正一派的“祖庭”，位居道教名山之首，被誉为道教第一仙境，在中国道教史上有着承前启后、继往开来的地位和作用。龙虎山在鼎盛时期建有道观80余座、道院36座、道宫数个，是名副其实的“道都”。

（二）精品旅游线路与特色旅游项目

1. 红色旅游线路

瑞金—赣州—井冈山。

2. 陶瓷寻道旅游线路

景德镇—三清山—龙虎山。

3. 珍禽名山文化旅游线路

南昌—鄱阳湖—庐山。

4. 主要旅游节庆活动

有景德镇国际陶瓷文化旅游节、万寿朝仙会、江西民间艺术节、龙虎山文化旅游节、中国（赣州）客家文化节、“庐山之夏”文化艺术节等。

5. 主要地方特产和风味美食

（1）地方特产。

有景德镇陶瓷、李渡高粱酒、李渡毛笔、南昌玉雕、瓷板画、南昌茉莉银毫、绢扇、婺源墨、奉新土纸、万载花炮、宜春脱胎瓷器等。

（2）风味美食。

有江西梨瓜、南昌石头街麻花、芦蒿炒腊肉、三杯鸡、牛肉米粉、金线吊葫芦、原笼船板肉、石鱼炒蛋、沼阳鱼片、炸石鸡等。

二、安徽旅游亚区

安徽省，简称皖，省名由当时安庆、徽州两府首字合成，省会合肥。安徽位于中国华东，东连江苏、浙江，西接河南、湖北，南邻江西，北靠山东，总面积14.01万平方千米。

安徽省濒江近海，有八百里的沿江城市群和皖江经济带，内拥长江水道，外承沿海地区经济辐射。地形主要有平原、丘陵、山地。地跨淮河、长江、钱塘江三大水系。安徽省地处暖温带与亚热带过渡地区，淮河以北属暖温带半湿润季风气候，淮河以南为亚热带湿润季风气候，南北兼容。

安徽省是长三角的重要组成部分，处于全国经济发展的战略要冲和国内几大经济板块的对接地带，其经济、文化与长江三角洲其他地区有着历史和天然的联系。安徽文化源远流长，由徽州文化、淮河文化、皖江文化、庐州文化四个文化圈组成。

（一）主要旅游城市及景区、景点

1. 合肥

合肥，古称合淝、庐州、庐阳，安徽省省会，位于安徽中部，长江淮河之间、巢湖之滨，通过南淝河通江达海，具有承东启西、连接中原、贯通南北的重要区位优势，是全省政治、经济、文化、信息、金融和商贸中心，安徽第一大城市，全国重要的科研教育基地，皖江城市带承接产业转移示范区的核心城市。合肥地处中纬度地带，位于江淮之间，全年冬寒夏热，春秋温和，为亚热带湿润季风气候。

合肥自古为江淮间交通咽喉和物资集散地，有“中国科技城”之称，又是“三国故地”“包拯故乡”。市内的旅游点有三国张辽追袭孙权大军的古战场逍遥津公园、曹操为教士兵射箭所筑的教弩台、包公祠、包公园。包公祠是纪念北宋忠臣包拯的祠宇，始建于明代，重建于清代，这里曾是包公读书处。另有三河古镇、明教寺等著名景点。

2. 歙县

歙县是黄山市下属的一个县，位于黄山市东南部，与浙江省临安市、淳安千岛湖接壤，古称新安，始置于秦，北宋徽宗赐名徽州，是一座历史文化名城。徽州古城山环水绕，风景十分秀美，文物古迹十分丰富。

文房四宝中的歙砚和徽墨产自歙县，因此歙县有“墨都”之雅称。自唐朝以来，徽州（歙县）就成为全国文房四宝的重要产地之一，其代表作徽墨、歙砚、澄纸、汪笔均是文房四宝中的贡品和名品，备受文人墨客的青睐。此外，歙县还有“牌坊之乡”的美称，明清时期建造的石坊遍及全县各地，有250多座，在这些牌坊中，比较成规模的有棠樾牌坊群、许国石坊等。歙县的茶叶产量高居全国之首，其中“黄山毛峰”“顶谷大方”“黄山绿牡丹”“锦上添花”“海贝吐珠”等极品名茶被列为国家珍贵礼品。歙县还是我国四大枇杷产区之一，著名的三潭枇杷有“天上王母蟠桃，人间三潭枇杷”之誉。

歙县是徽文化的重要发祥地和徽商的起源地之一，曾孕育了朱熹、毕昇、王茂荫、吴承仕、黄宾虹、陶行知等大家，开创了新安画派、新安医学、徽派建筑、徽派盆景等诸多流派，徽剧、徽菜等蜚声中外，素有“东南邹鲁”“文化之邦”之美誉。

3. 黄山

黄山（见图10-4）位于安徽省南部黄山市境内（景区由黄山市直辖），为三山五岳中的三山之一，有“天下第一奇山”之美称，为道教圣地，遗址遗迹众多，传轩辕黄帝曾在此炼丹。徐霞客曾两次游黄山，他对黄山的评价被后人引申为“五岳归来不看山，黄山归来不看岳”。李白等诗人也在此留下了壮美诗篇。黄山也是中国最美的、最令人震撼的十大名山之一，国家级风景名胜区和著名的疗养避暑胜地，1985 年入选全国十大风景名胜，1990 年 12 月被联合国教科文组织列入《世界遗产名录》，是中国第二个被列为世界文化与自然双重遗产的景区。

图 10－4　黄山

日出、奇松、怪石、云海、温泉素称黄山“五绝”。黄山经历了漫长的造山运动和地壳抬升，以及冰川和自然风化作用，才形成其特有的峰林结构。黄山群峰林立，共七十二峰，素有“三十六大峰，三十六小峰”之称，主峰莲花峰海拔高达 1 864.8 米，与平旷的光明顶、险峻的天都峰（海拔 1 829.2 米，为三十六大峰之一）并称黄山三大主峰，雄踞景区中心，周围还有众多千米以上的山峰，群峰叠翠，组合成一幅波澜壮阔、气势磅礴、令人叹为观止的立体画面。

4. 齐云山

齐云山（见图 10－5）古称白岳，位于黄山市休宁县城西 15 千米处，海拔 585 米，方圆 100 平方千米。境内有三十六奇峰、七十二怪岩，间以幽洞、曲涧、碧池、青泉，汇成胜境。

图 10－5　齐云山

齐云山是中国道教四大名山之一，与武当山一样，均供奉真武大帝，故有“江南小武当”之美称。齐云山道教沿革建筑很多，今全山有宫、殿、院、坛、阁等 108 处，道观 27 座，道房 12 处。齐云山的道教绘画、摩崖石刻和碑刻数以千计，几乎峰峰有题词、洞洞有刻铭，清代乾隆皇帝赞其为“天下无双胜境，江南第一名山”。道教之所以能在齐云山立足发展，很大程度上是因为迎合了当时社会尤其是徽州的民俗，因而此处的道教文化也具有鲜明的徽州地域文化特色。徽州文化的正统是儒家，特别是朱熹的理学思想，除此以外，宗教信仰与活动也是它的一个重要内容。徽州地区流行祖先神、行业神、自然神、乡土神等多神崇拜，与此相关的庙宇也终年香火旺盛。

5. 西递、宏村

皖南古村落——西递、宏村以其保存良好的传统风貌被列为世界文化遗产，这是世界上第一次把民居列入世界遗产。西递和宏村是安徽南部民居中最具有代表性的两座古村落，位于安徽省黟县境内的黄山风景区。它们以世外桃源般的田园风光、保存完好的村落形态、工艺精湛的徽派民居和丰富多彩的历史文化内涵而闻名天下。

图 10-6 宏村

宏村（见图 10-6）位于黟县县城东北角，始建于北宋，距今已有近千年的历史，原为汪姓聚居之地。古宏村人开仿生学之先河，规划并建造了堪称“中华一绝”的牛形村落和人工水系，统看全村，就像一只昂首奋蹄的大水牛，成为当今建筑史上的一大奇观。全村保存完好的明清古民居有 140 余幢，古民居鳞次栉比，其中以承志堂最为著名，它由清代盐商营造，为砖木结构楼房。整幢建筑气势恢宏，工艺精细，富丽堂皇，可谓皖南古民居之最。

西递是黄山市最具代表性的古民居旅游景点，坐落于黄山南麓，距屯溪 54 千米，距黄山风景区仅 40 千米，距黟县县城 8 千米。该村东西长 700 米，南北宽 300 米，居民 300 余户。因村边有水西流，又因古有递送邮件的驿站，故而得名“西递”。

6. 九华山

图 10-7 九华山

九华山（见图 10-7）是中国佛教四大名山之一，是“地狱未空誓不成佛，众生度尽方证菩提”的大愿地藏王菩萨的道场，也是我国著名的国际性佛教道场。

九华山古称陵阳山、九子山，因有九峰形似莲花，唐天宝年间改名九华山。九华山主体由燕山期花岗岩构成，以峰为主，盆地峡谷、溪涧流泉交织其中。山势嶙峋嵯峨，共有 99 峰，其中以天台、天柱、十王、莲花、罗汉、独秀等 9 峰最为雄伟。十王峰最高，海拔 1 344.4 米。

九华山的主要风景集中在约 100 平方千米的范围内，有九子泉声、五溪山色、莲峰云海、平冈积雪、天台晓日、舒潭印月、闵园竹海、凤凰古松等。山间古刹林立，香烟缭绕，古木参天，灵秀幽静，素有“莲花佛国”之称。现存寺庙 99 座，佛像万余尊。著名的寺庙有甘露寺、化城寺、祇园寺、旃檀林、百岁宫、上禅堂、慧居寺等，收藏文物达千余件。山中还有金钱树、叮当鸟、大鲵等珍稀动植物。

（二）精品旅游线路与特色旅游项目

1. 古城徽文化旅游线

歙县—黟县—西递—宏村。

2. 秀丽山水旅游线

黄山—花山谜窟—太平湖—九华山。

3. 民俗旅游线路

凤阳—巢湖—合肥—安庆—天柱山—齐云山。

4. 主要旅游节庆活动

有黄山国际旅游节、龙灯节、铜陵青铜文化节、九华山庙会、九华山地藏法会、黄梅戏艺术节、中国豆腐文化节等。

5. 主要地方特产和风味美食

（1）地方特产。

有宣纸、宣笔、徽墨、歙砚、龙舒贡席、羽毛扇、黄山毛峰茶、安徽祁红茶、屯溪绿茶、竹簧雕刻、芜湖铁画、凤阳画、界首陶瓷等。

（2）风味美食。

有亳州古井贡酒、砀山酥梨、符离集烧鸡、淮北口子酒、古桥陈醋、石耳炖鸡、方腊鱼、云雾肉、杏花村酒、三潭枇杷等。

三、江苏旅游亚区

江苏省，简称苏，省会南京，位于中国大陆东部沿海，北接山东，东濒黄海，东南与浙江和上海毗邻，西接安徽。江苏跨江濒海，湖泊众多，地势平坦，地貌由平原、水域、低山丘陵构成，地跨长江、淮河两大水系。

江苏属东亚季风气候区，处在亚热带和暖温带的气候过渡地带，气候同时具有南方和北方的特征。江苏是全国唯一一个所有地级市都跻身百强的省份。江苏省的人均 GDP、综合竞争力、地区发展与民生指数（DLI）在我国各省中均排第一，成为中国综合发展水平最高的省份，已步入“中上等”发达国家水平。

（一）主要旅游城市及景区、景点

1. 南京

南京，战国时楚威王始置金陵邑，以为“王之地也”，简称“宁”，是江苏省省会、副省级城市。南京位于长江下游沿岸，是长江下游地区重要的产业城市和经济中心，中国重要的文化教育中心之一，也是华东地区重要的交通枢纽。南京旅游资源丰富，名胜古迹众多，旅游景点包括中山陵、侵华日军南京大屠杀遇难同胞纪念馆、夫子庙、南京长江大桥、明孝陵等。

南京又是十朝都会，“中国四大古都”之一，“衣冠文物盛于东南和都市大气之特色，有深厚的文化内涵，透露出几分儒雅之气，豪杰之风，斯文秀美，亢朗冲融”。同时，南京作为天下文枢所在，文化底蕴深厚，所谓“菜佣酒保也有六朝烟水气”。

2. 苏州

苏州，古称吴、吴都、吴中、东吴、吴门，现简称苏。苏州东邻上海，濒临东海，西抱太湖，背靠无锡，北濒长江，与南通隔江相望，南临浙江，与嘉兴接壤，所辖太湖水面紧邻湖州，东距上海市区 80 多千米，是江苏省的东南门户，上海的咽喉，苏中和苏北通往浙江的必经之地。

苏州物华天宝、人杰地灵，被誉为“人间天堂”“园林之城”。苏州素以山水秀丽、园林典雅而闻名天下，有“江南园林甲天下，苏州园林甲江南”的美称，又因其“小桥流水人家”的水乡古城特色而有“东方威尼斯”“东方水都（东方水城）”之称。现今的苏州已经成为“城中有园，园中有城”，集山、水、城、林、园、镇为一体，并将古典与现代完美结合的国际化城市。

苏州历史悠久，自有文字记载以来的历史已有 4 000 多年，公元前 514 年建城，隋开皇九年（589 年）始定名为苏州，以城西南的姑苏山得名，沿用至今。苏州是江苏省的经济、对外贸易、工商业和物流中心，也是重要的文化、艺术、教育和交通中心。

苏州旅游景点众多，旅游资源丰富，以园林与水乡古镇名闻天下。苏州园林是建筑、山水、花木、雕刻、书画的综合艺术品，集自然美和艺术美于一体，构成了曲折迂回、步移景异的画面。苏州古典园林堪称中国园林之最，有拙政园、狮子林、沧浪亭、留园、网师园等，苏州园林不仅数量多，且文化价值极高，已被联合国教科文组织列为世界文化遗产。苏州旅游景点除著名的苏州园林外，还有众多的古镇，如吴江区同里、震泽，昆山周庄、锦溪、千灯，常熟沙家浜、古里，太仓沙溪、浏河，吴中区甪直、光福、木渎、东山，高新区的镇湖等镇。

图 10－8 拙政园

3. 苏州园林

拙政园（见图 10－8）、狮子林、沧浪亭、留园统称“苏州四大名园”，代表了中国私家园林的风格和艺术水平，是不可多得的旅游胜地。有关皇家苑囿的记载，苏州园林中以春秋吴王夫差的姑苏台为最早；有关私家园林的记载，以东晋吴郡顾辟疆园为最早。唐宋时期，苏州园林日益增多，到明清时期达到空前的水平，现存的园林实物多属这一时期所建。现遗存的除四大名园外，还有网师园、环秀山庄、耦园、艺圃、畅园等。

拙政园，位于苏州市姑苏区东北街 178 号，是江南园林的代表，也是苏州园林中面积最大的古典山水园林。拙政园始建于明朝正德年间，以其布局的山岛、竹坞、松岗、曲水之趣，被胜誉为“天下园林之典范”“天下园林之母”，与承德避暑山庄、留园、北京颐和园齐名，是中国四大名园之一（首）、全国重点文物保护单位、国家级特殊游览参观点、世界文化遗产、国家 5A 级旅游景区，迄今为止全国集这几个称号为一身的仅拙政园一家。拙政园中现有的建筑，大多是清咸丰九年（1859 年）拙政园成为太平天国忠王府花园时重建的，至清末形成东、中、西三个相对独立的小园。

留园（见图 10－9）与北京颐和园、承德避暑山庄、苏州拙政园齐名。它坐落在苏州市阊门外，始建于明嘉靖年间，另有资料记载留园修建于明天顺四年（1460 年）。留园原为明代徐泰时的东园，清代归刘蓉峰所有，改称寒碧山庄，俗称“刘园”。清光绪二年（1876 年）又为盛旭人所据，始称留园。留园占地约 2 万余平方米，全园分为四个部分，在一个园林中能同时领略到山水、田园、山林、庭园四种不同景色：中部以水景见长，是全园的精华所在；东部以曲院回廊的建筑取胜，有著名的佳晴喜雨快雪之亭、林泉耆硕之馆、还我读书斋、冠云台、冠云楼等十余处斋、轩，院内池后立有三座石峰，居中者为名石冠云峰，两旁为瑞云、岫云两峰；北部展现乡村田园风光，并新辟了盆景园；西区则是全园最高处，有野趣，以假山为奇，土石相间，堆砌自然。

狮子林（见图 10－10）为苏州四大名园之一，至今已有 600 多年的历史，为元代园林的代表。园内假山遍布，长廊环绕，楼台隐现，曲径通幽，有迷宫一般的感觉。长廊的墙壁中嵌有宋代四大名家苏轼、米芾、黄庭坚、蔡襄的书法碑及南宋文天祥《梅花诗》的碑刻作品。

图 10－9　留园

图 10－10　狮子林

沧浪亭（见图 10－11）在江苏苏州姑苏区沧浪亭街 3 号，由宋代诗人苏舜钦于北宋庆历五年（1045 年）所建，以“沧浪濯缨”之典故命名，因作《沧浪亭记》。沧浪亭积水数十亩，旁有小山，高下曲折，与水相萦带。舜钦死，屡易主，曾归韩世忠家，俗名韩王园，由元迤明，废为僧居，旧有飞虹桥、濯缨亭、清香馆、翠玲珑、瑶华境界诸胜，明归有光、清宋荦皆有记，至今为吴中胜境。

图 10－11　沧浪亭

4. 太湖

太湖（见图 10－12）位于江苏省南部，长江三角洲的南部，全部水域在江苏省境内，湖水南部与浙江省相连。它是中国东部近海区域最大的湖泊，也是中国的第二大淡水湖（洞庭湖多年来随着湖面缩减已退为我国第三大淡水湖，鄱阳湖由原来的第二上升为第一，太湖由原来的第三上升为第二），是中国著名的风景区。太湖横跨苏州吴中、无锡滨湖、常州武进、宜兴市。

图 10－12　太湖

太湖风景名胜区景区面积 902.23 平方千米，含太湖水面 511.44 平方千米，由苏州市的木渎、石湖、光福、东山、西山、甪直景区，吴江区的同里景区，常熟市的虞山景区，无锡市的梅梁湖、蠡湖、锡惠、马山景区，宜兴市的阳羡景区等 13 个景区和无锡市的泰伯庙、泰伯墓 2 个独立景点组成。

太湖风景名胜区共有各种景源 1 046 处，包括全国重点文物保护单位 16 处、省级文物保护单位 52 处，中国历史文化名镇 5 个（同里古镇、角直古镇、木渎古镇等），中国历史文化名村 5 个（陆巷古村、明月湾古村等）和江苏省历史文化名镇 3 个（东山古镇、西山古镇、光福古镇）。太湖风景名胜区“湖不深而辽阔，山不高而清秀”，一派“平山远水”“山长水阔”的“吴中山水”景色。

（二）精品旅游线路与特色旅游项目

1. 南京古都旅游线路

中华门—雨花台—玄武门—中山陵—明孝陵—夫子庙—秦淮河。

2. 山水旅游线路

瘦西湖—何园—大明寺—金山—焦山—北固山。

3. 江南水乡园林旅游线路

太湖风景名胜区—周庄—寒山寺—苏州园林。

4. 主要地方特产和风味美食

（1）地方特产。

有雨花石、扬州玉雕、丝绸云锦、宋锦、苏扇、苏灯、苏绣、苏州湖笔、桃花坞木板年画、扬州刺绣、剪纸、工艺彩灯等。

（2）风味美食。

有苏州西瓜鸡、常熟叫花鸡、霸王别姬、小笼包、状元豆、盐水鸭、蒸饺、煮干丝、鸭血粉丝汤、南京板鸭、旺鸡蛋、什锦豆腐涝、太仓肉松等。

5. 主要节庆活动

有中国无锡吴文化节、江阴集场、寒山寺新年听钟声活动、中国南京国际梅花节、金陵灯会、中国扬州“烟花三月”国际经贸旅游节、中国盱眙国际龙虾节、中国（泰兴）银杏节、太湖鼋头渚国际烟花大会等。

四、浙江旅游亚区

浙江省，简称浙，省会杭州，位于中国东南沿海，东临东海，南接福建，西与安徽、江西相连，北与上海、江苏接壤，总面积 10.55 万平方千米。钱塘江是浙江境内最大的河流。

浙江地势由西南向东北倾斜，地形复杂。山脉自西南向东北成大致平行的三支。地跨钱塘江、瓯江、灵江、苕溪、甬江、飞云江、鳌江、曹娥江八大水系，由平原、丘陵、盆地、山地、岛屿构成。浙江省地处亚热带中部，属季风性湿润气候，自然条件较优越。

（一）主要旅游城市及景区、景点

1. 杭州

杭州位于我国东南沿海北部，是浙江省省会，副省级城市，浙江第一大城市，长三角南翼中心城市，长三角金融中心和浙江省经济中心，长三角第二大中心城市，华东地区第二大城市，是首批国家历史文化名城之一，浙江省政治、经济、文化、科教中心，我国东南沿海开发开放的重要窗口，也是我国最著名的旅游城市之一。“上有天堂，下有苏杭”，表达了古往今来人们对这座美丽城市的由衷赞美。元朝时，杭州曾被意大利旅行家马可·

波罗赞为“世界上最美丽华贵之城”。

杭州历史悠久，自秦设县治以来，已有 2 200 多年的历史，也是中国古都之一。杭州有多个旅游景点入选中国世界纪录协会世界纪录，创造了一批世界之最、中国之最。2011 年 6 月 24 日，杭州西湖文化景观被正式列入《世界遗产名录》，并且是目前中国入选世界遗产中唯一一处湖泊类文化遗产，也是世界遗产中少数几个湖泊类文化遗产之一。

杭州西湖龙井、狮峰、天竺、灵隐群山，盛产西湖龙井茶。茶乡有“女采茶，男炒茶”的习俗。妇女们心灵手巧，采得快，采得好；男人身强力壮，手有劲，炒茶有抖、带、挤、甩、挺、拓、扣、抓、压、磨十法，全靠手上功夫。“八月十八潮，壮观天下无”，每年农历八月十八日，在萧山钱江观潮度假村举行国际钱江观潮节。游客不仅可以在此欣赏举世奇观钱江潮，更可参与一系列文化体育和旅游活动。杭州西湖国际博览会始于 1929 年，与芝加哥世界博览会、巴黎世界博览会和费城世界博览会一起被公认为四大国际性盛典。首届博览会总共展出国内外物品 14.76 万件，堪称当时中国物品的总汇。

杭州的著名景点有：西湖、西溪湿地、千岛湖、天目山、灵隐寺、六和塔、河坊街等。

2. 绍兴

绍兴古称“会稽”，是世界文化名城，也是春秋越国、吴越国、南宋等的都城，有“华夏风流”“国之东门”“泱泱大邦”“商贾巨富”“天上仙都”的美誉，表达了古往今来人们对这座华贵之城的由衷赞美。

绍兴位于浙江中北部、长三角南部，陆域总面积为 8 279.07 平方千米。绍兴是中华文明的重要起源地之一，物华天宝、人杰地灵、繁华富庶，又兼具王城气度和风流气质，堪称中国城市美学的典范。

绍兴地理位置极其优越，通江达海，有绍兴港，且离周边各大港口等距，是理想的物流交通中转集聚地。

绍兴的著名景点有：鲁迅故里、镜湖湿地、古城、东湖、兰亭、沈园、唐诗之路、会稽山等。

3. 西湖

杭州西湖（见图 10－13）位于杭州市中心，旧称“武林水”，也称“西子湖”。其三面环山，面积约 6.5 平方千米，南北长约 3.2 千米，东西宽约 2.8 千米，绕湖一周近 15 千米。湖中被孤山、白堤、苏堤、杨公堤分隔，按面积大小分别为外西湖、西里湖（又称“后西湖”或“后湖”）、北里湖（又称“里西湖”）、小南湖（又称“南湖”）及岳湖五片水域，其中外西湖面积最大。孤山是西湖中最大的天然岛屿，苏堤、白堤越过湖面，小瀛洲、湖心亭、阮公墩三个人工小岛鼎立于外西湖湖心，夕照山的雷峰塔与宝石山的保俶塔隔湖相映，由此形成了“一山、二塔、三岛、三堤、五湖”的基本格局。

4. 莫干山

莫干山（见图 10－14）为天目山之余脉，位于浙江省北部湖州市德清县境内，是美丽富饶的沪、宁、杭金三角的中心，也是国家级风景名胜区。莫干山因春秋末年吴王阖闾派干将、莫邪在此铸成举世无双的雌雄双剑而得名，是中国著名的度假休闲旅游及避暑胜地。莫干山山峦起伏，风景秀丽多姿，它虽不及泰山之雄伟、华山之险峻，却以绿荫如海的修竹、清澈不竭的山泉、四季各异的迷人风光称秀于江南，享有“江南第一山”之美誉。莫干山素以竹、云、泉“三胜”和清、静、绿、凉“四优”而驰名中外。

图 10－13 西湖

图 10－14 莫干山

5. 大禹陵

大禹陵（见图 10－15）位于浙江绍兴城东南稽山门外会稽山麓，距绍兴城区约 3 千米，相传是我国古代治水英雄大禹的陵墓。周围群山环抱，奇峰林立，若耶溪潺潺东去，使大禹陵更显凝重、壮观。

图 10－15 大禹陵

大禹陵景区由禹陵、禹庙、禹祠三大部分组成。禹陵面临禹池，前有石构牌坊，过百米甬道，有“大禹陵”碑亭，字体敦厚隽永，为明嘉靖年间绍兴知府南大吉手笔。禹庙在禹陵的东北面，坐北朝南，是一处宫殿式建筑，始建于南朝梁初，其中轴线建筑自南而北依次为：照壁、岣嵝碑亭、午门、拜厅、大殿。建筑依山势而逐渐升高。禹祠位于禹陵左侧，为二进三开间平屋，祠前一泓清池，悠然如镜，名曰“放生池”。

6. 千岛湖

千岛湖位于浙江淳安境内（部分位于安徽歙县境内），是世界上岛屿最多的湖。千岛湖是新中国成立后因修水库大坝而形成的人工湖，其主要水源为安徽境内的新安江及其支流。由于上游注重环境保护，千岛湖水在中国大江大湖中位居优质水之首，被誉为“天下第一秀水”。

（二）精品旅游线路与特色旅游项目

1. 古城文化旅游线路

杭州—绍兴—宁波。

2. 秀水名江旅游线路

钱塘江—富春江—新安江—千岛湖。

3. 杭州名城旅游线路

西湖风景区—六和塔—灵隐寺—飞来峰—岳王庙—龙井。

4. 佛教山水风光旅游线路

舟山—普陀山—天台山—雁荡山—楠溪江。

5. 主要旅游节庆活动

有国际钱江观潮节、绍兴春季赏花大会、蒋村龙舟胜会、金华山国际黄大仙文化旅游节、余姚杨梅节、武义温泉节、西湖龙井开茶节、杭州西湖国际博览会、舟山国际沙雕节、温岭石文化旅游节、天台山云锦杜鹃节。

6. 主要地方特产和风味美食

（1）地方特产。

有昌化鸡血石、东阳木雕、杭州刺绣、白茶、龙井茶、浙江竹编、湖州羽毛扇、龙泉青瓷、瓯绣、西湖天竺筷、仿南宋官窑瓷、宁波草席、西湖手杖、善琏湖笔等。

（2）风味美食。

有杭州水蜜梨、西湖藕粉、对虾、杭白菊、金华火腿、龙井茶、白茶、西湖醋鱼、绍兴黄酒、龙井虾仁、宁波汤团、绍兴香糕、叫花童鸡等。

五、上海旅游亚区

上海是我国第一大城市，位居中国国家中心城市之首，是中国的经济、科技、工业、金融、贸易、会展和航运中心。上海位于中国大陆海岸线中部的长江口，拥有中国最大的外贸港口和最大的工业基地。上海与日本九州岛隔海相望，南濒杭州湾，西部与江苏、浙江两省相接。上海港的货物吞吐量和集装箱吞吐量均位居世界第一。

上海历史悠久，已有两千多年的历史，春秋时为吴国地，战国时为楚国春申君封邑，开始建城。“申城”是上海地区最早的城市。后来申城城址几经变迁，地名也经过多次更改，到三国时期，城址于佘山附近固定了下来，并更名为“华亭”，唐朝设县，同时华亭县北部的上海镇也逐渐发展起来，后在宋、元、明、清都有所发展。晚清鸦片战争后，上海的民族工业迅猛发展，自由开放的环境也吸引了全国乃至全世界大量人口涌入，至 20 世纪初时，上海成为当时中国的经济文化中心以及亚洲的金融贸易中心。1927 年设特别市。现为中国四个直辖市之一。

上海市虽缺乏山水景色，且古迹不多，但在我国旅游业中占有举足轻重的地位。上海航空、水运、铁路和公路交通四通八达，是中国主要的进出口岸，是国内外游客的重要集散地。上海是我国最大的商业中心，购物旅游十分方便，加之繁华的都市风貌，使其成为国内外旅游的主要目的地之一。上海经济文化发达，也是我国重要的国内旅游客源地。

上海是中国会展之都，展会数量居全国首位，特别是 2010 年在上海举行的第 41 届世界博览会，极大地增强了上海对国内外游客的影响力。上海又是世界体育之都，世界最高级别的单项常驻赛事几乎都落户上海。

上海的旅游资源以人文景观为主，主要的旅游景点有：豫园、玉佛禅寺、龙华寺、鲁迅故居、鲁迅墓、中共一大会址、徐光启墓、宋庆龄墓、淀山湖、崇明岛、外滩等。

（一）主要景区、景点

1. 豫园

坐落在上海市黄浦区的豫园（见图 10－16）是明朝时期的私人花园，它充分展现了中国古典园林的建筑与设计风格，已经成为到上海观光的国内外游客常去的游览胜地。

豫园位于上海老城厢东北部，北靠福佑路，东临安仁街，西南与老城隍庙、豫园商城相连。豫园为“全国四大文化市场”之一，与北京潘家园和琉璃厂、南京夫子庙、济南英雄山文化市场齐名。它是老城厢仅存的明代园林。园内楼阁参差，山石峥嵘，湖光潋滟，素有“奇秀甲江南”之誉。

豫园始建于明朝嘉靖年间，距今已有 450 多年的历史。豫园占地面积约 2 万平方米，园内有三穗堂、快楼、得月楼、玉玲珑、积玉水廊、听涛阁、涵碧楼、内园静观大厅、古戏台等亭台楼阁以及假山、池塘等 40 余处古代建筑，设计精巧、布局细腻，以清幽秀丽、玲珑剔透见长，具有小中见大的特点，体现了明清两代南方园林建筑艺术的风格，是江南古典园林中的一颗明珠。

2. 外滩

外滩（见图 10－17）位于上海市中心黄浦区的黄浦江畔，周围有位于黄浦江对岸浦东的东方明珠、金茂大厦等地标景观，是去上海观光的游客的必到之地。

外滩又名中山东一路，全长约 1.5 千米，位于浦西，东临黄浦江，西面为哥特式、罗马式、巴洛克式、中西合璧式等 52 幢风格各异的大楼，被称为“万国建筑博览群”。黄浦江是流经上海市区最大的河流，黄浦江源头在浙江安吉龙王山自然保护区内。由于黄浦江通江接海，受到潮汐影响，因此每天都有明显的涨潮和退潮现象，一天内的水位落差可达 4 米以上，如遇天文大潮，水位落差就更大。

图 10－16　豫园

图 10－17　外滩

上海外滩面对开阔的黄浦江，背倚造型严谨、风格迥异的建筑群，其独特的地理位置及近百年来在经济活动领域对上海乃至中国的影响，使其具有十分丰富的文化内涵。外滩的主要观光点包括黄埔公园、外白渡桥、十六铺、城市雕塑群、陈毅广场、观光隧道、瀑布钟和情人墙。此外，现代化的东方明珠广播电视塔和杨浦大桥也是外滩的主要游览地。

（二）精品旅游线路与特色旅游项目

1. 现代都市风貌旅游线路

人民广场—南京路—外滩—东方明珠广播电视塔—金茂大厦—上海科技馆—上海国际会议中心。

2. 宗教休闲旅游线路

龙华寺—玉佛禅寺—佘山。

3. 华东水乡园林旅游线路

城隍庙—豫园—嘉定孔庙—朱家角镇。

4. 主要旅游节庆活动

有上海龙华庙会、上海桂花节、上海旅游节、上海桃花节、上海国际茶文化节、青浦国际龙舟赛、上海国际花卉节、上海国际艺术节、中国国际旅游交易会。

5. 主要地方特产和风味美食

（1）地方特产。

有上海丝绸、蓝印花布、嘉定竹刻、佘山兰笋、崇明水仙花等。

（2）风味美食。

有上海水蜜桃、蟹壳黄、糟田螺、南翔小笼馒头、鸡肉生煎馒头、开洋葱油拌面、擂沙圆、排骨年糕、高桥松饼、糖炒栗子、城隍庙五香豆等。

活动训练

思考如何推介华东旅游区的旅游资源，选择一个旅游景区（点）向身边同学进行介绍。

能力训练任务

整理苏州市主要旅游景区（点），用 PPT 向同班其他小组推荐苏州的特色旅游资源。

素养园地

中国共产党第一次全国代表大会会址

习题

1. 简述华东旅游区的旅游地理环境特征。
2. 简述华东旅游区的旅游资源特色。
3. 简述华东旅游区的主要旅游线路。
4. 比较上海、杭州、南京、苏州等城市的旅游资源差异。

项目十一 岭南旅游区（闽粤琼台港澳）

任务一 岭南旅游区旅游特色

学习任务

能力目标：根据岭南旅游区特有的地理环境和旅游资源特色，初步学会旅游线路的设计

知识目标：掌握岭南旅游区旅游资源的基本特征和各重要旅游点的概况，熟悉岭南旅游区的旅游地理环境、重点旅游城市及主要旅游线路

素养目标：掌握岭南旅游区主要旅游胜地的地理分布和特点，并能够在地图上把主要旅游胜地标注出来

岭南旅游区位于我国南部。岭南是指五岭之南。五岭由越城岭、都庞岭（一说揭阳岭）、萌渚岭、骑田岭、大庾岭五座山组成，大体分布在广西东部至广东东部和湖南、江西等省交界处，是中国江南最大的横向构造带山脉，是长江和珠江两大流域的分水岭。岭南旅游区包括五岭以南、武夷山以东的闽、粤、琼三省和港、澳、台三地区及东南海域中属于我国的诸多岛屿。

一、旅游地理环境

（一）区位环境

本区主要包括福建、广东、海南三省和港、澳、台三地区。该区位于我国南部，有热带和南亚热带山海风光，是我国冬季的避寒胜地，也是著名的侨乡。区内海岸线漫长，多优质沙滩，是旅游休闲的理想之处。因在历次地壳运动中受褶皱、断裂和岩浆活动的影响，岭南地貌呈现出山地、丘陵、台地、平原交错，且山地较多，岩石性质差别较大，地貌类型复杂多样的特点。岭南河流众多，具有流量大、含沙量少、汛期长、径流量大等特点。岭南自然风光婀娜多姿，既有气势磅礴的山峦，也有水网纵横的平原；既有岩溶洞穴，也有川峡险滩，更有海天一色的港湾风光。本区交通便利，航空、铁路、公路、水路四通八达。

（二）自然地理环境

1. 典型的热带、亚热带季风气候和丰富的水资源

岭南旅游区位于我国纬度最低的地区，受临海的地理位置和地形特征的影响，形成了

典型的热带、南亚热带季风气候。该区大部分地区年平均气温在20℃以上，最冷月的平均温度也在10℃以上，居全国之冠。岭南地区四季交替不明显，长夏无冬，秋去春来，一年四季皆适于旅游，更是我国避寒、冬泳的好地方。

本区濒临热带海洋，水汽来源丰富，同时受地形的影响，具备各种降水的条件，是全国雨量最充沛的地区。本区降水季节分配，除台湾东北部为冷季多雨外，大部分地区70%～80%的降水量集中在5～10月，年均降水量为1 000～2 000毫米。

珠江和闽江是岭南最大的两条河流。珠江是西江、东江、北江三条河流的总称，是我国第五长河，流量仅次于长江，约为黄河的7倍，全年均可通航。闽江是闽浙丘陵地区最大的河流。台湾有浊水溪，著名的旅游胜地日月潭的水源就来自浊水溪上游。广东境内有温泉230多处，有著名的从化温泉、和平温泉、龙川温泉等。福建有温泉150多处，多集中于福建南半部，福州市因有一条南北长5千米、东西宽1千米的温泉带而素有"温泉之都"的美誉。台湾有100多处温泉，著名的有阳明山、北投、关子岭、四重溪等处的温泉，水温一般为50℃～70℃，水中含有硫黄等物质，景区风景秀丽，是旅游和疗养胜地。

易受台风影响是岭南气候的重要特色。袭击我国的台风，80%在岭南沿海登陆，其中在广东、海南登陆的有近1/2，在台湾登陆的占1/4。台风在5～11月活动较频繁。台风雨占岭南降水量的10%～20%，是导致岭南水灾、风灾的重要原因。

2. 地形地貌齐全，海岸曲折，岛屿众多

本区地形地貌类型齐全，山地、丘陵、平原各地都有分布，以丘陵、山地为主，丘陵占总面积的3/4以上，有南岭山脉、武夷山脉、台湾山脉和五指山等。本区西部和北部为武夷山脉、南岭山脉、云开大山山脉，海拔多在1 000～1 500米，是阻碍海风侵袭与海洋气流进入内陆的天然屏障。其中，南岭山脉分布在湘、桂、粤、赣边界，是珠江、长江水系的分水岭，对南北气流起一定的阻滞作用；武夷山脉绵亘于闽赣边境，是福建的天然屏障；台湾山脉由一系列近南北走向的山脉组成，最高峰玉山海拔为3 952米。

本区岛屿众多且类型多样，有大陆岛、海洋岛、火山岛和珊瑚岛。大陆岛较大的有台湾岛、海南岛、东海岛、海坛岛、东山岛。南海诸岛由东沙、西沙、中沙和南沙等四组群岛组成，多属珊瑚礁岛类型。蓝天、大海、椰子树和礁岛组成南海独特的热带海洋风光。本区平原多分布在河流下游和沿河两岸。

本区面积较大的平原有广东珠江三角洲和台湾西部平原。珠江三角洲河道密布，一派水乡泽国风光。

（三）人文地理环境

1. 社会经济

本区地理位置优越，经济发达。闽、粤两省，尤其是广东省开放已久，经济发展速度快。

岭南旅游区气候湿热，农业发达，物产丰饶。珠江三角洲素有"鱼米之乡"的称号。平原、盆地以种植水稻为主，兼种多种经济作物，甘蔗是本区最重要的经济作物。海南岛是我国重要的热带经济作物生产基地。福建、台湾等地都生产龙眼、荔枝、菠萝、柚子等。其中荔枝、香蕉、龙眼、菠萝号称"南国四大名果"。岭南也是我国重要的海产捕捞与养殖基地。

2. 旅游交通

本区的旅游交通相当便捷。航空方面，闽、粤航空以广州、厦门和福州为枢纽连接国内外主要城市，香港有频繁的航班连接着世界各地。铁路运输以京广线、京九线、鹰厦线、峰福线为主干。海上运输有福州、厦门、广州、香港、高雄等大港口。珠江三角洲内河航运也占有相当重要的地位。香港是世界自由港，台湾交通也很便利，铁路、公路环绕全岛。

3. 岭南文化

岭南文化是悠久灿烂的中华文化的重要组成部分，是祖国文化百花园中的一枝奇葩。岭南文化务实、开放、兼容、创新。岭南先民遗址的出土材料证明，岭南文化为原生性文化。基于独特的地理环境和历史条件，岭南文化以农业文化和海洋文化为源头，在其发展过程中不断吸取和融汇中原文化与海外文化，逐渐形成自身特点。

从地域上来说，岭南文化大体分为广东文化、桂系文化和海南文化三大块，属于广东文化的广府文化、潮州文化和客家文化是岭南文化的主体。广州作为现阶段广府文化乃至整个岭南文化的中心，具有悠久的历史，其历史遗址文化、建筑文化、民俗文化、园林文化、商业文化、宗教文化等各种文化艺术，都贯穿着一种开放的人文意识，特别是变革意识、商业意识、务实意识和平民意识，反映出广州人的开放观念、兼容观念和改革观念。传统的文化艺术，从粤语、粤剧、广东音乐、广东曲艺、岭南书法、岭南画派、岭南诗歌、岭南建筑、岭南盆景、岭南工艺到岭南民俗和岭南饮食文化，都反映出岭南文化的丰富内涵和岭南独具一格、绚丽多姿的地方特色。

二、旅游资源特色

（一）丰富的热带、亚热带自然景观

岭南旅游区的自然植被为终年常绿热带雨林-季雨林和亚热带常绿阔叶林，其植被终年青绿，种类多，成分复杂。森林中林冠参差不齐，林中散生着巨树，特别是棕榈科植物，巨叶聚集于不分枝的顶，高高耸立在滨海、村落等地构成特殊外貌，成为岭南热带景观的标志。茎花、茎果现象在热带雨林中很普遍，波罗蜜、木奶果、青果榕等都是常见的茎花、茎果植物。

岭南旅游区还有不少野生动植物保护区，如福建武夷山、梅花山、莘口、建瓯万木林，广东和海南的火田、新港、五指山、青溪洞、鼎湖山等。它们除保护热带森林生态系统外，还重点保护着海南坡鹿、水鹿、长臂猿、疣猴、孔雀雉、黄腹角雉等珍稀动物。

（二）丰富的地貌旅游资源

本区地貌旅游资源丰富，既有以奇岩怪石为特色的花岗岩地貌，又有“丹山碧水”的丹霞地貌，海岸地貌、岩溶地貌的旅游价值亦很高。

1. 花岗岩地貌

本区花岗岩分布很广，在长期湿热的气候条件下，花岗岩球状风化突出，尤以闽东沿海和闽南山地为最。风化壳被剥蚀后地表露出许多球状石块，如厦门的日光岩和万石岩、泉州的清源山等。

2. 丹霞地貌

丹霞地貌发育在厚层砾岩、砂岩分布地区，此类岩石岩性坚硬，透水性强，垂直节理

比较发育。此类地貌主要分布在广东北部山地和福建武夷山区，以及国务院 1994 年公布的第三批国家级风景名胜区中的桃源洞、冠豸山等著名景点。

3. 海岸地貌

岭南大陆海岸多属于岩岸，有些岸段台地或山地受蚀形成海崖，崖前形成沙堤和海滩。在三亚海滨已开辟有亚龙湾、大东海等休闲度假浴场，它们被认为是世界最佳浴场之一。台湾西海岸是我国最为典型的平原砂质海岸，这里已开发了数以百计的海滨浴场。海南五指山南坡流出的河流携带着大量颗粒较粗的泥沙，在东南风浪、西南风浪的作用下，在三亚—莺歌海—昌化港一带西南海岸堆积成较宽的沙堤，是良好的海滩资源。生物海岸也是本区海岸地貌的一大特色，从福建的福鼎直到海南岛断续分布着红树林；台湾东海岸分布着断层海岸，是世界罕见的典型断层海岸；海蚀地貌在本区分布甚广，福建的海坛岛已被列为以海蚀地貌为主的国家级风景名胜区。

4. 岩溶地貌

本区的粤北、粤西、闽西都有岩溶地貌分布。它们大都发育在古生代石灰岩中，地质构造的演化及间歇性抬升，再加上流水的溶蚀、冲蚀和刻蚀作用，以及重力崩塌造就了以溶洞为主的岩溶地貌景观，较著名的有广东肇庆的星湖，福建永安的鳞隐石林、将乐的玉华洞、宁化的天鹅洞等。

（三）历史悠久的海上丝绸之路

前 138—前 115 年，张骞出使西域，开辟了横穿亚洲内陆的东西交通要道——丝绸之路。而海上丝绸之路是古代海上交通大动脉。自汉朝开始，中国与马来半岛就已有接触，尤其是唐代之后，来往更加密切，而双方交往的途径最方便的当然是航海，中西贸易也是利用此航道进行交易，这条海上通道在隋唐时运送的主要货物是丝绸，所以大家就把这条连接东西方的海上通道称作海上丝绸之路。到了宋元时期，瓷器渐渐成为主要的出口货物，因此，人们也把它叫作“海上陶瓷之路”。同时，由于输入的商品历来主要是香料，因此也把它称作“海上香料之路”。

（四）中外交融的特色文化和著名侨乡

岭南区开发历史比黄河流域、长江流域都晚，至唐宋仍被视为瘴疠之区，常作为失势官员的流放之所。唐末以后，全国经济中心南移，海上丝绸之路的发展推动了岭南地区经济和文化的繁荣，在中原文化和外国文化的影响下，该地区形成了独具特色的岭南文化。比如园林建筑，常吸收中原文化和江南园林艺术，也借鉴国外构园手法，如惠州西湖、广州的庭园等。民居、纪念性建筑也表现出以我国民族形式为主，兼容外国风格的特点。泉州开元寺古建筑及雕塑就融合了埃及、希腊、印度的造型艺术。

我国的华侨、华裔、旅外华人中，有 70%以上分布在东南亚各国，其祖籍和籍贯以粤、闽为最多。广东省华侨占全部华侨一半以上，福建次之，海南和台湾地区也是我国著名的侨乡。华侨热爱祖国、热爱家乡，常回祖籍地追根溯源，寻亲访友，并提供资金发展经济。拥有众多侨胞是岭南旅游区乃至全国旅游事业的有利条件。

（五）众多的现代化建筑和场所

岭南旅游区是我国经济高速发展的地区，随着城市化进程的不断加速，城市建设日新月异，高层建筑悄然崛起，成为城市风景的重要组成部分。本区的广州、深圳、香港、澳门、台北、福州、厦门等都是现代化国际性大都市，市内耸立着各种风格的高楼大厦，这些高楼大厦中分布着许多现代化商场和饭店酒楼，异地旅游者不仅可饱览城市风光，而且能充分满足购物的欲望。香港、澳门本身自然旅游资源较少，但现代化建筑和人工游乐场所却很多，同样吸引了世界各地的游客。

活动训练

小组活动训练：结合岭南旅游区的自然地理环境和人文地理环境，讨论本区的旅游资源特色。

能力训练任务

如何将岭南旅游区独特的旅游资源推销给外地游客？请设计出具有岭南特色的推介导游词。

任务二 区域旅游亚区概况

学习任务

能力目标：能根据岭南旅游区的旅游资源特色，对代表性旅游城市或景区（点）进行简单推荐和宣传

知识目标：掌握岭南旅游区内重点旅游城市及主要旅游线路和各旅游亚区的概况

素养目标：掌握岭南旅游区一些重要旅游资源的形成原因

一、福建旅游亚区

福建省，简称闽，省会福州，位于中国东南沿海，东隔台湾海峡与台湾相望。全省大部分属中亚热带，闽东南部分地区属南亚热带。福建气候温和，雨量充沛，森林覆盖率居全国首位。全省拥有较丰富的矿产资源和旅游资源。

（一）主要旅游城市及景区、景点

1. 厦门

厦门是福建省第二大城市，是福建省的一个副省级城市，1980 年设立经济特区。“厦门”寓祖国“大厦之门”之意，相传古时有白鹭栖息于此，故有“鹭岛”之称。厦门由厦门岛、鼓浪屿、内陆九龙江北岸的沿海部分地区以及同安等组成，分为思明区、湖里区、集美区、海沧区、同安区、翔安区六个行政区。其中，思明区、湖里区在厦门岛内。厦门地处亚热带，属海洋性气候，这里四季如春、花团锦簇、万木葱茏、古迹众多、市容整洁，素有“海上花园”之称，是我国东南沿海著名的旅游城市。

2. 鼓浪屿

鼓浪屿（见图 11－1）位于厦门岛西南隅，与厦门市隔海相望，与厦门岛只隔一条宽 600 米的鹭江，面积为 1.88 平方千米。岛上气候宜人、四季如春，主要观光景点有日光岩、菽庄花园、皓月园、毓园、环岛路、鼓浪石、博物馆、郑成功纪念馆、海底世界和天然海滨浴场等，融历史、人文和自然景观于一体。

鼓浪屿原名“圆沙洲”，别名“圆洲仔”，明朝改称“鼓浪屿”。岛西南方有一礁石，每当潮涨水涌，浪击礁石，声似擂鼓，人们便称其为“鼓浪石”，鼓浪屿因此而得名。屿上居民喜爱音乐，钢琴拥有率很高，因此鼓浪屿又被赞为“琴岛”。

图 11－1　鼓浪屿

3. 万石山

万石山在厦门市区东部狮山北麓，是鼓浪屿-万石山国家级风景名胜区的重要组成部分，景区内怪石遍布、林木繁茂、文物荟萃。主要旅游点有万石岩、太平岩、醉仙岩、厦门园林植物园、新碑林和虎溪岩等。

厦门园林植物园是独具一格的公园和植物园的结合体，辟有棕榈、竹类、兰花、盆景、药用植物等 20 多个植物区、圃和展览室，栽培着数以万计的热带、亚热带植物。其将自然景观、科研保育与文旅创新深度融合，是生态旅游与科普教育的标杆景区。

4. 福州

福州，简称“榕”，福建省省会，东有鼓山，西北有福山，西有西湖，南绕闽江。北宋时，全城遍植榕树，故有“榕城”的美称。福州开发历史悠久，于公元前 202 年建城，已有 2 200 多年的历史，是中国东南沿海重要城市、中国历史文化名城。1946 年设市，历史上长期作为福建的政治中心。福州既是中国东南沿海重要的贸易港口和海上丝绸之路的门户，也是重要的文化中心。

5. 鼓山

鼓山耸立于福州东郊、闽江北岸，人说“到了福州没上鼓山等于没来福州”。鼓山最高峰海拔 998 米。相传因山顶有一巨石，其形如鼓，逢风雨大作时便会发出鼓声而得名。它不仅是福州著名的景点，还是一个佛教大丛林，驰名南洋。鼓山景区以古刹涌泉寺为中心，东有回龙阁、灵源洞等 20 多个景点；西有洞壑数十个，其中的十八景尤著，如达摩面壁、仙猿守峡等；南有罗汉台、香炉峰等 50 多景；北有绝顶峰、白云洞等 45 景。

6. 武夷山

武夷山位于闽赣两省交界沿线，全长 500 余千米，最高峰黄岗山海拔 2 158 米，是我国东南地区最高峰。武夷山（见图 11－2）风景名胜区主要景区方圆 70 平方千米，属典型的丹霞地貌，是全国 200 多处丹霞地貌中发育最为典型者，素有“碧水丹山”

图 11－2　武夷山

之美誉，是首批国家级风景名胜区之一，于1999年12月被联合国教科文组织列入《世界遗产名录》，且为文化与自然双重遗产。古人说它“水有三三胜，峰有六六奇”，被誉为“奇秀甲东南”。武夷之美在于山，山色因地热氧化而呈红褐色，山形因挤压而倾斜。

武夷山风景名胜区内有36峰、72洞、99岩及108景点，不仅全年有景、四季不同，而且随着阴晴风雨的变化，其山川景色亦变幻莫测、瑰丽多姿。现全区分为武夷宫、九曲溪、桃源洞、云窝、一线天-虎啸岩、天心岩、水帘洞七大景区。武夷山风景的精华在九曲溪，它以“曲曲山回转，峰峰水抱流”的九曲之胜而闻名，武夷山中最著名的山峰和高插于悬崖峭壁上的神秘悬棺都在九曲溪边。景区内还有遇林亭、宋代瓷窑遗址、武夷宫等游览景点，极具人文价值；还有世所罕见的动植物，是国家级自然保护区。

7. 冠豸山

冠豸山（见图11-3）以其主峰形似古代獬豸冠而得名，位于福建连城县城东郊1千米处。景区方圆123平方千米，集山、水、岩、洞、泉、寺、园诸神秀于一身。冠豸山风景雄奇、清丽、幽深，与武夷山同属丹霞地貌，被誉为“北夷南豸，丹霞双绝”。主要景点有石门湖、雄峙天半、半云亭、龟山、五老峰等。山上留有许多摩崖石刻、楼台亭阁及书院等人文景观，最为珍贵的是林则徐登临冠豸山题书的横匾“江左风流”和纪晓岚题写的“追步东山”等墨宝。

8. 福建土楼

福建土楼（见图11-4）包括闽南土楼和一部分客家土楼，总数3 000余座。风格奇异的土楼散布在闽西的永定、武平、上杭及闽西南的南靖、平和、华安、漳浦。最为著名的是永定的客家土楼，其造型、装饰和建造工艺世所罕见。

图11-3 冠豸山

图11-4 福建土楼

土楼俗称“生土楼”。它以生土作为主要建筑材料，掺上细沙、石灰、竹片、木条等，经过反复揉、舂、压，具有良好的韧性和耐久性。楼顶覆以火烧瓦盖，经久不损。土楼高可达五六层，供三代或四代人同楼聚居。聚族而居既体现了根深蒂固的中原儒家传统观念，更满足了聚集力量、共御外敌的现实需要。

福建土楼依山就势，布局合理，吸收了中国传统建筑规划的“风水”理念，适应聚族而居的生活和防御的要求，巧妙地利用了山间狭小的平地和当地的生土、木材、鹅卵石等建筑材料，是一种自成体系，具有节约、坚固、防御性强等特点，又极富美感的生土高层建筑类型。土楼若依形状分类，可分为圆楼、方楼、五凤楼等类型。另外，还有变形的凹字形、半圆形、八卦形。其中，以圆楼与方楼最常见，二者也常常并存。

9. 湄洲岛妈祖庙

湄洲岛妈祖庙（见图 11－5）在世界妈祖文化中拥有至高无上的地位和影响力，是建设年代最久远的妈祖庙。

图 11－5　湄洲岛妈祖庙

妈祖原名林默（960—987 年），因生前出海救助过不少渔民和商船，死后被封为“海神”。历代朝廷还敕封她“天妃”“天后”“天上圣母”等尊号。湄洲岛是妈祖的故乡，这里的妈祖庙被尊称为“天后宫湄洲祖庙”。此庙建于宋雍熙四年（987 年），即林默逝世的同年，初仅数椽，后经历代扩建，日臻雄伟。如今的妈祖庙雕梁画栋，金碧辉煌，成为全世界华籍海员顶礼膜拜和海内外同胞神往的圣地。每逢农历三月二十三妈祖生日，庙宇内外人山人海，香火鼎盛。

（二）精品旅游线路与特色旅游项目

1. 精品旅游线路

（1）武夷山—九曲溪—厦门—鼓浪屿。

（2）武夷山—龙川大峡谷—十八寨—九曲溪—厦门。

（3）武夷山—九曲溪—大金湖—厦门—鼓浪屿。

（4）武夷山—天游峰—厦门—鼓浪屿。

（5）福州—武夷山—天游峰—厦门—鼓浪屿。

（6）武夷山—天游峰—厦门—永定。

（7）武夷山—九曲溪—福州—厦门—鼓浪屿。

（8）武夷山—九曲溪—天游峰。

（9）武夷山—福州—泉州—石狮—厦门—永定土楼。

2. 风味美食

闽菜起源于福建省闽侯县，是中国八大菜系之一。其中福州菜、厦门菜是闽菜的代表，但民间也根据地域划分为漳州菜、泉州菜、三明菜、邵武菜等类型。闽菜长于烹饪海鲜，除一般调味料外，还有虾油、虾酱、酸杏等。闽菜较突出“糟”味，有红糟、白糟等之别；注重清鲜、酸、甜、咸、香。宴席中最后一道菜一般都是时令青菜，取“清菜”之意。制汤则有“一汤十变”之誉。烹调方法上以溜、蒸、炒、煨、炖最为常见。著名的菜肴有佛跳墙、鱼丸、红糟鸡、闽生果、淡糟香螺片、鸡汤氽海蚌等。

3. 地方戏曲

福建的戏曲包括闽剧（福州）、芗剧（漳州）、梨园戏、高甲戏（泉州）、莆仙戏（莆田）、木偶戏（傀儡戏、布袋戏）及闽西汉剧等 23 个活态剧种。

二、广东旅游亚区

广东省，简称粤，省会广州，有 21 个地级市。广东与香港、澳门、广西、湖南、江西和福建等省区接壤，与海南隔海相望，是一个以汉族为主体的省份。

（一）主要旅游城市及景区、景点

1. 广州

广州简称穗，也称“羊城”，是广东省政治、经济、文化、交通中心，也是岭南最大的城市，地处中国大陆南部、广东省中南部、珠江三角洲北缘。珠江从广州市区穿过。广州隔海与香港、澳门相望，地理位置优越，是海上丝绸之路的起点之一，被称为中国的“南大门”。广州是岭南文化的中心，粤剧是最有代表性的地方剧，享有“南国红豆”的盛誉，流行于粤、港、澳和东南亚等地区。广东音乐源于广州和珠江三角洲，吸纳了中原古乐、江南小调和昆曲等的精华，与本地民歌、民谣相结合而成。岭南画派是现代中国画派之一。广雕、广彩、广绣驰名中外。粤菜是中国八大菜系之一，“食在广州”闻名天下。广州冬无严寒，夏无酷暑，四季鲜花常开，享有“花城”之誉。广州是我国对外贸易的重要口岸，春秋两季常在此举行中国出口商品交易会，因邻近港、澳，亦是国际旅游者进入我国内地的重要口岸。

2. 白云山

图 11－6　广州白云山

白云山（见图 11－6）在广州市北部，主峰摩星岭高 382 米，因常为白云所掩，故名白云山。白云山自古以来就是羊城有名的旅游胜地。白云山已建设成为国家级风景名胜区和旅游景区。目前白云山风景区从南至北共有 7 个游览区，依次是：麓湖游览区、三台岭游览区、鸣春谷游览区、摩星岭游览区、明珠楼游览区、飞鹅岭游览区及荷依岭游览区。区内有全国最大的园林式花园——云台花园，全国最大的天然式鸟笼——鸣春谷，全国最大的主题式雕塑专类公园——雕塑公园。黄花岗在白云山麓，1911 年 4 月 27 日孙中山领导的同盟会在广州发动了武装起义，起义失败后，死难烈士埋葬在这里，通称“黄花岗七十二烈士墓”。

3. 肇庆

肇庆是中国优秀旅游城市，有 1 000 多年的旅游历史。星湖、西江小三峡、德庆盘龙峡、封开大斑石、怀集燕岩、广宁竹海、四会贞山、鼎湖砚洲岛各具特色，其中星湖（含七星岩、鼎湖山两大景区）最负盛名。唐以来的七星岩摩崖石刻被誉为“千年诗廊”，与宋城墙、梅庵、德庆学宫、悦城龙母祖庙同为全国重点文物保护单位。

肇庆山川毓秀，物产丰饶，金、玉、木、石诸材俱备，能工巧匠辈出。端砚被誉为中国“文房四宝”中的珍品，位居四大名砚之首。七星岩形似北斗七星，环绕星湖。邻近星湖的山峰和洞穴多摩崖石刻，湖中又有湖堤、九曲回廊、水榭亭台装点，是我国著名的风景游览胜地。星湖东侧是颇负盛名的鼎湖山，相传黄帝曾铸鼎于此，因而得名，它是我国著名的南亚热带森林自然保护区。

4. 珠海

珠海区位优越，东邻香港，南与澳门陆路相接，拥有达到国际先进水平的机场和华南地区重要的深水港口——珠海港。随着港珠澳大桥、广珠铁路、广珠城际轻轨等一系列交通基础设施的兴建，珠海成为连接我国西南地区与港澳地区的交通枢纽和珠三角区域性中心城市。

珠海是海洋资源大市，是珠三角地区海洋面积和海岛面积最大、岛屿最多、海岸线最长的城市，海岸线长 691 千米。珠海拥有 146 个岛屿，有“百岛之市”的美誉。珠海特产有叠石蚝油、横琴鲜蚝、湾仔咸鱼、黄金风鳝、小托山橘、黄杨荔枝、对虾等。

5. 深圳

深圳又称“鹏城”，位于珠江三角洲东岸，东临大亚湾，西连珠江口，南与香港新界接壤，拥有进出香港最便捷的口岸。深圳隶属广东省，是我国第一个经济特区（1980 年 8 月 26 日经国务院批准正式设立），也是副省级城市、计划单列市。全市面积为 1 997.47 平方千米。深圳由边陲渔村发展成为具有一定国际影响力的新兴现代化城市，创造了举世瞩目的“深圳速度”。

深圳已建设成中国高新技术产业重要基地、金融中心、信息中心和华南商贸中心、运输中心及旅游胜地，是中国重要的海陆空交通枢纽城市。由于毗邻香港，市域边界设有全国最多的出入境口岸。深圳依山傍水，气候宜人，既有沙细水清的海滨，又有湖峰相映、莺飞鸟语的自然景色。

6. “锦绣中华”“世界之窗”景区

“锦绣中华”（见图 11－7）在深圳华侨城，占地 30 万平方米，坐落在风光绮丽的深圳湾畔，是目前世界上面积最大、内容最丰富的实景微缩景区，分为景点区和综合服务区两部分。82 个景点均按中国版图位置分布，大部分按 1∶15 的比例建造。这些景点可以分为三大类：古建筑类、山水名胜类、民居民俗类。毗邻“锦绣中华”的“中国民俗文化村”也是深圳一个重要的人造景点，包括民俗建筑、民居陈设、民间工艺品生产表演、民族风味小吃制作表演、民族歌舞表演、民族节日活动等。

“世界之窗”（见图 11－8）是继“锦绣中华”之后建造的又一微缩景区。其实物比例大于“锦绣中华”，因此更为逼真，共有世界五大洲的 118 个景点，绝大部分是世界之最，如金字塔、柬埔寨吴哥窟、巴黎凯旋门、梵蒂冈圣彼得大教堂、意大利比萨斜塔、美国科罗拉多大峡谷和尼亚加拉大瀑布等。

图 11－7　“锦绣中华”

图 11－8　“世界之窗”

（二）精品旅游线路与特色旅游项目

1. 精品旅游线路

（1）广东特色旅游线路。

领略广东历史文化的源远流长，体会现代经济大潮和生活时尚的崭新风貌，感受中国社会的未来走向。

线路设计：

1）中英街—明斯克航母世界—地王大厦。

2）锦绣中华、中国民俗文化村—欢乐谷。

3）石景山—珠海博物馆（九洲城）—珍珠乐园—珠海渔女雕像。

4）天河公园—光孝寺—广东省博物馆—长隆野生动物世界。

（2）广州经典旅游线路。

历史文化古迹一日游：以白云山为主题，以文化景点为主，体现白云山悠久的历史文化。

线路设计：云台花园—能仁寺—天南第一峰—云岩—广州碑林—双溪寺遗址—松风石—白云松涛—明珠楼、明珠女、黄婆洞。

2. 风味美食

广东的饮食天下闻名。广州菜是粤菜的代表，潮州菜以精致典雅著称，客家菜则以原汁原味见长。粤菜即广东菜，中国八大菜系之一，由广州、潮州、东江三地特色菜点发展而成。粤菜注意吸取各菜系之长，烹调技艺多样善变，用料奇异广博。在烹调上以炒、爆为主，兼有烩、煎、烤，讲究清而不淡、鲜而不俗、嫩而不生、油而不腻，有“五滋”（香、松、软、肥、浓）、“六味”（酸、甜、苦、辣、咸、鲜）之说。粤菜时令性强，夏秋尚清淡，冬春求浓郁。广东粥有滑鸡粥、鱼生粥、及第粥和艇仔粥。广东粉为沙河粉，软中带韧。广东面以“伊府面”最为有名。粤菜广采“京都风味”、“姑苏风味”和“扬州风味”之长，贯通中西，名扬海内外。粤菜中的经典菜式有红烧乳鸽、烧乳猪、白切鸡、卤水拼盘、护国菜、蜜汁叉烧、深井烧鹅、罗汉斋等。

3. 特色民俗

醒狮：舞狮有南北之分，南方以广东的醒狮（广东话中称舞狮为醒狮）表演最为有名，是广东各个节庆日中最常见的表演活动。狮子是由五彩布条制作而成的，每头狮子都由两个人合作表演，一人舞头，一人舞尾，在表演过程中，舞狮者要以各种招式来表现南派武功，非常富有阳刚之气。

木鱼歌：木鱼歌有着丰厚的文化积淀，是东莞打造“文化新城”的稳固基石，开创了东莞传统文化古为今用的新路子。

英歌：是潮汕具有代表性的民间广场情绪舞蹈，起源于明代中期，以梁山一百零八好汉为原型，素称“北有秧歌，南有英歌”。其中以潮汕的普宁、潮阳的英歌最著名。表演者持英歌棰或圆鼓，糅合武术、舞蹈等艺术形式，气势粗犷豪迈。

烧塔：烧塔是潮汕在中秋节开展的一项民俗活动，相传它是汉人反抗元朝末年残暴统治的起义信号。

烧龙：其中最有名的就是潮汕揭阳的乔林烧龙。人们会在节日的夜晚聚集在舞龙场，在鞭炮的巨响下观看烧龙表演。先是几十个年轻人举着燃烧的竹缆在场内奔跑，接着身上装满烟花的巨龙出场，舞龙者在场内舞龙，最后龙头开始喷火，龙身烧起来后则烟花齐放，锣声和鞭炮声响彻云霄，绚烂的火龙满场飞舞，场面十分壮观。

三、海南旅游亚区

海南的旅游资源十分丰富，且极富特色。在海南长达 1 900 多千米的海岸线上，沙岸占 50%～60%，沙滩宽数百米至 1 000 多米不等，向海面坡度一般为 5°，缓缓延伸。海水温度一般为 18℃～30℃，阳光充足，一年中多数时间可进行海浴、日光浴、沙浴和风浴。

海南岛有海拔 1 000 米以上的山峰 81 座，绵延起伏，山形奇特，气势雄伟。最著名的有乐东县尖峰岭、昌江县霸王岭、陵水县吊罗山和琼中县五指山四个热带原始森林区，其中以尖峰岭最为典型。沙滩、潜水、海鲜是三亚旅游度假的三大永恒主题。地处海南岛最南端的三亚，四季如夏，鲜花盛开，素有“东方夏威夷”之称。蜈支洲岛享有“中国第一潜水基地”的美誉，有中国保护最完好的生态珊瑚礁。

（一）主要旅游城市及景区、景点

1. 三亚市

三亚市位于海南岛最南端，古称崖州，也称鹿城，有大小港湾 19 个，是中国最南部的滨海旅游城市。其因三亚河有三亚东、西二河至此会合，呈“丫”字形，故取名“三亚”。三亚是一个黎族、苗族、回族、汉族多民族聚居的地区，是海南省南部的中心城市和交通通信枢纽，也是中国东南沿海对外开放黄金海岸线上最南端的重要对外贸易口岸。

三亚市旅游资源得天独厚，是海南省风景名胜最多且最密集的地方，在 263 千米的海岸线上，密布亚龙湾、大东海、鹿回头公园、天涯海角、海山奇观、南山文化旅游区等闻名中外的旅游景点。它不仅具备现代国际旅游五大要素——阳光、海水、沙滩、绿色植被、洁净空气，而且拥有河流、港口、温泉、岩洞、田园、热带动植物、民族风情等各具特色的旅游资源，在国内外堪称一绝。天涯海角、大小洞天、崖州古城、落笔洞、三亚古人类遗址等都蕴含着丰厚的历史文化。

2. 天涯海角

天涯海角（见图 11－9）原名下马岭，位于三亚市西郊 23 千米处。天涯海角风景区总体规划陆地面积 10.4 平方千米，海域面积 6 平方千米，背负马岭山，面向茫茫大海。这里海水澄碧，烟波浩瀚，帆影点点，椰林婆娑，奇石林立，水天一色。这里的花岗岩由于球状风化，又受海浪侵蚀而形成无数奇特的巨石散布在海滩上，成为石的世界。众多怪石中有两块巨石，分别刻着“天涯”和“海角”，字大如斗，民间传为苏东坡所书，实为清雍正年间崖州知州程哲所题。在“天涯”巨石左边，有一块状如钢柱的巨石，上刻有“南天一柱”四字，“天涯海角”背倚青山，面向大海，风光秀丽。每年这里都会举行中秋欢乐节和国际婚庆节。

3. 亚龙湾

亚龙湾（见图 11－10）位于三亚市东南 25 千米处，是海南最南端的一个半月形海湾，全长约 7.5 千米，是海南名景之一。亚龙湾沙滩平缓宽阔，浅海区宽达 50～60 米。沙粒洁白细软，海水澄澈蔚蓝，能见度达 7～9 米。海底有珊瑚礁、各种热带鱼、名贵贝类等。

这里年平均气温 25.5℃，海水温度 22℃～25℃，终年可游泳，被誉为“天下第一湾”，也被喻为“跌落在地上的天空”。

图 11-9 天涯海角

图 11-10 亚龙湾

4. 海口市

海口市是海南省省会，地处海南岛北部，北濒琼州海峡，隔 18 海里与广东省海安镇相望。海口市略呈长心形，地势平缓。海南岛最长的河流——南渡江从海口市中部穿过。这里是明代清官海瑞的故乡，建有海瑞之墓。北宋文学家苏东坡被贬到海南，因此在这里建有苏公祠。海口风光秀丽，名胜古迹众多，比较著名的有五公祠、海瑞墓、李硕勋烈士纪念亭、秀英炮台、海口人民公园、万绿园、假日海滩、金牛岭烈士陵园、滨海公园、石山火山群国家地质公园等。随着一些新景区相继建成，海口正在发展成为集观光游览、度假休闲、疗养健身、商务会展、文化娱乐于一体的多功能、综合型全国热带滨海旅游休闲胜地。

5. 东坡书院

东坡书院位于海南岛儋州市中和镇，是为纪念北宋大文豪苏东坡而建，初建于北宋，后经重修，明代更名为现名，为海南重要的人文胜迹之一。书院大门轩昂宏阔，院内古林幽茂，群芳竞秀。载酒亭、载酒堂、奥堂龛等建筑古色古香。东坡书院占地 25 000 平方米，1996 年入选全国重点文物保护单位。

（二）精品旅游线路与特色旅游项目

1. 精品旅游线路

（1）海口—万泉河—博鳌玉带滩—分界洲岛—大东海旅游区—南山佛教文化苑—亚龙湾中心广场—蝴蝶谷—海世界贝壳文化博物馆—文笔峰—海口。

（2）海口—博鳌亚洲论坛会址—博鳌玉带滩—黎村苗寨—蚩尤部落—兴隆热带植物园—兴隆小鱼温泉—分界洲岛—亚龙湾热带天堂森林公园—大、小东海旅游区—南山文化旅游区—天涯海角、南天一柱—椰梦长廊—亚龙湾中心广场—海世界贝壳文化博物馆—蝴蝶谷—文笔峰。

2. 风味美食

海南“四大名菜”是文昌鸡、嘉积鸭、和乐蟹、东山羊。港门粉产于三亚市港门地区，曲口海鲜产于东寨港，石山羊产于海口市琼山区羊山地区，临高乳猪产于临高，陵水酸粉产于海口市灵山镇，抱罗粉产于文昌抱罗镇，后安粉产于万宁后安镇，这些都是海南特色美食。

3. 民俗节庆

海南省的居民包括汉族、黎族、苗族、回族、彝族、侗族、瑶族等 30 多个民族。世居的有黎族、苗族、回族、汉族等族。千百年来，古朴独特的民族风情使海南岛的社会风貌丰富多彩，其中最具特色的便是黎族的生活习俗。

每逢农历正月十五，海口都会举行风情独具的换花节。每年农历二月份，海口市新坡镇和全省不少地方，都会举行冼夫人文化节（原称“军坡节”）。海南黎族、苗族都有欢度“三月三”的习俗，这也是黎族、苗族青年男女追求爱情和幸福的传统佳节。每年中秋，儋州都会举办民间歌节。歌节的主要活动内容包括儋州山歌、调声对歌比赛和赏月等。

另外，海南的节庆活动还有万宁文灯节、南山长寿文化节、海南热带雨林节、三亚国际啤酒节、三亚国际广告电视艺术节、天涯海角国际婚庆节、保亭七仙温泉嬉水节等。海南岛的重要赛事有环海南岛国际公路自行车赛、环海南岛国际大帆船赛等。

四、台湾旅游亚区

台湾位于中国东南沿海的大陆架上，西隔台湾海峡与福建相望。台湾岛是我国第一大岛，面积 3.6 万平方千米。其地貌复杂，处于太平洋火山地震带上，又有喀斯特地貌与海蚀地貌，故多山水胜境、火山群与温泉群。

台湾森林茂密，动植物资源丰富，更有“蝴蝶王国”之称。岛上文物资源丰富，如赤嵌楼、安平古堡、明延平郡王祠、指南宫凌霄宝殿、云林北港妈祖庙、台北与台南孔庙等。高山族总人口 60 万左右，分为阿美、泰雅、排湾、赛夏、布农、邹、鲁凯、卑南、雅美 9 个族群。

（一）主要旅游城市和景区、景点

1. 台北市

台北市为台湾省会、台湾第一大城市，位于台湾岛北部的台北盆地，四周均与新北市接壤，是台湾人口最多的城市，也是台湾政治、文化、商业与传播中心。台北市是台湾近代历史的发展舞台，集台湾文化与人文景观之大成。本区较著名的旅游点有 100 余处，以阳明山、北投温泉、台北“故宫博物院”和台北“历史博物馆”最为著名。

2. 日月潭

日月潭（见图 11－11）位于南投县鱼池乡水社村，是台湾唯一的天然湖，由玉山和阿里山之间的断裂盆地积水而成。湖面海拔 748 米，常态面积为 7.93 平方千米，湖周长约 37 千米。日月潭四周群山环抱，重峦叠嶂，潭水碧波晶莹，湖面辽阔，群峰倒映湖中，优美如画。

日月潭中有一小岛，远望好像浮在水面上的一颗珠子，故名“珠子屿”，后改名为“光华岛”，以此岛为界，北半湖形状如圆日，南半湖形状如弯月，日月潭因此而得名。湖面的涵碧楼是观赏湖光山色的最佳处，周围还有玄光寺、玄奘寺、慈恩塔、文武庙等胜迹。

3. 阿里山

阿里山（见图 11－12）位于台湾嘉义市东 75 千米处，海拔 2 000 米以上，东临玉山山脉，四周高山环列，气候凉爽，平均气温为 10.6℃。阿里山森林游乐区西靠嘉南平原，北界云林、南投县，南接高雄、台南县，总面积约 1 400 公顷。

阿里山的日出、云海、晚霞、森林与高山铁路，合称阿里山“五奇”。阿里山铁路有 100 多年的历史，是世界上仅存的三条高山铁路之一，途经热、暖、温、寒四带，景致迥异，搭乘火车如置身于自然博物馆。

图 11－11 日月潭

图 11－12 阿里山

4. 赤嵌楼

赤嵌楼（见图 11－13）位于台南市中区赤嵌街与民族路交叉口，初建于 1650 年，系荷兰人在镇压郭怀一起义抗荷的事件后所兴建的。荷兰人早期被称为“红毛”，所以赤嵌楼也叫作“红毛楼”，或称“番仔楼”。目前赤嵌楼是台南最具代表性的名胜，据说其建材皆由荷兰人自海外运来，荷兰人称其为普罗民遮城。郑成功在收复台湾以后，曾经改普罗民遮城为东都承天府，并以赤嵌楼作为全岛最高行政机构的驻地，隔台江与安平古堡相对。赤嵌楼具有十分重要的历史与文化价值。

5. 澎湖

澎湖（见图 11－14）扼台湾海峡西岸海上交通咽喉，位于台湾海峡中流。澎湖岛为火山熔岩台地，由澎湖本岛及周围 64 个岛屿组成，统称澎湖列岛。澎湖渔产丰富，品类繁多。桃色珊瑚和澎湖文石为其特产，可加工制成戒指、项链、耳环、领带夹等饰物。澎湖本岛与白沙岛、渔翁岛呈环状连接，三岛中间为著名的澎湖湾。澎湖县为台湾唯一全部由岛屿组成的县，东与云林、嘉义两岛相望，西与福建厦门相对。澎湖列岛以炽热的阳光、柔软的“星沙”、澄澈的海域、肥厚的仙人掌、罕见的玄武岩海景以及重要的战略地位，被评为“中国最美的十大海岛”之一。

图 11－13 赤嵌楼

图 11－14 澎湖

（二）精品旅游线路与特色旅游项目

1. 精品旅游线路

（1）台北都会之旅。

作为台湾第一大城市的台北市，自然是人们关注的焦点。那里有很多著名的观光景点，阳明山、台北“故宫博物院”、北海岸等是这条旅游线路的重点。

（2）东北角海岸之旅。

位于台湾东北隅的海岸，因受到海浪、风化与地壳隆升等影响，拥有海湾、岬角、海蚀地形、风化岩、悬崖峭壁等奇特的景观，是喜欢海边风韵的游客一定不能错过的线路。

（3）垦丁热带风情。

垦丁位于台湾最南端，那里四季如春、椰林摇曳，游客可在垦丁欣赏热带风光，开启海滨度假之旅。

（4）山岳之旅。

这条线路包括玉山、阿里山、合欢山等著名山岳。其中阿里山是著名的旅游胜地。

（5）太鲁阁大峡谷风光。

位于台湾东部花莲县的太鲁阁大峡谷，以雄伟壮丽、几近垂直的大理岩峡谷景观而闻名，是台湾东部不可多得的旅游胜地。

（6）东海岸生态之旅。

沿台湾东海岸可游览兰屿、绿岛、花东纵谷、秀姑峦溪，欣赏原生态景色。台湾东海岸被称为“台湾最后一块净土”。

（7）澎湖列岛之旅。

一首传唱多年的《外婆的澎湖湾》令人对澎湖充满向往，澎湖海鲜节、嘉年华、海上花火节、星光烤肉都吸引着旅行者在这里驻足。

（8）小镇古都之旅。

这条线路包括鹿港、埔里、台南等著名小镇，其中位于彰化县的鹿港古镇更因经典歌曲《鹿港小镇》而闻名。

（9）日月潭之旅。

被称为“台湾仙境”的日月潭风景区，既是台湾的标志，也是国际知名的旅游景点。

（10）金（金门）马（马祖）战地遗迹之旅。

沿这条旅游线路可以感受台湾“戒严时期”的战地景象。

2. 风味美食

台湾美食类似闽、粤，但有所变化而独具台湾特色：佐料常用沙茶、咖喱、花生酱等，甜味更重，多用清汤炖煮。风味小吃品种极多。台北新店溪碧潭香鱼，基隆豆签羹、甜不辣，桃园石门砂锅鱼头，台中菜根香原汁牛肉，新竹贡丸，嘉义四臣汤和香菇鱼翅羹，台南“棺材板”（油炸包馅面食），高雄六合夜市贝类海鲜及山河肉（大山鼠肉）等，都使人垂涎欲滴。

3. 民俗节庆

神猪竞赛：农历正月初六是清水祖师诞辰，每年的这天，人们都会聚集在三峡祖师庙举行隆重的祭祀活动。神猪竞赛是祭典活动的高潮。

炮轰寒单爷：在台东，每年正月十五元宵节，都要举行炮轰寒单爷活动。由多人抬着“椅轿”，上面站着一人扮演寒单爷，不畏四面鞭炮袭击，勇往直前。寒单爷是民间俗称的武财神，据说寒单爷怕冷，所以人们就放鞭炮为他驱寒。

放天灯：这是台北平溪一带重要的民俗活动。每年元宵节晚上在十分村施放。天灯又称孔明灯，相传由三国时的诸葛亮发明，至今已有近 1 800 年的历史。

神轿过火：每年元宵节都会在宜兰利泽举行“神轿过火”民俗活动，热闹非凡。

过火：农历二月十七，在台湾花莲吉安慈惠堂，进香客怀抱神像，赤足过火。人们相信参加这种仪式可驱除灾祸与病痛。

王船祭：台湾西港庆安宫的王船祭每三年举行一次，通常在农历四月中旬举行。烧王船是整个仪式的高潮。

普度：台湾各地都要举行普度，普度的祭品多为猪、鱼、鸡等。

基隆放水灯：农历七月十四夜，在台湾基隆八斗子望海巷海滨举行中元节放水灯的民俗活动，水灯飘得越远，预示家族越兴旺发达。

五、香港旅游亚区

香港是繁华的国际化大都市，1842—1997 年香港被割让及租借给了英国，1997 年 7 月 1 日，中国政府对香港恢复行使主权。香港地处珠江口以东，北接广东深圳市，南望广东珠海市的万山群岛，西临澳门特别行政区。

香港是国际上重要的金融、服务业及航运中心，也是继纽约、伦敦之后的世界第三大金融中心。香港是中西文化交融的地方，同时也是全球最安全、最富裕、最繁荣和生活水平最高的城市之一，有“东方明珠”、“美食天堂”和“购物天堂”等美誉。

（一）主要旅游景区、景点

1. 维多利亚港

图 11－15　维多利亚港

香港素有“东方明珠”的美称，是举世瞩目的海港城市。这里蓝天碧海、山峦秀丽，自然风光优美动人。香港的港口地理位置优越，是少有的天然良港。

香港的主要港口是维多利亚港（见图 11－15），它位于维多利亚海峡近岸，港区海底泥沙少，航道无淤积。维多利亚港水域辽阔，宽 1.3 千米，东西长约 10 千米，水域总面积 59 平方千米，港区平均水深为 12.2 米，同时靠泊 50 艘巨轮，万吨级的远洋巨轮可以全天候进出港口。港内有三个海湾和两个避风塘能躲风避浪。经过一百多年的开发与建设，维多利亚港现已成为世界著名的金融、交通与旅游购物中心和进入香港的门户。

2. 太平山

太平山位于香港岛西部，古称香炉峰、扯旗山，海拔 554 米，是香港岛的最高峰，自古以来就是香港的标志。山上空气清新、风景优美，有山顶公园。山顶缆车总站有一处瞭望台，是鸟瞰港岛全景、九龙半岛，欣赏香港夜景的最佳地点。太平山风光秀丽，现在是高级住宅区，也是人们到香港的必游之地。

3. 香港海洋公园

香港海洋公园（见图 11－16）是一个以海洋为主题的大型主题公园，位于香港南区的黄竹坑，1977 年 1 月 10 日落成启用。香港海洋公园分为山上和山下两部分，包括海洋天地、集古村、绿野花园、雀鸟天堂、山上机动城、急流天地、水上乐园、儿童王国八区。山上和山下有空中缆车相连。山下为水上乐园，是亚洲第一个水上游乐中心；山上是海洋公园的主要部分，有海洋馆、海涛馆、海洋剧场、百鸟居。海洋动物表演馆设有巨型水池，池周围有 3 500 个座位的看台，经过专门训练的海狮、海豚、虎鲸等海洋动物在导演的指挥下表演各种节目。海洋馆内有数百种海洋鱼类，各种鱼在海草和珊瑚礁之间游弋，色彩缤纷，犹如海底世界。

图 11－16　香港海洋公园

（二）精品旅游线路与特色旅游项目

1. 精品旅游线路

（1）三天两晚海洋线。

1）会展中心—金紫荆广场—香港海洋公园—太平山—浅水湾—黄大仙祠—星光大道—维多利亚港。

2）维多利亚港—星光大道—黄大仙祠—浅水湾—太平山—李小龙铜像—会展中心—金紫荆广场—香港海洋公园。

（2）三天两晚迪士尼线。

迪士尼乐园—黄大仙祠—星光大道—维多利亚港。

2. 风味美食

香港汇聚了世界各地的美食，各种口味的餐馆都有，尤以旺角、铜锣湾、尖沙咀东部和九龙城等地较为集中。香港的中国菜餐馆提供中国各地的特色佳肴，广东菜餐馆尤其多，其他地方菜包括潮州菜、湖南菜、四川菜、北京菜、上海菜等，还有讲究素淡的素菜。充满亚洲风味的餐馆遍布香港，辛辣的泰国汤、香浓的印度咖喱、诱人的韩国烧烤、清新的越南沙律卷、鲜美的日本寿司等特色美食，数之不尽。传统本地菜以广府菜、客家菜及潮州菜为主。盆菜则是新界原居民在节日时的传统菜。由于香港临近海洋，因此海鲜也是常见的菜品，亦发展出如避风塘炒蟹等特色菜肴。

3. 旅游节庆活动

香港有“亚洲盛事之都”的盛誉。在香港，每个月都有丰富的活动、比赛或节日，如亚洲艺术节、香港艺术节、香港国际电影节、香港食品节、艺穗节、香港国际龙舟邀请赛、网球公开赛等。

六、澳门旅游亚区

澳门包括澳门半岛和氹仔、路环两个离岛以及路氹城。全区面积 33.3 平方千米，人口 68.83 万人。其中，中国居民占全区总人口的 94.3%，葡萄牙籍及菲律宾籍居民占 5.7%。澳门东隔伶仃洋与香港相望，北与珠海毗连，与港、穗之间水路联系便利。

澳门是一个自由港，外汇不受管制，商品种类繁多，是个购物天堂，而且进出手续极为简便。澳门旅游业发达，旅游博彩业、出口加工业、金融业和建筑地产业是澳门现阶段经济的四大支柱。近年来，澳门政府财政收入的三成、税收的五成来自旅游博彩业。博彩业内容丰富，主要有幸运博彩、赛狗、回力球、赛马会及彩票等。澳门与蒙特卡洛、拉斯维加斯并称为世界三大赌城。每年的格兰披治大赛车是澳门最盛大的活动之一。

澳门自然旅游资源少，人文旅游资源既带有浓厚的东方文化色彩，又兼有西方文明的烙印。体现东西文化交融的历史建筑群是澳门最突出的旅游资源之一，“澳门历史城区”在 2005 年 7 月被列入《世界遗产名录》，成为我国第 31 处世界遗产。“澳门历史城区”以澳门旧城区为核心，通过相邻的广场和街道连为一体，包括 20 多处古建筑，是中国境内现存最完整和最集中的中西建筑互相辉映的历史城区。澳门的旅游景点主要有东望洋山（灯塔松涛）、卢廉若公园（卢园探胜）、妈祖阁、普济禅院、三巴圣迹、龙环葡韵、黑沙踏浪、大三巴牌坊等。

（一）主要旅游景区、景点

图 11－17 妈祖阁

妈祖阁（见图 11－17），又称妈阁庙，为澳门最著名的名胜古迹之一，初建于明弘治元年（1488 年），距今已有 500 多年的历史，是澳门三大古刹（妈祖阁、观音堂、莲峰庙）中历史最悠久的。

妈祖阁主要建筑有大殿、弘仁殿、观音阁等殿堂。庙内主要供奉道教女仙妈祖，又称“天后娘娘”“天妃娘娘”，人称其能预言吉凶，常于海上帮助商人和渔人化险为夷，消灾解难，于是福建人与当地人商议在现址立庙祀奉。每年除夕午夜开始，不少善男信女都会前来拜神祈福。

（二）精品旅游线路与特色旅游项目

1. 精品旅游线路

（1）大三巴牌坊—妈祖阁—主教山—盛世莲花—望海观音—渔人码头（威尼斯人度假村）。

（2）大三巴牌坊—妈祖阁—渔人码头（威尼斯人度假村）—环岛游等。

2. 风味美食

澳门烹饪吸收了广东地区的烹饪法。特色美食有肠粉、车仔面、烧腊、多士、咖啡、奶茶等。

3. 澳门的博彩业

澳门素有“赌城”“赌埠”之称，其博彩业已有一百多年的历史。1847 年已有赌博合法化的法令。1896 年 7 月 10 日起，葡萄牙禁止赌博，其博彩业长期处于法律的边缘。1937 年出现了专营赌场。1961 年 2 月，葡萄牙海外省颁布法令，准许澳门以博彩作为一种“特殊的娱乐”，强调博彩业对经济发展有很大的促进作用，从而使长期存在的澳门博彩业正式合法化。20 世纪 70 年代后，澳门虽然一改以博彩业维持经济的局面，但博彩业仍有重大发展，并对澳门经济产生了举足轻重的影响。

活动训练

1. 根据本区的旅游资源，试设计一条生态旅游线路或海滨旅游线路。
2. 设计几条海南旅游线路，并对这些线路进行包装和推介。

能力训练任务

对岭南旅游区的重点旅游城市、主要景区（点）进行概括性口头叙述，着重说出各旅游城市和景区（点）的特色，同时在地图上将所讲述的景区（点）的位置标记出来。

素养园地

“一国两制”

习题

1. 本区有哪些著名的丹霞地貌景观和花岗岩地貌景观？
2. 香港经济及旅游业发展的资源优势有哪些？
3. 分析澳门博彩业、旅游业的发展现状及前景。
4. 台湾主要的旅游资源有哪些？
5. 岭南旅游区发展旅游业有哪些优越条件？

项目十二 西南旅游区（滇黔桂）

任务一 西南旅游区旅游特色

学习任务

能力目标：能在实际工作中熟练运用西南旅游区的旅游知识
知识目标：了解西南旅游区的概况及旅游资源特色
素养目标：初步认识西南地区的旅游资源在全国旅游业中的地位和价值

一、旅游地理环境

（一）区位环境

西南旅游区地处我国西南边陲，包括云南、贵州和广西三个省区，是我国经济欠发达的边疆多民族地区。该区东、西、北三面分别与岭南旅游区、青藏高原旅游区和长江中上游旅游区相连，西南和南部与缅甸、老挝和越南相邻。本区内大多山高水急，交通不便，故在一定程度上保护了丰富多彩的民族文化和原始优美的自然风光。该区内少数民族众多，文化差异较大，以自然景观和民族风情旅游资源为主。

（二）自然地理环境

1. 以亚热带季风气候为主的多样气候类型

本区受纬度位置、大气环流和特殊地形条件的影响，气候复杂多样，地域差异非常显著。广西南部和云南西南部谷地为热带季风气候，广西盆地北部为南亚热带季风气候；云贵高原西部冬暖夏凉，为四季如春的亚热带高原气候；横断山地气候垂直差异较大，“一山有四季，十里不同天”是那里气候的真实写照。复杂多样的气候，形成了不同的自然景观。

2. 地形以高原、山地为主，岩溶地貌发育典型

西南地区属于我国地势的第二阶梯，地势起伏大，多数地面海拔在 1 500～2 000 米，最高的山峰玉龙雪山海拔达 5 590.2 米。该区跨滇西与滇南山地、云贵高原和广西丘陵盆地三大地貌单元，景观类型奇特多样。西部云贵高原的海拔大都在 1 000～2 000 米，地表崎岖不平，贵州素有“天无三日晴，地无三尺平”之说。同时，该区内还分布有许多断裂湖和高山跌水、瀑布等，如滇池、洱海、黄果树瀑布等著名的自然景观。

西南地区的岩溶景观，堪称世界上岩溶地貌发育最典型、最完美的自然博物馆。滇东和贵州两大高原均有大范围的碳酸盐类岩石分布，广西盆地分布有大面积的石灰岩，占整个自治区面积的51%，是我国碳酸盐类岩石分布范围最广、岩溶地貌发育最为典型的地区。该区的岩溶景观如孤峰、石林、峰丛、峰林、溶洞、天生桥、岩洞瀑布等多种多样，成为本区内非常珍贵的旅游资源，也是闻名于世的岩溶景观游览胜地。

3. 旅游资源类型丰富

西南地区跨北亚热带、中亚热带与南北热带，地形复杂，自然环境优美，滋生和孕育了种类众多的野生动植物。如广西有银杉、桫椤、金花茶、冷杉、望天树、铁杉等极具代表性的珍稀植物；广西还是全国闻名的水果之乡，柑橘、枇杷、荔枝、杧果等水果种类繁多。本区野生动物资源众多，其中以灵长类和鸟类资源最为丰富。贵州省的动物和植物种类也非常多，国家重点保护动物有197种，珍贵树种约占全国的一半。云南省拥有丰富的生物资源，集中了热带、亚热带、亚温带甚至寒带的所有生物品种，是全国植物类型最多的省份，素有“植物王国”、“动物王国”和“花卉王国”的美称。

西南地区的旅游资源类型丰富，不仅有发育典型的岩溶地貌旅游资源，而且有冰川雪峰、构造遗迹、高原草甸、河流瀑布等。该区内不同类型的旅游资源相互配合，形成了众多的风景名胜等。

4. 旅游资源地位突出

西南地区特殊的自然地理和人文环境，形成了独特的旅游景观资源，因而其旅游资源的价值与地位极高。贵州的黄果树瀑布气势磅礴，荔波、茂兰森林葱郁，遵义会议遗址、夜郎古国遗址、少数民族风情等人文景观也极为独特。云南有云南石林、三江并流、丽江古城和香格里拉美景，还有以昆明为代表的春城气候。在广西的旅游资源中，自然景观尤以桂林山水为代表的岩溶地貌最为著名，人文景观尤以壮族民歌会、太平天国起义旧址、百色起义旧址和灵渠等最为著名。

5. 旅游资源原生态特色显著

西南地区由于地形复杂，交通不便，受人类活动影响较少，所以自然旅游资源与人文旅游资源原生态特色明显。本区由于受区内的地形、地貌等因素的影响，拥有从热带到高山寒带的多种气候类型，使旅游者能在短时间和短距离内欣赏到多种自然生态景观，为开展生态旅游提供了良好的物质条件。本区内有多处温泉分布区，是开展保健、疗养的旅游胜地。独特的自然生态景观、五彩斑斓的民族风情、多种宗教与多民族共处的社会环境对旅游者有强烈的吸引力。

（三）人文地理环境

1. 历史古迹

西南地区人文旅游资源独特，历史文化遗迹众多。云南的元谋人遗址闻名中外。同时，这里还广泛分布着我国各个历史时期的文化遗迹，如剑川古城、石寨山大遗址等。其中分布最广、最多的还属南诏国与大理国（五代至宋朝时期）文化古迹。贵州也有众多古遗址、古墓葬等文化古迹。目前，已被列为全国重点文物保护单位的普定穿洞遗址，距今约5.5万年甚至更早，在该遗址出土石器、骨器、动物化石和人类化石1万多件，骨角器1 000多件，其中还有两块比较完整的人类头盖骨。

2. 多姿多彩的少数民族风情

西南地区是我国少数民族聚居最多的地区，主要有彝族、哈尼族、白族、壮族、苗族、回族、傣族、纳西族、水族、景颇族等30多个少数民族，他们的服饰、礼仪、习惯、建筑以及节庆活动等各有特点，对旅游者具有极大的吸引力。

3. 经济、交通迅速发展，旅游产业日益壮大

随着国家西部大开发战略的实施，西南地区的基础设施水平稳步提升，交通、水利和通信等基础设施得到了大幅改善，促进了地方经济的发展，西南地区的区位优势日趋明显。西南旅游区各省的旅游资源极为丰富，拥有浓郁的民族风情、雄奇的自然景观、厚重的历史文化、宜人的气候环境。这些得天独厚的旅游资源加之迅速发展的经济、交通，在一定程度上决定了旅游业必将成为该区最具优势和发展前景的产业。

二、旅游资源特色

（一）旅游资源类型多样，吸引力强

西南旅游区中各省多姿多彩的自然景观，加上源远流长的地域文化、各具特色的民族风情，共同构成了该区旅游资源类型多样、吸引力强的总体优势，使该区成为亚洲乃至全世界的“旅游资源宝库”。

（二）旅游资源原生态性强，极具垄断性

由于地形复杂、早期交通不便，西南地区的旅游资源受人类活动的影响较少，大都保留了其原始的自然风貌，对旅游者有很强的吸引力。本区内众多的地质地貌景观典型、奇特，如虎跳峡、三江并流、云南石林、澄江化石地、冰蚀地貌、火山地热、溶洞、河流、瀑布等。该地区是我国少数民族种类最多的地区，自然与人文旅游资源在全国和世界上均具有独特性，两类旅游资源独特性的叠加，使其更加独一无二。

（三）边境贸易繁忙，跨国旅游方兴未艾

本区与缅甸、老挝、越南毗邻，为边境贸易和跨国旅游提供了便利条件，具有旅游开发的潜力和优势。如：澜沧江—湄公河流经 6 个国家，沿河流域居住有 90 多个民族，这些丰富的自然和人文旅游资源都是旅游合作开发的基础，而地缘关系也为大湄公河次区域旅游业的发展提供了优越的条件。

（四）悠久的历史文化与近代革命斗争的发源地

西南地区是中国人类起源较早的地区，目前发现的有距今 170 万年的云南元谋人遗址，旧石器至新石器时代的云南丽江人、云南昆明人、广西柳江人遗址。

西南地区从汉唐以来，就是我国与东南亚、南亚交往的陆路通道，有“西南丝绸之路”之称。这条古道上有许多历史文化遗迹和名城，如遵义、昆明、柳州、桂林、丽江、大理等古城，以及茶马古道和古代用作防御的南方长城等历史遗迹。同时，西南地区在近代历史上也是反帝反封建和民族独立与解放斗争的起源地之一，洪秀全领导的太平天国起义、邓小平领导的百色起义以及红军的遵义会议等历史事件，都为西南地区留下了众多著名的革命遗迹和纪念地，为发展红色旅游奠定了基础。

活动训练

整体分析西南旅游区的旅游资源，对其进行分类总结，设计出一条有当地特色的旅游线路。

能力训练任务

结合西南旅游区的地理环境和旅游资源特色，每个小组选择一个西南少数民族，收集相关图片资料、视频素材，编辑成一段完整介绍此少数民族的视频，上传至个人新媒体（抖音、小红书、快手、百度视频、微博等）账号。

任务二　区域旅游亚区概况

学习任务

能力目标：能在导游讲解中熟练运用西南旅游区各亚区的相关旅游知识

知识目标：了解云南省、贵州省和广西壮族自治区的概况，掌握各亚区内旅游景点的相关知识

素养目标：初步掌握西南旅游区内主要旅游景观的概况

一、云南旅游亚区

云南省位于我国西南边陲，简称滇、云，省会是昆明。战国时期，这里曾是滇族部落的生息之地。云南，即“彩云之南”的意思，另一说法是因其位于“云岭之南”而得名。全省总面积约 39.41 万平方千米，占全国面积的 4.1%。

云南是我国民族最多的省份，全省共有 52 个民族，其中人口 5 000 人以上并有固定分布范围的民族有 26 个，除汉族外，少数民族有 25 个，各民族分布呈大杂居、小聚居的特点。云南特有的世居民族有 15 个：白族、哈尼族、傣族、傈僳族、拉祜族、佤族、纳西族、景颇族、布朗族、普米族、阿昌族、怒族、基诺族、德昂族、独龙族。

云南有“有色金属王国”之称。全国 162 种自然矿产中，云南有 157 种，其中铜矿、锡矿等有色金属矿产的产量居全国前列。

云南人均水资源超过 10 000 立方米，是全国平均水平的 4 倍。受地形影响，河流落差很大，蕴藏有巨大的水能资源。云南参与的“西电东送”工程大部分的电能都来自环保的水能发电。

云南的主要特色物种有滇金丝猴、绿孔雀、浣熊、蟒、亚洲象、鱇浪白鱼（抗浪鱼）、望天树、跳舞草、丽江云杉、橡胶树、油棕、三七等。

（一）主要旅游城市及景区、景点

1. 昆明

昆明市南临滇池，三面环山，四季如春，故有“春城”之称。昆明历史悠久，汉朝时为谷昌县，唐朝设昆州，元朝置昆明县；1928 年设市。昆明特产有白药、云烟、过桥米线、象牙雕刻及斑铜制品等。主要名胜有市西南郊的西山大观楼、筇竹寺五百罗汉泥塑群雕、鸣凤山上用青铜铸造的金殿以及龙泉山下的道教圣地黑龙潭龙泉观。另外，还有在大

理国时期开凿的法华寺石窟、始建于宋朝的曹溪寺以及著名的安宁温泉。图 12－1 所示为昆明市区街景。

2. 云南民族村

云南民族村（见图 12－2）位于云南省昆明市西南郊的滇池之畔，占地面积 89 公顷，是反映和展示云南 26 个民族社会文化风情的窗口，是国家 4A 级旅游景区、国家民委民族文化基地。在民族村内，云南的 26 个民族各建一村，并配有民族团结广场、民族歌舞演出厅、民族蜡像馆等，是云南民族文化的一个缩影。云南民族村景区内有造型各异的少数民族民居建筑，有趣味横生的婚俗礼仪，有五彩斑斓的服饰，有多姿多彩的民族节庆和音乐舞蹈，兼有游乐、度假、餐饮服务等各种综合配套设施。

图 12－1　昆明市区街景

图 12－2　云南民族村

图 12－3　昆明世博园

3. 昆明世博园

昆明世界园艺博览园简称昆明世博园（见图 12－3），是 1999 年昆明世界园艺博览会会址，位于昆明市东北郊金殿风景区，距市区约 4 千米，占地 218 公顷。园内分为 34 个国内展区、33 个国外展区，有中国馆、国际馆、科技馆、大温室、人与自然馆五大场馆，有蔬菜瓜果园、竹园、盆景园、茶园、药草园、树木园、名花异石园七大专题展园，以及国际室外展区、中国室外展区、企业室外展区三大室外展区。园内共栽种植物 2 511 种、200 多万株（丛），其中有珍稀濒危植物 112 种。园内植被覆盖率达 76.7%，其中有 120 公顷灌木丛茂密的缓坡，水面占 10%～15%。

4. 云南石林

云南石林（见图 12－4）位于昆明市东南约 100 千米处，是一处由于地壳运动抬升、断裂后，部分岩石被水溶解、冲刷而形成的有着坚硬石灰岩床的区域。有些岩石酷似树木，有些像刀、鸟、兽、蘑菇、庙宇和山，许多岩石都有名称，如莲花峰、狮子亭和凤凰灵仪等。最矮的石柱约有一人高，最高的近 50 米。石林附近遍布红色、粉色和紫色的杜鹃花与山茶花。

5. 玉龙雪山

玉龙雪山（见图 12－5）位于丽江坝北边，距丽江县城约 15 千米。整座雪山由从北向南呈纵向排列的 13 座山峰组成，绵延达 50 千米，东西宽约 13 千米。13 座山峰终年积雪不化，似一排玉柱擎天立地，其主峰扇子陡峰海拔 5 590.2 米，是北半球纬度最低、海拔最高的雪山。

图 12－4　云南石林

图 12－5　玉龙雪山

玉龙雪山以奇、秀、险著称，其内主要有云杉坪、白水河、甘海子、冰塔林等景点，是一个集观光、探险、科考、度假为一体的旅游胜地，栈道的最高点为 4 680 米。整个玉龙雪山集寒带、温带及亚热带的各种自然景观于一身，构成独特的“阳春白雪”景观。

6. 丽江古城

丽江古城（见图 12－6）位于丽江市，坐落在丽江坝的中部，与同为第二批国家历史文化名城的山西平遥、四川阆中、安徽歙县并称为“中国保存最为完好的四大古城”。丽江古城是一座没有城墙的古城，城内有光滑洁净的青石板路、完全手工建造的土木结构房屋以及无处不在的小桥流水。古城内的街道依山势而建，顺水流而设，铺的大多是红色角砾岩，雨季不泥泞，旱季不飞灰，石上花纹图案自然雅致，质感细腻，与整个城市环境相得益彰。

图 12－6　丽江古城

四方街位于古城的中心，它是一个大约 4 000 平方米的梯形小广场，是丽江古街的代表，也是滇西北地区的集贸和商业中心，街道两旁的店铺鳞次栉比。其西侧最高点是三层门楼设计的科贡坊。西有西河，东为中河。在西河上设有活动闸门，可利用两河的高差冲洗街面。从四方街的四角延伸出四大主街——光义街、七一街、五一街和新华街，又从四大主街岔出众多街巷，从而形成以四方街为中心、沿街逐层外延的格局。古城居民中，纳西族占总人口的绝大多数，有 30%的居民从事以铜银器制作、皮毛皮革、纺织、酿造业为主的传统手工业和商业活动。

7. 三江并流

三江并流（见图 12－7）风景区位于青藏高原以南，延伸至滇西北横断山脉纵谷地区。

图 12－7 三江并流

在南北纵列的高黎贡山、碧罗雪山和云岭山脉之间，奔涌着怒江、澜沧江和金沙江三条大江，三江在云南省境内并行奔流 400 多千米，两江最近处直线距离不足 19 千米，这种现象为世界所罕见。发生在大约 4 000 万年前的一次强烈的地壳运动，使印度次大陆板块游离于澳大利亚大陆，并与欧亚大陆板块碰撞，引发了地球演化史上的喜马拉雅造山运动，三江并流就是远古地球陆地板块漂移碰撞的产物。

在该景区内，太子雪山的主峰卡瓦格博峰为云南第一高峰，梅里雪山绵延数百里，澜沧江石登至怒江双腊瓦底嶂谷等大峡谷有雪山峡谷、急流险滩、湖泊森林等近百种自然景观以及浓郁的藏族、纳西族等少数民族风情，成为旅游者向往的旅游胜地。该区现已被列入《世界遗产名录》。

8. 苍山洱海

苍山又名点苍山，位于大理市西北，是云岭山脉南端的主峰，由 19 座山峰由北而南组成，北起洱源邓川，南至下关天生桥。苍山 19 峰，巍峨雄壮，与秀丽的洱海风光形成强烈对照，苍山平均海拔在 3 500 米以上，有 7 座山峰海拔高达 4 000 米以上，最高的马龙峰海拔 4 122 米。苍山 19 峰，每两峰之间都有一条溪水奔泻而下，流入洱海，这就是著名的十八溪。云、雪、峰、溪为苍山四大景观。洱海位于大理城北，属高原湖泊，湖面开阔，碧水荡漾，有三岛、四洲、五湖、九曲等景观。东部的金梭岛建有帝王避暑行宫。图 12－8 所示为苍山洱海远景。

图 12－8 苍山洱海远景

9. 西双版纳

西双版纳（见图 12－9）位于云南省的西南端，古代傣语称为“勐巴拉那西”，意思是“理想而神奇的乐土”，这里以神奇的热带雨林自然景观和少数民族风情而闻名。西双版纳是全国热带雨林面积最大、生态系统保护最完整、野生亚洲象种群数量最多且分布区域最广的一个自然保护区，佛塔寺庙与傣家竹楼、翠竹古木交相掩映，呈现一派神圣景象。这里聚居着傣族、哈尼族、拉祜族、布朗族、基诺族等 13 个少数民族。

傣族是西双版纳人口最多的少数民族。傣族人精美的服饰、优美的歌舞、精巧的竹楼，共同组成了西双版纳的迷人景致。澜沧江纵贯南北，流出境后称湄公河，流经缅甸、柬埔寨、老挝、泰国、越南 5 国后汇入太平洋，被称为“东方多瑙河”。

10. 泸沽湖

泸沽湖（见图 12－10）位于四川省凉山彝族自治州盐源县与云南省丽江市宁蒗彝族自治县之间。湖面海拔约 2 690 米，湖面面积约 50 平方千米，平均水深 45 米，最深处达 93 米。湖水清碧，最大能见度为 12 米。

图 12－9 西双版纳

图 12－10 泸沽湖

泸沽湖是云南海拔最高的湖泊，也是中国最深的淡水湖之一。湖水向东流入雅砻江、金沙江，属长江水系。整个湖泊南北长而东西窄，形如曲颈葫芦，故名泸沽湖。湖边的居民主要为摩梭人，也有部分纳西族其他分支。摩梭人至今仍然保留着母系氏族婚姻制度，因此这里有“东方女儿国”之称。

11. 香格里拉

香格里拉（见图 12－11）地处青藏高原东南边缘、横断山脉南段北端，三江并流之腹地，具有独特的融雪山、草原、峡谷、原始森林、高山湖泊和民族风情为一体的景观，为多功能的旅游风景名胜区。香格里拉景区内雪峰连绵，海拔 4 000 米以上的雪山众多，云南省最高峰卡瓦格博峰巍峨壮丽；峡谷纵横深切，最著名的有虎跳峡、澜沧江峡谷等大峡谷；还有辽阔的高山草原牧场、莽莽的原始森林以及星罗棋布的高山湖泊。

香格里拉居住有纳西族、藏族、彝族、傈僳族、回族、白族等 13 个少数民族，他们在生活方式、民居建筑、服饰以及婚俗礼仪等传统习俗等方面都保持了各自民族的特点，形成了独特的民族风情。

12. 滇池

滇池（见图 12－12）位于昆明市西南，是云南省最大的淡水湖，素有“高原明珠”之称。它连同湖西侧的西山是著名的游览、疗养胜地。滇池主要是由于构造陷落而形成的，湖面海拔约 1 886 米，面积达 330 平方千米，平均水深约 5 米，最深 11 米。

图 12－11 香格里拉

图 12－12 滇池

滇池是昆明风景名胜的中心，这里游览内容丰富，既可环湖探访石器时代的遗址，追寻古滇王墓的踪迹，探索云南文化摇篮的奥秘；又可在岸上游览西山、盘龙寺、白鱼口、郑和故里、妙湛寺金刚塔等多处名胜古迹；还可以环湖考察海口、晋宁、官渡、昆阳、呈贡、黑林铺等大小城镇的风俗民情。

（二）精品旅游线路与特色旅游项目

1. 精品旅游线路

昆明（云南石林、七彩云南）—大理（大理古城、天龙八部影视城、蝴蝶泉、苍山洱海）。丽江（丽江古城）—香格里拉（普达措国家公园）—泸沽湖—玉龙雪山—西双版纳。

2. 风味美食

云南菜以烹制山珍和蔬菜见长，具有鲜嫩回甜、酸辣微麻、重油味厚的特点，比较适合云南当地多民族人民的口味，自成一体。多姿多彩的地理风貌和干湿分明的气候，极有利于动植物的生长，为烹饪提供了得天独厚的原料。滇东北地区的烹调方法和口味与川菜相似；滇西南和滇西地区少数民族众多，除具有少数民族风味外，还受清真菜影响；滇南地区是云南汉族菜发源地。

云南名菜有汽锅鸡、砂锅鱼、腌牛筋、香茅草烧鸡、腾冲大救驾、酸笋煮鱼等。云南风味小吃有过桥米线、云腿豆焖饭、蒸糕、烧饵块、丽江粑粑、酥油茶等。

3. 民间艺术

云南地域广阔，少数民族众多，故其民间传统艺术也多种多样。云南民间传统艺术历史悠久、博大精深，主要有腾冲皮影、昭通傩戏、云南瓦当、滇南刺绣、禄丰铜像和通海木雕等。

二、贵州旅游亚区

贵州省简称黔或贵，位于中国西南部云贵高原的东斜坡上，是我国西南地区南下出海的重要通道和陆上交通枢纽。全省总面积为 17.62 平方千米，占全国国土面积的 1.8%。境内地势西高东低，自中部向北、东、南三面倾斜，平均海拔 1 100 米左右。

贵州高原山地居多，素有“八山一水一分田”之说。全省地貌可大致分为高原山地、丘陵和盆地三种基本类型，其中 92.5%的面积为山地和丘陵。贵州岩溶地貌发育非常典型。喀斯特地貌面积约 10.91 平方千米，占全省总面积的 61.9%，境内岩溶分布范围广泛，形态类型齐全，地域差异明显，构成一种特殊的岩溶生态系统。气候温暖湿润，属亚热带湿润季风气候区，气温变化小，冬暖夏凉，气候宜人。水、电、煤等多种能源兼备，素有“西南煤海”之称。矿产资源丰富，储量位居全国前列。

（一）主要旅游城市及景区、景点

1. 贵阳

贵阳位于云贵高原东部，是贵州省的省会，交通位置十分重要，自古就有“黔之腹、滇之喉”之称，为兵家必争之地。由于处于山地、丘陵之间，故而还有“山国之都”的美誉。贵阳是一个多民族聚居的城市，以汉族为主，还聚居有苗族、侗族、布依族、回族等 30 多个少数民族。

贵州是全国四大中药材基地之一，自古以来就有“夜郎无闲草，黔地多灵药”的美誉，贵阳现有中药材资源达 1 250 多种，被称为“天然药谷”。贵阳市的平均海拔在 1 100 米左右，夏无酷暑、冬无严寒、雨水充沛、阳光充足，具有得天独厚的气候资源，2007 年被评为“中国避暑之都”。风景名胜主要有黔灵山、花溪公园、甲秀楼、地下公园等。

2. 梵净山

梵净山（见图 12－13）位于铜仁市，为武陵山脉的主峰，海拔 2 572 米。山上原始生态保存完好，1982 年被联合国列为一级世界生态保护区。梵净山上野生动植物资源非常丰富，而且形成了“一山有四季，上下不同天”的垂直气候特点和不同的动植物分布带，保存了世界上稀有的亚热带原生生态系统，并有 7 000 万年前至 200 万年前的孑遗珍稀物种。

图 12－13　梵净山

科学考察数据显示，梵净山自然保护区内有植物 2 000 余种，列入国家重点保护植物的有 21 种；动物近 3 000 种，其中兽类 69 种，鸟类 191 种，昆虫类 2 000 余种。梵净山也是弥勒菩萨的道场，与山西五台山、浙江普陀山、四川峨眉山、安徽九华山齐名，在佛教史上具有重要的地位。

3. 黄果树风景名胜区

黄果树风景名胜区位于安顺以西 45 千米处，由黄果树大瀑布（见图 12－14）、灞陵河峡谷、天星桥景区等景点构成。景区的中心是著名的黄果树大瀑布，是珠江水系打邦河的支流白水河九级瀑布群中规模最大的一级瀑布，因当地一种常见的植物“黄果树”而得名。瀑布高 77.8 米，其中主瀑高 67 米；宽 101 米，其中主瀑顶宽 83.3 米。黄果树大瀑布不只是一个瀑布，以它为核心，在它的上游和下游 20 千米的河段上，共形成了雄、奇、险、秀风格各异的瀑布 18 个，是天然的“瀑布博物馆”。

图 12－14　黄果树大瀑布

黄果树大瀑布是世界名瀑中最为壮观的瀑布之一，是世界上唯一可以从上、下、前、后、左、右六个方位观赏的瀑布，也是世界上有水帘洞自然贯通且能从洞内外听、观、摸的瀑布，属于喀斯特地貌中的侵蚀裂典型瀑布。

4. 遵义会议会址

遵义会议会址（见图 12－15）位于遵义市老城红旗路 80 号（原子尹路 96 号）。会址是一座坐北朝南的二层楼房，这幢砖木结构、中西合璧的二层楼房建于 20 世纪 30 年代初，是当时遵义城里首屈一指的宏伟建筑，分主楼、跨院两部分。房屋原系国民党第二十五军第二师师长柏辉章的私邸。遵义会议会址于 1954 年 1 月开始复原陈列；1961 年 3 月，

图 12-15 遵义会议会址

图 12-16 荔波樟江风景名胜区

国务院公布其为第一批全国重点文物保护单位之一；1964 年年底，毛泽东主席为纪念馆手书“遵义会议会址”六个大字。

5. 荔波樟江风景名胜区

荔波樟江风景名胜区（见图 12-16）位于贵州省南部的黔南布依族苗族自治州荔波县境内，1994 年入选第三批国家级风景名胜区。景区总面积 118.8 平方千米，由小七孔景区、大七孔景区、水春河景区和樟江风光带组成。荔波樟江风景名胜区以典型、丰富、集中的喀斯特原始森林和喀斯特地貌上樟江水系的水景为基础，以千姿百态的地貌景观、神奇茂密的原生植被、珍稀罕见的生物种群、绮丽多姿的真山真水为特色，以田园风光和底蕴深厚的少数民族风情为补充，特色鲜明、神秘奇特。景区地貌、水体、植被、人文景观齐全，集山、水、洞、林、湖、瀑、险滩、急流于一体，汇奇、幽、峻、秀、古、野、雄、险、美于一身，具有极高的观赏价值，是既有神奇的自然美，又有浓郁的布依族、瑶族、苗族等民族风情的风景名胜区。

（二）精品旅游线路与特色旅游项目

1. 精品旅游线路

（1）贵阳—乌江—遵义—赤水—仁怀。

（2）贵阳—龙宫—黄果树大瀑布—天星桥景区。

2. 风味美食

贵州菜与湖南菜、四川菜口味接近，与川菜最大的差别就是由麻辣改成了鲜辣和酸辣。贵州菜的酸不像山西靠醋来调味，而是靠酸汤。酸汤是苗族饮食的一大特色，尤其以酸汤鱼最为有名。贵州的干锅系列，风味独特，加上农家自酿的米酒，味道醇厚。另外，花江狗肉在全国的知名度也很高。

贵州各地均产羊肉粉，其中遵义羊肉粉最为有名。遵义市的大街小巷，羊肉粉馆鳞次栉比，食客络绎不绝。肠旺面主要产地是贵阳，其面条是用鸡蛋和面粉制成的，面条煮好后放入炖熟的猪肠片和猪血旺，再加入精细复杂的作料，冲以骨头汤和鸡汤。汤鲜肠烂，臊脆不绵，油红不辣，满口飘香。

3. 民间艺术和旅游节庆活动

贵州是少数民族聚居区，也是著名的酒乡，有着丰富的民间艺术、少数民族节日和具有地方特色的节庆活动。蜡染、挑花和苗族的刺绣、织锦以及剪纸都是当地最有名的民间艺术瑰宝和精品。摆手舞是土家族古老的传统舞蹈。当地极具特色的节庆活动有苗年、杜鹃花节、布依族六月六等。

三、广西旅游亚区

广西壮族自治区，简称桂，毗邻经济发达的珠江三角洲和港澳地区，是中国与东盟之间唯一既有陆地接壤又有海上通道的省区，是中国西南地区最便捷的出海通道，也是全国唯一具有沿海、沿江、沿边优势的少数民族自治区。广西属亚热带季风气候区，当地的亚热带雨林气候孕育了丰富的珍稀动植物资源，尤其盛产水果，有“水果之乡”的美称。

广西地形略呈盆地状，丘陵广布，河谷纵横。大瑶山、大明山等构成了向南弯曲的弧形山脉。石灰岩分布区的面积约占全区的一半，因高温多雨，被溶蚀成千姿百态的岩洞、峰林，与青山绿水组成了一处处山水胜地。奇特的喀斯特地貌、浓郁的民族风情和灿烂的文物古迹，使广西独具魅力。

（一）主要旅游城市及景区、景点

1. 南宁

南宁是广西壮族自治区的首府，也是广西第一大城市和北部湾经济区核心城市，位于广西西南部，毗邻粤港澳，背靠大西南，面向东南亚，是连接东南沿海与西南内陆的重要枢纽，也是西部重要的省会城市，更是一座历史悠久的边陲古城，具有深厚的文化积淀。南宁古称邕州，是一个以壮族为主的多民族聚居的现代化城市。这里世代聚居着壮族、汉族、苗族、瑶族、侗族、仫佬族等，有着多姿多彩的民族文化风情。

南宁市区的绿化树大量选种果树，“果树上街”是南宁的一大特色。全市绿化覆盖率在40%以上，被形容为“半城绿树半城楼”，因此南宁别称“绿城”。南宁又称“凤凰城”“五象城”，分别因市内有凤凰岭、五象岭而得名。

2. 桂林

桂林位于广西东北部，地处漓江西岸，是世界上著名的旅游胜地和历史文化名城，以盛产桂花、桂树成林而得名。桂林是一个多民族聚居的城市，有壮族、瑶族、回族、苗族、侗族等几十个民族。桂林“三冬少雪”“四季常春”，春冬雨季划分不是很明显，气温差异不大。漓江、芦笛岩是享誉全球的旅游名牌产品。历史在桂林留下了辉煌灿烂的文化遗产，市区内有文化古迹552处，被列为各级文物保护单位的有117处。这些文物古迹一般都有很高的艺术价值和欣赏价值，如桂海碑林、八路军桂林办事处旧址、兴安灵渠、恭城文庙、靖江王府及王陵等。

桂林山水（见图12－17）因典型的喀斯特地形而别具一格。“桂林山水”是对桂林旅游资源的总称，它所指的范围较广、项目繁多，包括山、水、喀斯特岩洞、古迹、石刻等，以山清、水秀、洞奇、石美而享有“桂林山水甲天下”的美誉。

3. 龙脊梯田

龙脊梯田（见图12－18）在广西龙胜各族自治县和平乡平安村龙脊山，景区面积共66平方千米，梯田海拔在300～1 100米，坡度大多在26°～35°，其中最大的坡度达50°。虽然南国山区梯田处处可见，可是像龙脊梯田这种规模的实属罕见。龙脊梯田始建于元朝，完工于清初。在这一大片的龙脊梯田里，最大的田面积不过一亩，大多数田都是只能种一两行禾的“带子丘”和“青蛙一跳三块田”的碎田块。

图 12 - 17　桂林山水

图 12 - 18　龙脊梯田

图 12 - 19　北海银滩

4. 北海银滩

北海银滩（见图 12 - 19）位于北海银滩国家旅游度假区内，该度假区位于北海市东南部海滨，沙滩由优质石英砂堆积而成，因洁白、细腻的沙滩在阳光的照射下会泛出银光，故称“银滩”。

北海银滩由东区、西区和海域沙滩区组成，东起侨港镇渔港，西至大冠沙，东西绵延约 24 千米，海滩宽度在 30～3 000 米，陆地面积约 12 平方千米，总面积约 38 平方千米。北海银滩被誉为“中国第一滩”，有“东方夏威夷”“南方北戴河”的美称。银滩具有六大特点：滩长平、水温净、沙细白、空气好、浪柔软、无鲨鱼。

图 12 - 20　桂平西山

5. 桂平西山

桂平西山（见图 12 - 20）古称思灵山，位于桂平城西 500 米处，总面积 13.47 平方千米，是全国七大著名西山之一，素以“林秀、石奇、泉甘、茶香、佛圣”五绝而著称。主要景点有金田村、金田营盘、浔州古城、白石洞天、大藤峡、罗丛岩、紫荆山、太平山原始森林等。西山景区历史悠久，原是佛教圣地，现仍保留有较为完整的佛教建筑和庙宇，如龙华寺、洗石庵、飞阁、乳泉亭和李公祠等。

（二）精品旅游线路与特色旅游项目

1. 精品旅游线路

（1）桂林—漓江—阳朔—南宁—德天跨国瀑布—通灵大峡谷—北海—涠洲岛。

（2）南宁—柳州—桂林—梧州—合浦—北海。

2. 风味美食

桂菜发源于岭南文化，根植于广大城镇乡村，具有民族性、地方性的特点。另外，广西沿边、沿海的地理位置和古朴浓郁的民族风情也形成了广西独特的饮食风格，食材以山川江河产品为主，烹饪手法多为扣、酿、焖、炒，口味清甜、微辣。因为广西是一个少数民族聚居地区，所以当地的民族、地方特色菜肴较多，如纸包鸡、糯米鸭、荔芋扣肉等。

3. 民间艺术

广西壮族自治区民间艺术形式较多，且都体现出不同少数民族的独特风情，其中较为有名的有高沙锣鼓、侗戏、瑶绣、壮锦、天琴、贝雕、芒编、桂林美术陶等。

活动训练

小组活动训练：根据上一任务“能力训练任务”的内容，其他组对各小组制作的少数民族文化介绍视频进行评比，根据视频转播量或点赞量，对制作质量高、转播量大、点赞量多的作品的小组进行奖励。

能力训练任务

选择西南旅游区某一旅游城市，以旅行社地接计调的身份向同行推介本城市的旅游景区。

素养园地

民族识别

习题

1. 简述西南旅游区的旅游资源特色。
2. 云南旅游亚区发展旅游的资源优势有哪些？

项目十三　青藏高原旅游区（青藏）

任务一　青藏高原旅游区旅游特色

学习任务

能力目标：熟悉青藏高原旅游区的旅游地理环境和旅游资源特色
知识目标：掌握青藏高原旅游区内的主要旅游资源和重点旅游城市
素养目标：熟知青藏高原旅游区知名旅游景观的地理分布和基本特色

一、旅游地理环境

（一）区位环境

青藏高原旅游区位于我国的西南部，主要包括青海和西藏两省，地形主要是高原，平均海拔在 4 500 米以上。青藏高原由一系列的山脉围成，东北部是祁连山，北部是昆仑山，东部是横断山脉，南部是喜马拉雅山脉，它是世界上最高的高原，有“世界屋脊”之称。

随着工业的发展，该区域内出现了新的工业城市如西宁、格尔木、拉萨、日喀则、林芝等。区域内目前该区域内有川藏、青藏、滇藏、新藏 4 条公路。青藏铁路西宁—格尔木段已通车。民航班机已通西宁、格尔木、拉萨等城市。

（二）自然地理环境

1. 高原气候与“热带风光”

青藏高原旅游区位于我国西南部的青藏高原上，青藏高原地域辽阔，面积约有 240 万平方千米，占我国国土总面积的 1/4 左右。全境海拔平均在 4 500 米以上，是世界上海拔最高、面积最大的高原。其中，喜马拉雅山位于青藏高原的最南部，是世界上最大的山脉。珠穆朗玛峰是世界最高峰，海拔约 8 848.86 米，被称为“世界第三极”。

青藏高原因其地势高，形成了独特的高原气候，气温日差大、年差小，素有“一年无四季，一日有寒暑”之说。其中，拉萨市由于海拔高，空气稀薄，大气透明度高，光照充足，太阳辐射强烈，被称为“日光城”。与高原气候相对应，海拔在 3 000 米以下的地方，却是另外一种景象，比如喜马拉雅山东端南坡和雅鲁藏布江下游谷地，这里气候温暖湿润，植物生长茂盛，呈现一派“热带风光”。

2. 湖泊星罗棋布

青藏高原上湖泊众多，是世界最高的湖区，有我国最大的湖——青海湖，藏北有纳木错、色林错等，喜马拉雅山北有玛法木错、羊卓雍错等。湖水清澈碧绿，透明度极高。

3. 动植物种类繁多

青藏高原的植被由于受高地势和高原气候的影响，具有明显的耐寒、耐盐、耐干、抗风的特征。在漫长的地质发育与自然演变过程中，青藏高原不仅形成了与众不同的高寒草原与草甸生态系统，而且兼有沙漠、湿地以及多种森林类型的自然生态系统。地表景观主要是高山草甸、草原和高寒荒漠等。动物主要有藏系绵羊、山羊、野牦牛、雪鸡、犏牛、雪豹等。在雪线附近生长着雪莲、贝母、虫草等中草药等。

4. 高原冰川王国

青藏高原是世界中低纬度的低温中心，其上多发育有现代冰川，总面积达 35 万平方千米，其中喀喇昆仑山、念青唐古拉山、喜马拉雅山、祁连山和横断山上的规模较大。如珠穆朗玛峰北坡就有冰川 200 多条，面积高达 772 平方千米。青藏高原冰川的种类齐全，有平顶冰川、悬冰川、冰斗冰川、山谷冰川等。

5. 旅游资源原生态特色显著

青藏高原地区最显著的自然特征是高寒，各种自然景观十分罕见，而且由于该区域海拔高，空气稀薄，气候寒冷，交通不便，可进入性极差，人烟稀少，因此这里的自然风光雄奇壮美，奇异动植物荟萃。雪山冰川景色秀丽；高原牧场绿草如茵，牛羊成群；阿尼玛卿峰等冰封雪锁，十分适合开展登山探险旅游；高原上湖泊沼泽众多，是黄羊、野驴、斑头雁、天鹅等飞禽走兽的栖息地，其中以青海湖鸟岛最为突出；柴达木盆地的盐泽世界和雅丹地貌令人称奇。

（三）人文地理环境

1. 独特的宗教建筑

在佛教的发展过程中，建筑、文化等的交流也很频繁，经常有尼泊尔、印度以及我国中原地区的建筑家、工匠和艺术家来到青藏高原交流学习。外来的艺术和高超技艺与本区域内的民族艺术碰撞、交融，形成了独具特色的藏传佛教艺术和文化，造就了数量繁多、风格迥异的宫殿寺院建筑和宗教艺术品，如布达拉宫、高原夏宫罗布林卡、大昭寺、黄教名寺扎什伦布寺和塔尔寺等著名建筑，以及大量艺术价值很高的壁画、雕塑等。

2. 浓郁的少数民族风情

青藏高原上众多的少数民族世世代代在这里繁衍生息，创造和积累了大量的文化遗产，形成了独具特色的民俗民风。这些民俗民风在一定程度上保持了相对的完整性。这也是最富吸引力的旅游资源之一。

藏族的节日较多，重要的节日有藏历新年、四月初八佛诞节、正月十五日酥油灯节、跳神法会、望果节、燃灯节、雪顿节等。

3. 独具特色的藏文化艺术

藏文化艺术独具特色，人文意境深远。大量的藏文文献中有许多关于历史、哲学、地理、天文、医学的著作，还有大量的文艺作品。

藏戏是一种独立的、具有鲜明的民族个性和独特形式的、适应当地环境的游牧文化戏剧。藏族的藏医、壁画、雕塑、藏药以及建筑艺术、天文历算等，共同构成了丰富多彩的藏民族文化艺术。

二、旅游资源特色

（一）雄奇壮美的自然风光

青藏高原的高寒气候使其许多山峰终年积雪不化，逐渐发育成了巨大的冰川，形态各异的冰川在阳光的照耀下十分壮观，是人们冰雪探险、高山滑雪的最佳去处。其中，珠穆朗玛峰是世界上所有登山家、探险家最渴望征服的地方。

青藏高原是我国湖泊最多的地区，也是世界上湖面最广、数量最多的高原湖区，分布着数以千计的湖泊。其中，青海湖是我国最大的湖泊，也是我国最大的咸水湖；色林错是我国第二大咸水湖。青藏高原地区也是我国地热资源最为丰富的地区，主要有温泉、热泉、沸泉、热水湖、热水河、间歇喷泉、热水沼泽、水热爆炸穴等 20 多种，其中以羊八井地热最为知名。

（二）多姿多彩的民族风情和雄伟壮观的古建筑

青藏高原地区是一个多民族聚居的地方，其中藏族是当地人口最多的少数民族，门巴族、土族、撒拉族、珞巴族等是高原上独有的少数民族。他们世代在这片土地上繁衍生息，形成了自己独特的民俗民风，创造了丰富的民族文化。高原环境闭塞，使这些民风民俗在一定程度上保持了其完整性和原始性，如各民族的婚丧嫁娶、歌舞戏曲、居住方式、宗教节日、绘画雕塑，均有浓郁的民族风情，是高原文化的精华。

拉萨的布达拉宫、大小昭寺和日喀则的扎什伦布寺相当宏伟壮观。外来艺术的影响和本地区多民族艺术的交融使西藏佛教建筑独具特色。

（三）旅游资源的多样性和原始性

旅游资源的多样性是影响旅游目的地旅游业发展的一个非常重要的因素，它直接决定着游客对旅游目的地的兴趣和在这一地区的逗留时间。青藏高原不仅地貌类型复杂，而且气候类型多样。在这里，旅游者可以体验到从热带到极地、从沿海湿润地区到内陆荒漠的迥异的气候类型。这里还生活有藏羚羊、野牦牛、野驴等珍稀动物，同时生长着雪莲、贝母、虫草等大量的中草药，被誉为“珍稀野生动植物基因库”。

同时，青藏高原由于环境恶劣，地广人稀，交通不便，人类活动对环境的影响相对较小，全区的自然生态系统基本上还保持着原始状态，相当一部分旅游资源还“深藏闺中”，如神秘的“生命的禁区”可可西里、羌塘高原、素有“亚洲脊柱”之美称的巍巍昆仑，以及雅鲁藏布大峡谷等。

活动训练

结合青藏高原旅游区地形图、行政区划图，讨论青藏高原旅游区的旅游资源特色。

能力训练任务

在明晰青藏高原旅游区旅游资源特色的基础上，结合所学知识，尝试针对青藏高原旅游区旅游业的发展提出建议。

任务二　区域旅游亚区概况

学习任务

能力目标：能讲述青藏高原旅游区各旅游亚区的旅游景观特色
知识目标：掌握青藏高原旅游区内旅游景区（点）的相关知识
素养目标：了解青藏高原旅游区内旅游资源的独特价值

一、青海旅游亚区

青海省简称青，古称西海、鲜水海、卑禾羌海等，自十六国时期开始称青海。青海古为西戎地，汉为西羌地。1928 年设青海省。青海位于青藏高原东北部，面积 72.23 万平方千米，省会西宁。青海省的地势较高，平均海拔在 3 000 米以上，为长江、黄河、澜沧江等大河的发源地，省内居住有汉族、藏族、回族、蒙古族、哈萨克族等多个民族。

青海属大陆性高原气候，昼夜温差大、日照时间长、降水稀少。农产品以小麦、青稞、蚕豆、马铃薯、油菜为主。日月山以西为牧区，属高原牧区，是我国著名的四大牧区之一。

青海省还是国家重点的自然保护区，有野生动物资源丰富，其中国家一、二级保护动物有 69 种，包括野骆驼、野牦牛、野驴、藏羚羊、盘羊、白唇鹿、雪豹、黑颈鹤、苏门羚、黑鹳等。

（一）主要旅游城市及景区、景点

1. 西宁

西宁市是青海的省会，坐落于青藏高原东北部的湟水谷地，属大陆性高原半干旱气候。西宁古有“西海锁钥”之称，是古丝绸之路南路和唐蕃古道的重镇，也是古代东西往来的必经之地，现在则是内地通往西藏的门户。这里不仅拥有古老悠久的宗教文化，藏传佛教和伊斯兰教在这里交融，也是汉族、藏族、回族等各民族文化的交汇点。西宁集雪山、峡谷、丹霞地貌于一体，冬无严寒，夏无酷暑，是中国三大避暑胜地之一，更是名副其实的中国夏都。图 13－1 所示是西宁夜景。

图 13－1　西宁夜景

以西宁市为中心 200 千米范围内，荟萃了青海省旅游资源的精华，塔尔寺、日月山、察汗河森林公园、群加森林公园、青海湖、鸟岛、原子城（两弹基地）、互助土族故土园景区、柳湾彩陶博物馆、孟达天池、撒拉族风情、坎布拉世界地质公园、海北金银滩大草原等，构成了青海的黄金旅游圈。

2. 青海湖

青海湖（见图 13-2），藏语称“错温波”，意为“蓝色的海洋”“青色的海”。由于青海湖一带早先属于卑禾羌的牧地，所以青海湖又叫“卑禾羌海”。汉代也有人称它为“仙海”，从北魏起才更名为“青海”。

图 13-2　青海湖

青海湖地处青海高原东北部、日月山下，是我国最大的内陆湖泊，也是我国最大的咸水湖，离西宁约 200 千米。湖区有大小河流近 30 条。湖东岸有两个子湖，一个是尕海，面积 10 余平方千米，系咸水湖；另一个是耳海，面积约 4 平方千米，为淡水湖。青海湖每年 12 月封冻，冰期为 6 个月。湖中有 5 个小岛，以海心山最大。鸟岛位于湖的西部，面积约 0.24 平方千米，是斑头雁、渔鸥、鸬鹚等 10 多种候鸟繁殖生息的场所，数量在 10 万只以上，现已建立鸟岛自然保护区，位居我国八个鸟类保护区之首。滨湖草原为良好的天然牧场。青海湖里还有丰富的矿产资源。湖中盛产湟鱼，是我国西北地区最大的天然鱼库。青海湖的美景吸引着成千上万的游人，已成为国内外旅游者云集的游览胜地。

3. 可可西里

“可可西里”为蒙古语，意为“青色或绿色的山脉”，藏语称该地区为“阿钦公加”，位于喀喇昆仑山以东、唐古拉山以北、青藏公路以西、昆仑山以南。这里海拔高，气候寒冷而干燥，环境恶劣，交通不便，人迹罕至，是世界上原始生态环境保存最为完整的地区之一，也是目前我国建成的海拔最高、面积最大、野生动物资源最为丰富的自然保护区之一。可可西里（见图 13-3）自然条件恶劣、气候严寒，人类无法长期居住，因此被称为“生命的禁区”。然而对于高原野生动物来说，这里的生存条件得天独厚，因此这里成为“野生动物的乐园”。

图 13-3　可可西里

可可西里地处青藏高原腹地，平均海拔在 4 500 米以上，最高峰为北缘昆仑山布喀达坂峰，海拔达 6 860 米；最低点在豹子峡，海拔为 4 200 米。可可西里具有西高东低的地势特点，山地起伏较缓，河谷盆地较宽坦，是青藏高原上高原面保存最完整的地区。据多年观察，生活在可可西里的哺乳动物有 30 种，鸟类 54 种，鱼类 6 种。区内高等植物有 102 属，202 种，其中青藏高原特有的有 84 种，占全区植物种类的 41.58%。

4. 三江源自然保护区

三江源自然保护区（见图 13－4）地处青藏高原腹地、青海省南部，为长江、黄河和澜沧江的发源地。三江源地区包括 17 个县市，总面积 36.3 平方千米，占青海省土地总面积的 50.3%，居民以藏族为主。2000 年 8 月 19 日，三江源自然保护区纪念碑正式落成，它标志着三江源自然保护区的正式成立。

图 13－4　三江源自然保护区

三江源自然保护区位于海拔 4 000 多米的青藏高原上，是世界高海拔地区生物多样性最集中的自然保护区，也是我国面积最大的自然保护区和海拔最高的天然湿地。长江总水量的 25%、黄河总水量的 49%和澜沧江总水量的 15%都来自三江源地区，故其又被称为“中华水塔”。

三江源地区是野驴、野牦牛、黑颈鹤、藏羚羊等大批珍稀野生动物的栖息地，是我国江河中下游地区与东南亚国家生态环境安全和区域可持续发展的生态屏障。

5. 塔尔寺

图 13－5　塔尔寺

塔尔寺（见图 13－5）在藏语中被称为“衮本贤巴林”，意思是“十万狮子吼佛像的弥勒寺”。它位于青海省西宁市湟中区鲁沙尔镇西南隅的莲花山坳中，距西宁 26 千米，距今已有 600 多年的历史，始建于 1379 年，是青海省藏传佛教中的第一大寺院。塔尔寺原名塔儿寺，得名于寺中大金瓦殿内纪念宗喀巴的大金塔，是我国藏传佛教格鲁派（黄教）的创始人宗喀巴大师的诞生地，也是藏区黄教的六大寺院之一，同时也是青海省首屈一指的名胜古迹和全国重点文物保护单位。塔尔寺的酥油花雕塑栩栩如生，远近闻名。

6. 察尔汗盐湖

察尔汗盐湖（见图 13－6）位于柴达木盆地南部，地跨格尔木市和都兰县，由达布逊湖以及南霍布逊、北霍布逊、涩聂等盐池汇聚而成，总面积 5 856 平方千米，是中国最大的盐湖，也是世界上最著名的内陆盐湖之一，格尔木河、柴达木河等多条内流河注入该湖。“察尔汗”是蒙古语，意为“盐泽”。察尔汗盐湖蕴藏有丰富的氯化钠、氯化钾、氯化镁等无机盐，总储量达 20 多亿吨，为中国矿业基地之一。盐湖周围地势平坦，荒漠无边，风景奇特。

图 13-6　察尔汗盐湖

盐湖地处瀚海戈壁，这里气候干燥炎热，日照时间长，水分蒸发量远远高于降水量。因长期风吹日晒，湖内便形成了高浓度的卤水，逐渐结晶成了盐粒，湖面板结成了厚厚的盐盖，异常坚硬。这种盐盖承载能力很强，火车、汽车可以在上面行驶，飞机可以在上面起落，甚至可以在上面建房屋、盖工厂。中国最大的钾肥厂就是修建在察尔汗盐湖之上的。青藏公路和青藏铁路通过盐湖时，路基全用盐铺成，长 32 千米，分别被称为“万丈盐桥”和“钢铁彩虹”。

（二）精品旅游线路与特色旅游项目

1. 精品旅游线路

（1）民族风情游：西宁—塔尔寺—互助土族故土园果区。

（2）环青海湖风情游：西宁—日月山—倒淌河—青海湖—金银滩大草原。

2. 风味美食

青海是多民族聚集之地，因此菜肴、小吃、面点品种多样，风味各不相同。青海菜的特点是醇香、软酥、脆嫩、酸辣，兼有北方菜的清醇、川菜的麻辣、南菜的味鲜香甜。少数民族菜肴具有一种粗犷的美，主料多为牛羊肉。

青海特色美食主要有羊肠面、清蒸牛蹄筋、无鳞湟鱼、奶皮（干奶酪）、羊肉蘑菇片、虫草罐罐鸡、干板鱼等。

3. 地方特产

青海有多种地方特产，尤以保健药物类知名，其中冬虫夏草、人参果、蕨麻、羌活、秦艽和西宁大黄最为知名。冬虫夏草，简称虫草，它实际上是麦角菌科植物冬虫夏草菌的子囊座与其寄生蝙蝠蛾等的幼虫尸体的结合体。虫草性温味甘，有保肺益肾、止咳化痰、滋补益寿、爽神明目等功效，在青海玉树、果洛、海南、黄南、海北等地均有出产。青海虫草产量居全国之首。人参果是一种野生的多年生草本植物的块根，又叫延寿果、蓬莱果等。蕨麻喜湿润、耐高温，它的全株又是藏药之一，有健脾益胃、收敛止血、生津止渴、补血益气之功效。羌活是伞形科多年生草本植物，青海是全国三大羌活产区之一，羌活质量列全国之冠，其根等可入药，主治风寒感冒、表邪寒热。秦艽是龙胆科多年生草本植物，是治疗风湿关节痛、结核病、潮热、黄疸等症的主药之一，青海黄南产的秦艽质量最佳。大黄的集散地在西宁，故国内外市场上通称其为“西宁大黄”。大黄有泻热攻下、行瘀破积、清热解毒、抗菌消炎、降压止血之功效。

青海的特产还有牛肉干、沙果、黑紫羔皮等。牛肉干选用青海牦牛鲜肉，剔除筋皮，加白水煮熟取出，切成均等小块，后加入花椒粉、咖喱粉、味精、料酒、糖、盐等作料干炒，再烘干制作而成。沙果为苹果属的果品之一，性甘温，营养丰富。黑紫羔皮是青海省名贵裘皮品种之一，也是供出口的名贵裘皮，取自黑藏羊的羔羊，皮毛柔软，毛圈形花，花纹紧密，卷曲美丽，色泽黑艳，皮板轻松，保暖性好。此外，还有知名的青稞酒等。

二、西藏旅游亚区

西藏自治区位于青藏高原的西南部，是我国的西南边疆。西藏与我国四川、云南、青海、新疆等省区接壤，南面同印度、不丹、缅甸等国毗邻，西面与克什米尔地区相接，面积为 120.28 万平方千米。西藏自治区是我国的五个自治区之一，是一个以藏族为主体的自治区，其他民族还有汉族、回族、门巴族、珞巴族等，人口有 300 多万，是我国人口密度最小的省区。西藏被称为宗教圣地，原始自然宗教——苯教和佛教都曾在这里流传。10 世纪后，佛教在西藏再度兴起，形成了独具特色的藏传佛教。

西藏自治区平均海拔 4 000 米以上，是青藏高原的主体部分。复杂多样的地形地貌，形成了西藏独特的高原气候。除西北严寒干燥，东南温暖湿润的总趋向外，还有多种多样的区域气候和明显的垂直气候带。

（一）主要旅游城市及景区、景点

1. 拉萨

拉萨（见图 13－7）是西藏自治区的首府，是一座有 1 300 多年历史的古城。它位于西藏自治区东南部，地处河谷冲积平原，雅鲁藏布江支流拉萨河北岸，是世界上海拔最高的城市之一。地势由东向西倾斜，气候属高原温带半干旱季风气候。拉萨年日照时数 3 000 小时以上，故有“日光城”的美称。1982 年拉萨入选首批 24 座国家历史文化名城。

图 13－7　拉萨

拉萨有着悠久的历史，古称“惹萨”，藏语中的山羊称“惹”，土称“萨”。相传 7 世纪唐朝文成公主嫁到吐蕃时，这里还是一片荒草沙滩，后为建造大昭寺和小昭寺用山羊驮土，寺庙建好后，随着传教僧人和前来朝佛的人的增多，围绕大昭寺先后建了不少旅店和居民房屋，形成了以大昭寺为中心的旧城区雏形，同时松赞干布又在红山扩建宫室（今布达拉宫），于是，拉萨河谷平原上宫殿陆续兴建起来，享誉中外的高原名城从此形成。拉萨由布达拉宫、大昭寺、八廓街（八角街）、色拉寺、哲蚌寺以及拉萨河构成。而西藏人认为，严格意义上的“拉萨”应是指大昭寺和围绕大昭寺建立起来的八廓街，只有到了大昭寺和八廓街，才算到了真正的拉萨。如今拉萨城东一带尚保留着拉萨古城的精髓。

图 13－8　雅鲁藏布大峡谷

2. 雅鲁藏布大峡谷

雅鲁藏布大峡谷（见图 13－8）南起墨脱县巴昔卡村，北止米林市大渡卡村，长 504.9 千米，平均深度 2 268 米，最深处达 6 009 米，平均海拔在 3 000 米以上，由于高峰和峡谷咫尺为邻，几千米的强烈地形反差构成了世界上最深最长的河流峡谷。整个峡谷地区冰川、陡坡、绝壁、泥石流和巨浪滔天的大河交错在一起，环境十分复杂，许多地区至今仍无人涉足，堪称“地球上最后的秘境”。

3. 日喀则

日喀则市地处西藏自治区南部，位于雅鲁藏布江和年楚河的交汇处，海拔高达3 800米，是西藏的第二大城市，曾是后藏的政教中心，也是历代班禅的驻锡之地。美丽的自然风光和独具特色的藏族生活，使这里被誉为“最如意美好的庄园”。

4. 布达拉宫

布达拉宫（见图 13 - 9）始建于 7 世纪松赞干布时期。吐蕃王朝灭亡之后，古老的宫堡大部分毁于战火，加上雷击等自然灾害而日益损毁，如今的布达拉宫是 17 世纪五世达赖喇嘛时期重建的。布达拉宫的主体建筑分白宫和红宫，主楼 13 层，高 115.7 米，由寝宫、佛殿、灵塔殿、僧舍等组成。布达拉宫是历世达赖喇嘛的冬宫，也是过去西藏地方统治者政教合一的统治中心，从五世达赖喇嘛起，重大的宗教、政治仪式均在此举行，同时又是供奉历世达赖喇嘛灵塔的地方。

图 13 - 9　布达拉宫

布达拉宫俗称“第二普陀山”，屹立在拉萨市区西北的红山上，是一座规模宏大的宫堡式建筑群。整座宫殿具有鲜明的藏式风格，依山而建，气势雄伟。布达拉宫中收藏了无数珍宝，堪称一座艺术殿堂。1961 年，布达拉宫被国务院公布为第一批全国重点文物保护单位之一。1994 年，布达拉宫被列为世界文化遗产。

布达拉宫富丽堂皇，其中壁画是一道别致的风景，巨型绘画艺术长廊记载了西藏佛教发展历史，又有五世达赖喇嘛生平、文成公主进藏过程，还有西藏古代建筑形象和大量佛像金刚等。

5. 扎什伦布寺

扎什伦布寺（见图 13 - 10）为黄教圣地，是历代班禅生活主事之地。它际山枕水，楼殿高耸，壮观优美。全寺建筑面积 30 万平方米，内有殿堂数十座。其中最雄伟的是强巴佛殿，殿有 7 层，高 30 米，殿内供奉钢镀金弥勒佛，佛像总高 26.2 米，用紫铜皮 11.5 万余千克、黄金 6 700 两，仅镶嵌佛像两眉使用的大小钻石、珍珠、琥珀等就有 1 700 余颗，世所罕见。寺内还有历代班禅灵塔，均银皮包裹、宝石镶嵌，雍容华贵，塔内藏有班禅舍利尸身。该寺还藏有极其丰富的佛像、刺绣、珍玩、唐卡、供器以及金玉印章等文物和艺术品。

6. 纳木错

纳木错（见图 13 - 11）地处那曲市班戈县和当雄县之间，在念青唐古拉山主峰以北，距离拉萨 240 千米，是西藏自治区最大的内陆湖，也是世界上海拔最高的咸水湖。纳木错在蒙语和满语中称“腾格里诺尔”，藏语“纳木错”意为“天湖”。该湖泊的形成和发育受地质构造影响，是经喜马拉雅运动凹陷而成，为断陷构造湖，并有冰川作用的痕迹。纳木错湖面在不断退缩，至今湖周围还留有数道古湖岸线，最高一道距湖约有 80 米。

图 13-10　扎什伦布寺

图 13-11　纳木错

7. 大昭寺

大昭寺（见图 13-12）始建于 7 世纪吐蕃王朝的鼎盛时期，传说是为了供奉释迦牟尼 8 岁等身像而建，该佛像是当时吐蕃王松赞干布迎娶的尼泊尔尺尊公主从加德满都带来的。之后寺院经历代扩建，目前总面积 133 公顷。现在大昭寺内供奉的是文成公主从大唐长安带去的释迦牟尼 12 岁等身像，而尺尊公主带来的释迦牟尼 8 岁等身像于 8 世纪被转供奉在小昭寺。

图 13-12　大昭寺

大昭寺位于拉萨老城区中心，是一座藏传佛教寺院，也是全国重点文物保护单位，距今已有 1 300 多年的历史。大昭寺在藏传佛教中拥有至高的地位，在藏族人心中的地位不亚于布达拉宫，也是游人到西藏必游的景点之一。2000 年 11 月，大昭寺作为布达拉宫的扩展项目被批准列为世界文化遗产。

8. 羊八井

羊八井（见图 13-13），即现在的羊八井镇，位于拉萨市西北 91.8 千米处的当雄县境内，以丰富的地热资源闻名。羊八井地热田地势平坦，海拔 4 300 米，南北两侧的山峰海拔均在 5 500～6 000 米，山峰上发育着现代冰川，藏布曲河流经热田，河水年平均温度为 5℃。青藏、中尼两条公路干线分别从地热田的东部和北部通过，交通较为方便。

图 13-13　羊八井

（二）精品旅游线路与特色旅游项目

1. 精品旅游线路

（1）拉萨—日喀则—羊八井—纳木错。

（2）拉萨—日喀则—纳木错—江孜—阿里。

（3）拉萨—林芝—山南。

2. 风味美食

西藏的地方饮食特色明显，藏族人的饮食以牛羊肉和奶制品为主。各种饮料是藏族人饮食中不可缺少的部分，主要有酥油茶、甜茶、青稞酒等。

3. 旅游节庆活动

雪顿节在每年的藏历六月底七月初，在藏语中，“雪”是酸奶子的意思，“顿”是“宴”“吃”的意思，雪顿节按照藏语来解释就是吃酸奶子的节日，因此又被称为“酸奶节”。因为雪顿节期间有隆重热烈的藏戏演出和规模盛大的晒佛仪式，所以有人也称之为“藏戏节”“展佛节”。传统的雪顿节以展佛为序幕，以演藏戏、看藏戏、群众游园为主要内容，同时还有精彩的赛牦牛和马术表演等。此外，还有沐浴节、藏历新年、望果节和赛马节等。

4. 地方特产

西藏对外具有一定的神秘感，地方特产对外来人也有较强的吸引力，游客对其特产多有新鲜感。宗教用品有小转经筒、念珠等。很多女性对藏族服饰、天珠饰品、红松石、绿松石也爱不释手。此外，藏药及补品，如冬虫夏草、藏红花、松茸、雪莲等，也深受游客喜爱。

活动训练

旅游地理信息收集训练：各小组根据自然地理环境、饮食文化特点、节庆旅游文化、艺术文化旅游资源等项目，收集青藏高原旅游区内相关的自然旅游资源和人文旅游资源，并对所收集的信息进行整理，制成 PPT，由小组推荐代表讲解分享。要求收集的信息详细而又有深度、形式多样。

能力训练任务

提炼青海和西藏旅游资源的最大特色，针对如何向外推介这些旅游资源提出系列形象宣传建议。

素养园地

古象雄文化

习题

1. 青藏高原旅游区的旅游资源有什么特征？
2. 青藏高原旅游区的地理环境有哪些特征？

项目十四 西北旅游区（新甘宁）

任务一 西北旅游区旅游特色

学习任务

能力目标：根据西北旅游区特有的旅游地理环境和旅游资源特色，学会初步设计旅游线路

知识目标：掌握西北旅游区旅游资源的基本特征和各重要旅游点的概况，熟悉西北旅游区的旅游地理环境、重点旅游城市及主要旅游线路

素养目标：掌握西北旅游区主要旅游胜地的地理分布和特点，并能够在地图上把主要旅游胜地的位置标注出来

西北旅游区包括新、甘、宁，总面积为 215.72 万平方千米。西北旅游区民族构成复杂，除汉族外，还有维吾尔族、哈萨克族、回族、乌孜别克族等少数民族，是我国民族成分较丰富的地区之一。历史上本区长期为东西方经济文化交往的纽带，是陆上丝绸之路的必经之地。

一、旅游地理环境

（一）区位环境

本区包括新疆维吾尔自治区、甘肃省和宁夏回族自治区。本区深居内陆，呈现出与众不同的自然人文景观。西北地区地形以高原、盆地和高山为主。地面植被由东向西为草原、荒漠草原、荒漠。本区有丝绸之路、兰新铁路与欧亚大陆桥，其煤、石油、铁、镍、黄金、盐、宝石等储量大。

（二）自然地理环境

1. 以高原、盆地、山地为主的地形

本区地形以高原、盆地、高山为主，大致可分为东西两大地貌单元，地处我国地势的第二级阶梯，其地貌排列广阔、有序、雄伟。本区新疆地貌呈“三山夹两盆”的态势，由北向南依次为阿尔泰山、准噶尔盆地、天山、塔里木盆地、昆仑山。新疆东北侧的阿尔泰山主峰友谊峰海拔 4 374 米，横亘于新疆中部的天山群峰海拔多在 4 000 米以上，最高峰托木尔峰海拔 7 443.8 米。该区南缘群峰连绵，从西向东分布着昆仑山脉、阿尔金山脉和

祁连山脉。这些山地垂直分带明显，分布着大面积的现代冰川。准噶尔盆地位于天山和阿尔泰山之间，盆地内风沙地貌典型，雅丹地貌独特，被中外科学家誉为“史前地质博物馆”。甘肃河西走廊两侧分布着祁连山和北山，使其成为世界上最长的走廊式峡谷。

塔里木盆地是中国面积最大的内陆盆地，处于天山和昆仑山、阿尔金山之间。盆地的中部是著名的塔克拉玛干沙漠，边缘为山麓、戈壁和绿洲（冲积平原）。由于气候干旱、河道变迁、战乱等原因，古代楼兰、米兰、尼雅等诸多繁华兴旺的城邦之国或沦为废墟，或掩埋于黄沙之下，成为千古之谜，吸引着众多的科学家和探险者。

2. 典型的温带大陆性干旱半干旱气候

本区属温带大陆性干旱半干旱气候区，其特点是日照充分，热量丰富，干旱少雨，多风沙，气温日较差达 11℃～16℃，沙漠地区可高达 30℃，有利于瓜果糖分的积累，因此新疆的葡萄、哈密瓜和甘肃的白兰瓜闻名全国。受自然条件的影响，区内地域分异性强。高山上部终年积雪，有现代冰川分布，是绿洲存在的主要条件。水分条件好的山地，草场资源丰富，有原始森林。伊犁盆地山清水秀如塞上江南，吐鲁番盆地则以干热著称，号称“火洲”。该区多大风天气，尤其是春季，受蒙古—西伯利亚高压的影响，经常出现沙尘暴。准噶尔西部山地、天山山地及河西走廊的山谷隘口处，风力常可达 12 级以上，是著名的风口，如达坂城，其风能已开始得到有效利用，并建有规模巨大的风力发电厂。

（三）人文地理环境

1. 享誉世界的丝路文化

丝绸之路，简称“丝路”，是指西汉时由张骞出使西域开辟的以长安（今西安）为起点，经甘肃、新疆，到中亚、西亚，并连接地中海各国的陆上通道（这条道路也被称为“西北丝绸之路”，以区别日后另外两条冠以“丝绸之路”名称的交通路线）。其基本走向形成于两汉时期，即以长安为起点，沿渭水西行，过黄土高原，穿越河西走廊、新疆的中部或南部，翻过帕米尔高原或喀喇昆仑山，抵达中亚或西亚，最后到达欧洲。

早在 4 000 多年前，中国人就掌握了丝织技术，到了汉代，织锦和刺绣技术已达到很高的水平。通过这条横贯亚洲大陆的古代东西贸易通道，古代中国绚丽多彩的丝织品、精美的手工艺品、珍贵的药材以及火药、印刷术等传到了西方，欧洲和西亚各国的特产以及佛教、伊斯兰教及其文化艺术也流入了中国。在这条通道上流通的商品中，最珍贵、最具代表性的是美丽华贵的中国丝绸，因此，19 世纪德国地质地理学家李希霍芬（Richthofen）首先把这条通道称为“丝绸之路”，后被人们沿用下来。

2. 以瓜果为主的土特名产

本区以盛产温带瓜果著称，温带瓜果也是其主要旅游资源之一。干旱、半干旱大陆性气候极有利于瓜果的生长。新疆素称“瓜果之乡”，由于这里的气候对瓜果糖分的生成和积累十分有利，因而所产瓜果特别甘美爽口。新疆常见的瓜果有葡萄、哈密瓜、西瓜、苹果、香梨、杏、新疆桃、石榴、樱桃、无花果、核桃、巴旦杏等，优良品种有数百种之多。其中吐鲁番的无核白葡萄，鄯善的哈密瓜，库尔勒的香梨，库车的白杏，阿图什的无花果，喀什的樱桃、核桃、光皮核桃，叶城的石榴、棋盘梨，和田的蜜桃，伊犁的苹果等，均享有美誉。新疆葡萄干、哈密瓜、香梨更是国际市场的畅销品。甘肃名特产品首推兰州白兰瓜，还有冬果梨、西瓜等。此外，本区传统民族工艺品、中药材以及其他土特产也很丰富，如和田的地毯，宁夏的红、黄、蓝、白、黑“五宝”（枸杞、甘草、贺兰石、滩羊皮、发菜），以及酒泉的夜光杯等。

3. 快速发展的内外交通

本区过去交通十分闭塞，近年来发展较快，已基本形成了以兰州、乌鲁木齐、银川、等为枢纽，铁路、公路、航空交通运输网都有所发展。其中，航空运输已成为本区交通运输网中不可缺少的重要环节，以兰州、乌鲁木齐为主要航空中心的航空线可通往国内外众多大城市。公路运输也占有重要地位，已初步形成以各个省会为中心的较完整的公路网。铁路是本区交通运输网的骨干，区内铁路干线主要有陇海线、兰新线、包兰线、兰青线和南疆线等，这些铁路干线不仅连接了区内的重点旅游城市，也沟通了本区与东部地区，对开发区内旅游资源起到了重要作用。

二、旅游资源特色

（一）丝绸之路源远流长

丝绸之路东起长安（今西安），经渭河流域，穿过河西走廊和塔里木盆地，跨越葱岭（今帕米尔），经中亚和今阿富汗、伊朗、伊拉克、叙利亚抵达地中海沿岸，全长约 7 000 千米，丝绸之路连接亚欧两大洲，历史上盛极一时，留下了大量的历史遗迹，沿途遍布高山、大河、沙漠、戈壁、长城、古道、城堡、烽燧、石窟等壮美景观。

丝绸之路上曾有过众多的“小国”，由于自然条件变化以及疾病、战争等原因，许多曾经赫赫有名的城池已变为废墟，如楼兰古城遗址、高昌故城、交河故城等，其古颜残容，令人遐想。宗教艺术方面，石窟艺术占有突出地位，著名的有敦煌莫高窟、麦积山石窟、炳灵寺石窟、榆林窟、文殊山石窟和克孜尔千佛洞等。丝绸之路沿途还遍布古墓，有大量珍贵文物出土。

（二）奇异的风沙地貌

本区是我国沙漠集中分布的地区，风力成为塑造地表的主要营力。在风力作用下，风沙地貌发育典型，一些地区受多种特定自然条件影响，形成了自然奇观。2005 年，《中国国家地理》评出的“中国最美五大沙漠”中，有四个（塔克拉玛干沙漠、古尔班通古特沙漠、鸣沙山月牙泉、沙坡头）在本区。

本区各种风积和风蚀地貌类型齐全。风蚀地貌以准噶尔盆地西北边缘的乌尔禾“风城”最为著名，这里地处大风口，强劲风力夹带着沙粒对乌尔禾高地的砂页岩不断进行雕刻，地层被侵蚀磨蚀成直立的高达几十米乃至上百米的石蘑菇、石柱、石兽，以及石亭与石堡等形似城堡的地貌，故又称“魔鬼城”。

响沙是沙漠地区有趣的自然现象。高温季节，沙面温度高达 70℃左右，人从大沙丘顶下滑，灼热的沙粒被人带动，会发出响声。如果是含有石英和云母的变质岩，风化后形成的沙粒粗大且坚硬，迅速移动或受摩擦时，还会发出雷鸣般的响声。敦煌的鸣沙山就属于此类。

（三）绚丽多姿的民族风情

本区是我国少数民族聚居的地区，各民族有着悠久的历史和独特古老的文化，民俗活动异彩纷呈，民族风情多姿多彩。

新疆是中国五个少数民族自治区之一，世居民族有维吾尔族、汉族、哈萨克族、回族、柯尔克孜族、蒙古族、塔吉克族、锡伯族、满族、乌孜别克族、俄罗斯族、达斡尔族、塔塔尔族 13 个民族。新疆的主体民族是维吾尔族，占总人口的 40%以上。各少数民族以能歌善舞著称，在服饰、饮食、民居、交往、婚丧、节庆、禁忌等方面都有鲜明的民族特色。

甘肃是汉族的传统聚居地和发源地之一。全省现有 54 个少数民族成分。世居甘肃的少数民族有回族、藏族、东乡族、土族、裕固族、保安族、蒙古族、撒拉族、哈萨克族、满族等 16 个。甘肃南部地区是藏族、回族、东乡族、保安族、撒拉族等少数民族的聚居地，这里的宗教民俗活动丰富多样，规模庞大的花儿会在世界民族风情中占有一席之地。

宁夏是我国的回族聚居区，生活着回族、维吾尔族、东乡族、哈萨克族、撒拉族和保安族等少数民族。宁夏有较浓郁的伊斯兰教文化色彩，清真寺风格独特，清真饭店、清真小吃比比皆是。

活动训练

小组活动训练：每个小组为西北旅游区设计一条宣传语，要求体现出西北旅游区的旅游资源特色。

能力训练任务

讨论：西北旅游区的旅游资源有哪些特征？如何进一步开发这些旅游资源？

任务二 区域旅游亚区概况

学习任务

能力目标：能设计不同特色的西北旅游区旅游线路
知识目标：重点掌握西北旅游区各旅游亚区的主要旅游城市及名胜古迹
素养目标：熟悉西北旅游区各旅游亚区的资源特色

一、新疆旅游亚区

新疆维吾尔自治区，简称新，位于亚欧大陆中部，地处中国西北边陲，总面积 166.49 万平方千米，约占中国陆地总面积的 17.3%，陆地边境线长达 5 700 多千米，占中国陆地边境线的 1/4，是中国面积最大、陆地边境线最长、毗邻国家最多的省区。区内山脉与盆地相间排列，有“三山夹两盆”之说。北部为阿尔泰山，南部为昆仑山系；天山横亘于新疆中部，把新疆分为南北两半，南部是塔里木盆地，北部是准噶尔盆地。习惯上称天山以南为南疆，天山以北为北疆，哈密、吐鲁番盆地为东疆。新疆属典型的温带大陆性干旱气候，盆地中有著名的塔克拉玛干沙漠和古尔班通古特沙漠，盆地边缘有水草丰茂和农产丰富的绿洲带。

新疆开发历史悠久，早在2 000多年前，这里就是丝绸之路的要冲、东西方文化的荟萃之地。古城池、古墓葬、千佛洞、古屯田遗址等人文景观遍布全区。其中，交河故城、高昌故城、阿斯塔那-哈拉和卓古墓群、楼兰古城遗址、克孜尔千佛洞、香妃墓等蜚声中外。

新疆自古就是一个多民族聚居的地区，各民族能歌善舞，风俗千奇百怪，深受中外游客喜爱。新疆物产丰富，是“瓜果之乡”、“长绒棉之乡”、新兴“油气之乡”。

（一）主要旅游城市及景区、景点

1. 乌鲁木齐

“乌鲁木齐”在蒙古语里有“优美牧场”之意，乌鲁木齐市位于天山山麓、乌鲁木齐河畔，为新疆的政治、经济和文化中心，是丝绸之路北新道的必经之路，具有西部城市的独特风韵。市内有十几个民族共居，其建筑风格、习俗均有鲜明的民族特点。著名游览地有天山天池、南山风景区、天山一号冰川、红山公园、燕儿窝、水磨沟、国际大巴扎、陕西大寺、塔塔尔清真寺以及自治区博物馆等。

2. 吐鲁番

吐鲁番位于天山东部的山间盆地，西距乌鲁木齐183千米，古称高昌，为丝绸之路北道上的重镇，是中国内地连接南北疆及中亚地区的交通枢纽。吐鲁番属独特的暖温带大陆性干旱荒漠气候。因地处盆地之中，四周高山环抱，增热迅速，散热慢，形成了日照长、气温高、昼夜温差大、降水少、风力强五大特点，素有“火洲”“风库”之称。全年平均气温为14℃，夏季平均气温在30℃左右，全年气温高于35℃的炎热天气平均为99天，高于40℃的酷热天气平均为28天。

吐鲁番是天山中的陷落盆地。市区以南60余千米处的艾丁湖，湖面低于海平面155米左右，是中国陆地最低处。极端干旱的气候使千年的古城、佛窟、古墓葬和大量的地下地上文物得以保存，特殊的地理环境形成了火焰山、葡萄沟、坎儿井等景观。

3. 高昌故城

高昌故城（见图14－1）维吾尔语称“亦都护城”，即“王城”之意，曾是高昌王国的都城，位于吐鲁番市东面40多千米处的三堡乡。高昌故城规模宏大，十分壮观，总面积200万平方米，是古代西域留存至今的最大的古城遗址。1961年，高昌故城被列为全国重点文物保护单位。这里曾是丝绸之路的交通枢纽，因地势高敞、富庶昌盛，故名高昌城。经唐代200余年的经营，达到鼎盛时期。以后由于战火绵延，高昌城渐渐衰落，直至废弃。

图14－1　高昌故城

高昌故城是丝绸之路上保存最好的遗址之一，古城略呈正方形，为夯土筑成，最高的城墙达11米多，城垣大部分残存。当年的街巷、官衙、神庙、民居、作坊、城垣等遗址仍清晰可辨，布局类似唐代长安城。

4. 交河故城

交河故城（见图14－2）是世界上最大、最古老、保存最完好的生土建筑城市，也是

图 14－2　交河故城

我国两千多年来保存最完整的都市遗迹。唐西域最高军政机构安西都护府最早就设在交河故城。1961 年交河故城被列为全国重点文物保护单位。交河故城位于吐鲁番城西约 10 千米的河心洲高崖上，俗称“崖儿城”，城下有两条小河交叉环抱，故名交河。

古城遗址保存相当完好，南北长 1 600 余米，东西最宽处约 300 米，分为寺院、民居、官署等部分。古城总面积约 47 万平方米，现存建筑遗迹约 36 万平方米。城内建筑物大部分是唐代修建的，建筑布局独具特色。该城保留着宋代以前我国中原城市的建筑特点。

图 14－3　柏孜克里克千佛洞

5. 柏孜克里克千佛洞

柏孜克里克千佛洞（见图 14－3）位于吐鲁番市东 45 千米处的火焰山下、木头沟西岸的悬崖上。此处凿有洞窟 83 个，现存 57 个。其中有壁画的洞窟为 40 多个，总面积约 1 200 平方米，是吐鲁番现存石窟中洞窟最多、壁画内容最丰富的石窟群，是新疆境内较大的佛教石窟寺遗址之一。壁画内容丰富多彩，描绘了高昌回鹘时期各阶层人物的形态和服饰、建筑风格、瓜果食品、珍禽异兽等，为认识和了解回鹘人提供了难得的形象资料。有些洞窟采取了开凿石崖与土坯砌建并用的建筑形式，风格独特。

6. 喀纳斯湖

“喀纳斯”在蒙古语中意为“峡谷中的湖”，是新疆阿勒泰地区布尔津县北部一个著名的淡水湖，位于阿尔泰山脉中，外形呈月牙状，据推测为古冰川强烈运动阻塞山谷积水而成。

图 14－4　喀纳斯湖

传说喀纳斯湖（见图 14－4）中有湖怪“大红鱼”出没，据称其身长可达到 10 米，有科学家推测其为大型淡水食肉鱼类哲罗鲑，但未得到实际观测支持。该湖风景优美，四周林木茂盛，为国家 5A 级旅游景区，主要居民为图瓦人。全长 125 千米的喀纳斯河犹如一条串着许多珍珠的项链，而喀纳斯湖就是这条项链上最大、最美的耀眼明珠。在此可爬山登观鱼亭观看喀纳斯全景，探访神秘的图瓦人村落，参观卧龙湾、神仙湾、月亮湾等迷人景致，住喀纳斯小木屋，乘游船赏景，漂流，晚上可观看篝火晚会。1995 年，一位到喀纳斯考察的联合国环保官员曾激动地说："喀纳斯是当今地球上保存最好的自然景观，它的存在向人们证明，人类曾有过多么美好的栖身地，这是世界上最后一片净土，她美丽得让人窒息。"

（二）精品旅游线路与特色旅游项目

1. 精品旅游线路

以乌鲁木齐为中心，可细分为以下旅游线路：

（1）东线：乌鲁木齐—吐鲁番—鄯善—哈密。

（2）南线：乌鲁木齐—库尔勒—库车—阿克苏—阿图什—喀什。

（3）西线：乌鲁木齐—昌吉—石河子—博乐—伊犁。

（4）北线：乌鲁木齐—克拉玛依—阿勒泰（喀纳斯湖）。

（5）环疆穿越线路：乌鲁木齐—吐鲁番—库尔勒—轮台—沙漠公路—民丰—于田—和田—叶城—英吉沙—喀什—塔什库尔干—阿图什—阿克苏—库车—独库公路—克拉玛依—乌尔禾"魔鬼城"—布尔津—喀纳斯—阿勒泰—富蕴—青河—吉木萨尔—乌鲁木齐。

2. 风味美食

烤羊肉串、手抓饭、那仁、拉条子、烤肉、烤包子、馕、馕包肉、烤全羊、羊杂碎、油塔子、皮辣红、丁丁炒面、碎肉面、过油肉面、大盘鸡、伊犁马肠子（马肉灌的肉肠）、熏马肉、酸奶疙瘩（奶酪，有酸、咸、酸甜等口味）、奶茶（跟通常所说的奶茶是不一样的，是用砖茶和牛奶加盐煮成的）等。

3. 节庆活动

新疆各地推出了大量极具民族特色的旅游节庆活动，主要有克拉玛依水节、塔城阿肯弹唱文化旅游节、江格尔文化旅游节、博州那达慕草原节、中国丝绸之路吐鲁番葡萄节、和田玉石文化节、天山天池民俗文化节。9～10 月的秋季旅游期主要有喀纳斯金秋摄影节、环塔克拉玛干沙漠拉力赛、农家田园风光游、中国新疆国际摄影节、金色新疆·胡杨盛会、红色之旅·民族团结游。11 月到次年 3 月的冬季旅游期主要有冬游阿勒泰系列活动、新疆冰雪旅游节、乌鲁木齐丝绸之路冰雪风情节。

二、甘肃旅游亚区

甘肃东接陕西，南控巴蜀、青海，西倚新疆，北扼内蒙古、宁夏，并与蒙古国接壤，是丝绸之路的锁匙之地和黄金路段。它像一块瑰丽的宝玉，镶嵌在黄土高原、青藏高原和内蒙古高原之间，东西蜿蜒 1 600 多千米，面积约 42.59 万平方千米，占全国总面积的 4.44%。该区位于我国西北部的黄河上游，属青藏高原、内蒙古高原、黄土高原三大高原交会处。区内地貌复杂，气候多变，地域差异明显。

甘肃历史悠久，著名的陆上丝绸之路贯穿全境，沿途保存着丰富的历史文化遗迹。其历史文化资源丰富，如莫高窟、玉门关、阳关、榆林石窟、嘉峪关、魏晋壁画墓、张掖大佛寺、夏河拉卜楞寺等。甘肃民族众多，主要有藏族、回族、东乡族、保安族、撒拉族、裕固族、蒙古族、哈萨克族等。

甘肃不仅有广袤的戈壁沙漠、黄土高原、草原森林、冰川雪山，而且有典型的喀斯特地貌和雅丹地貌。甘肃是红军长征所经之地，留有丰富的革命历史遗迹。这里有我国石油工业的摇篮——玉门老城，有我国自行设计和施工的黄河干流上第一座大型水电站——刘家峡水电站，有成功发射神舟系列飞船的酒泉卫星发射基地，还有庄浪梯田、陇南茶园、什川万亩梨园、山丹万顷油菜花、酒钢等一批新兴的工农业旅游观光区。

（一）主要旅游城市及景区、景点

1. 兰州

兰州为甘肃省省会，坐落在黄河上游河谷中，古称“金城”，有 2 000 多年的历史，汉唐时代是丝绸之路上的一个通津要邑。兰州地处内陆，大陆性特点明显，属温带大陆性气候，特点是降水少，日照多，光能潜力大，气候干燥，年温差、日温差均较大，夏季稍热，7 月日均最高温约 30℃，冬季寒冷但并不奇冷，最低温约零下 10℃。黄河从市区穿过，四周群山逶迤，林木茂盛，文物古迹众多，有白塔山、黄河铁桥、五泉山、炳灵寺石窟、拉卜楞寺、刘家峡水电站、甘肃省博物馆、八路军兰州办事处纪念馆、仁寿山、景泰寿鹿山自然保护区等。兰州还是著名的“瓜果城”。兰州集丝路文化与黄河文化于一体，成为西北商贸、旅游依托的中心。

2. 敦煌

敦煌是酒泉市下辖的一个县级市、国家历史文化名城。敦煌位于古代中国通往西域、中亚和欧洲的交通要道——丝绸之路上，曾经拥有繁荣的商贸活动。敦煌以敦煌石窟、敦煌壁画闻名天下，是世界遗产莫高窟和汉长城边陲玉门关、阳关的所在地。

敦煌的主要观光景点有莫高窟、榆林石窟、阳关、玉门关、鸣沙山、月牙泉、天马产地渥洼池、沙州古城、河仓古城、敦煌博物馆、汉长城、阳关沙漠森林公园等。丝绸之路进入新疆的三条路线，都以敦煌为出发点，故敦煌是古代通往西域的交通枢纽和佛教东传中原的第一站。

3. 莫高窟

莫高窟（见图 14－5）位于敦煌市南 25 千米处的鸣沙山东麓，俗称“千佛洞”，为世界上现存规模最大的石窟，是一座由建筑、绘画和雕塑组成的佛教综合艺术宝库。现存有壁画和塑像的石窟 492 个，窟区全长 1 600 米。窟内壁画内容丰富，是反映社会千年变迁的风情画卷，尤以飞天形象最具代表性。莫高窟的塑像、壁画、经卷、文书等文物，具有极高的艺术价值和重要的社会历史意义。莫高窟是我国四大石窟艺术宝库中规模最大、内容最丰富的壁画、雕像艺术宝库。

图 14－5　莫高窟

莫高窟内的造像为泥质彩塑，塑像以位居莫高窟中心的弥勒佛为最大，高达 33 米，而最小的仅有 10 厘米。佛像分为单身像和群像。窟中塑像和壁画融为一体为莫高窟的一大特色，例如佛、菩萨、弟子、天王用泥塑，而天龙八部和飞天龙女等则用壁画表现。壁画分为佛像、佛经故事、民间神怪、经变、佛教史迹、供养人像、装饰图案七大类，内容以佛本生故事、佛传故事和经变故事为主。

4. 嘉峪关

图 14－6　嘉峪关

嘉峪关（见图 14－6）建于明洪武五年（1372 年），是明代万里长城的西端起点，是明代长城沿线建造规模最壮观、保存程度最完好的一座军事城堡，是明朝及其后期各代长城沿线的重要军事要塞，素有“中外钜防”“河西第一隘口”之称。嘉峪关由外城、内城和瓮城组成，内城周长 640 米，高约 11 米。嘉峪关关城高踞关隘之中，两侧城墙横穿戈壁与南北山相连。整个工程坚固雄伟，工艺精绝，自古就有“天下雄关”之称。

5. 天水

天水市是甘肃省第二大城市，迄今已有 2 700 多年的历史，为国家历史文化名城，位于甘肃东南部，是丝绸之路必经之地。全市横跨长江、黄河两大流域，新欧亚大陆桥横贯全境。境内四季分明，气候宜人，物产丰富，素有“西北小江南”之美称。

图 14－7　麦积山石窟

天水市内名胜古迹颇多，有麦积山石窟、中华先祖伏羲庙、两汉名将李广墓、南廓寺、五泉观和大地湾遗址等。天水是中国古代文化的重要发祥地，享有“羲皇故里”的殊荣。境内文物古迹甚多，现有国家和省、市级重点保护文物 169 处。其中，大地湾遗址保存有大量新石器时代早期及仰韶文化珍品；中国四大石窟之一、号称“东方雕塑馆”的麦积山石窟（见图 14－7）以其精美的泥塑著称于世。

（二）精品旅游线路与特色旅游项目

1. 精品旅游线路

甘肃旅游以兰州、敦煌、天水三座旅游城市为依托，分中、西、东三大旅游区。这三大旅游区以省会兰州为中心，以丝绸之路为主线，以临夏（回族风情、黄河三峡风光为主体）、甘南（藏族风情、宗教文化、草原风光为主体）和白银（黄河风光、龙湾石林风光为主体）、平凉（道教圣地、崆峒风光为主体）为南、北两翼。具体有下列六条线路：

（1）西线（丝绸之路大漠风情游）：兰州—武威—金昌—张掖—酒泉—嘉峪关—敦煌。

（2）南线（回、藏风情草原风光游）：兰州—临夏—甘南。

（3）东线（丝路古迹寻根朝觐游）：兰州—定西—天水。

（4）北线（黄河奇观石林风光游）：兰州—白银。

（5）东北线（道教圣地黄土风情游）：兰州—平凉—庆阳。

（6）东南线（自然风光天池溶洞游）：兰州—陇南。

2. 风味美食

甘肃十大美食：兰州清汤牛肉面、羊肉泡馍、拔丝洋芋、炸羊尾、百花全鸡、高担酿皮、浆水面、酿皮子、臊子面、唐汪手抓羊肉。

三、宁夏旅游亚区

宁夏地处黄土高原与内蒙古高原的过渡地带，地势南高北低。从地貌类型看，南部以流水侵蚀的黄土地貌为主，中部和北部以干旱剥蚀、风蚀地貌为主，是内蒙古高原的一部分。宁夏位于黄河中上游地区及沙漠与黄土高原的交界地带，是我国面积较小的省区之一。该区地貌类型复杂多样，总体以山地、高原为主，平均海拔 1 000 米以上。贺兰山、六盘山横亘在西部和南部，塑造了奇险的山岳景观。

本区属温带半干旱、半湿润大陆性气候，干旱少雨、风大沙多、冬寒漫长、夏少酷暑，夏季尤为适合避暑。滔滔黄河从境内斜穿而过，灌溉了大河两岸，形成了“塞上江南”的秀美风光。宁夏位于丝绸之路上，历史上曾是东西部交通贸易的重要通道。1038 年，党项族的首领李元昊在此建立了西夏王朝，形成了独特的西夏文化。现在，宁夏已形成了伊斯兰风情、西夏历史文化、戈壁荒漠奇景、塞上江南自然景观四大旅游特色，并成为引人注目的旅游胜地。

（一）主要旅游城市及景区、景点

1. 银川

银川市为国家历史文化名城，宁夏回族自治区首府，又名“凤凰城”，有“塞上江南”之誉。银川西倚贺兰山，东临黄河，为宁夏全区的政治、经济、文化和交通中心。

银川在唐代以后即为华北通向河西走廊的必经之地，西夏在此建都达 190 年。市内名胜古迹众多，主要旅游景点有西夏王陵（被誉为“东方金字塔”）、沙湖、南关清真寺，远古时期刻凿的贺兰山岩画吸引着国内外学者和游人的目光。著名作家张贤亮创办的镇北堡西部影城因拍摄《红高粱》等众多影片而被称为“东方好莱坞”。贺兰山苏峪口国家森林公园是国家 4A 级旅游景区。塞上江南自然风光、穆斯林风情和西夏文化构成了银川以“两夏古都、塞上风情”为特色的新兴旅游业。

图 14-8　西夏王陵

2. 西夏王陵

西夏王陵（见图 14－8）位于银川市西约 30 千米处的贺兰山东麓，是西夏王朝的皇家陵寝，陵区方圆 53 平方千米，是中国现存规模最大、地面遗址最完整的帝王陵园之一，1988 年被国务院公布为全国重点文物保护单位、国家重点风景名胜区，被世人誉为“神秘的奇迹”“东方金字塔”。风景区由滚钟口、西夏王陵、拜寺口和三关古长城 4 个景区组成，以“头枕青山，脚依黄河”之势分布着 9 座帝王陵和 253 座王公大臣的陪葬墓，是我国现存最密集的帝王陵区，规模宏伟，布局严整。

3. 贺兰山岩画

在距银川市区 56 千米处的贺兰山岩画风景名胜区内有古代游牧民族留下的摩崖石刻——贺兰山岩画（见图 14－9）。景区为南北走向，全长 250 千米，纵深 30～35 千米，在山口内外分布着5 000多幅岩画，其中人面像岩画有700多幅，是贺兰山岩画的集萃之地。岩画内容既有各种野兽、飞鸟，又有射猎、捕鱼等人类生活的画面，它记录了远古人类在10 000年前至3 000年前放牧、狩猎、祭祀、征战、娱舞等的生活场景，以及羊、牛、马、驼、虎、豹等多种动物图案和抽象符号，揭示了原始氏族部落自然崇拜、生殖崇拜、图腾崇拜、祖先崇拜的文化内涵，是研究中国人类文化史、宗教史、原始艺术史的文化宝库。

图14－9　贺兰山岩画

4. 镇北堡西部影城

宁夏镇北堡西部影城（见图14－10）被誉为“东方好莱坞”，地处银川西郊镇北堡，原址为明清时代的边防城堡。在中国众多的影视城中，西部影城以其古朴、原始、粗犷、荒凉、民间化为特色，是中国十大影视城之一。西部影城已逐步将单纯参观型的旅游景点发展成既有观光价值，又可为游客制作影视片及提供餐饮、购物、陶艺、骑射等多样化服务的娱乐型旅游区。它最有特色的服务是让游客充当演员自由表演，录制成光盘，游客可带回家中珍藏。

图14－10　镇北堡西部影城

迄今为止，这里已拍摄过著名的《牧马人》《红高粱》《大话西游》《新龙门客栈》等电影电视作品，享有“中国电影从这里走向世界”的美誉。现保留铁匠营、酒作坊、红高粱九儿居室、月亮门、比武台、龙门客栈、塔林、大话西游牛魔王宫、都督府、酒楼、影视一条街等40多处著名影视片的主场景和100多处附属场景。

5. 沙湖

沙湖（见图14－11）位于银川平原北部的平罗县境内，距银川42千米，总面积约80平方千米，湖泊、湿地各占1/4，半流动沙漠有12.74平方千米，人们称之为“南沙北湖”，即南部是沙山、沙漠，北部为湖。沙、水、苇、鸟、山五大资源有机结合，构成独具特色的秀丽景观，融江南水乡与大漠风光为一体，被誉为“塞上明珠”。湖中秀苇丛丛、鱼跃鸟鸣。湖东是几十种候鸟的栖居地，每年都有数万只飞禽在此繁衍生息，是我国最好的观鸟区之一。游客可以在此游水、滑沙、骑骆驼，还可以乘船进入沙漠的腹地。

6. 须弥山石窟

须弥山石窟（见图14－12）为佛教石窟寺，是中国十大石窟之一、全国重点文物保护单位。石窟位于固原西北55千米处的寺口子河（古称石门水）北岸的山峰上，始建于北魏，西魏、北周、隋、唐继续营造，以后经各代修葺，成为原州（今固原）规模最大的佛寺遗址，1982年被国务院公布为全国重点文物保护单位。窟区南北长1 800米，东西宽

700 米。现存有造像的石窟 70 余窟，其中造像保存较好的有 20 余窟，主要是北魏、北周和唐代石窟，雕刻技术精湛。

图 14-11　沙湖

图 14-12　须弥山石窟

（二）精品旅游线路与特色旅游项目

1. 精品旅游线路

宁夏重点开发黄河水上游、沙漠探险游、回乡风情游、山湖生态游、西夏秘境游、长城访古游、丝路寻踪游、六盘山消夏游、贺兰探奇游、银川购物游十大特色旅游线路。

2. 风味美食

（1）烩羊杂碎。

其制作方法是：将清理干净的羊的内脏、头蹄肉加入开水锅中，煮熟后捞出，切成丝。以原汤下入切好的杂碎丝，加葱、姜、蒜末、红辣油、味精、香菜，即成烩羊杂碎。喝一口鲜汤吃一口杂碎，不膻不腻，味道香醇浓郁。

（2）清蒸羊羔肉。

宁夏羊羔肉细嫩鲜美，没有膻味。羊羔肉最好选用胸叉、上脊骨部位，剁成长方形条，用清凉水洗净，摆在碗内，放上生姜、大葱、大蒜，再放上几粒生花椒，上笼蒸 30 分钟左右，然后扣至汤盘内上桌，配以醋、蒜汁、盐等调料佐食。

（3）香酥鸡。

香酥鸡是银川地方风味小吃，特点是香酥脆嫩。其制作方法是：先把煮熟的母鸡去骨不去皮，将鸡肉撕成长条形，拌以盐、香油、味精，另用三个蛋清，加淀粉、面粉各半，搅匀；将一半泡沫糊倒入抹有清油的平盘中，然后投入鸡肉条，用剩余的一半泡沫糊将鸡肉条包起。包好的鸡肉条放进七成热的油锅中炸至金黄色捞出，切两刀三条，再横切、码盘，蘸椒盐食用。

活动训练

小组活动训练：根据本区的旅游资源，结合本区地形图和行政区划图，试设计一条合理的旅游线路，并进行推介。

能力训练任务

对照本区地形图和行政区划图，口头概括西北旅游区的重点旅游城市、主要旅游景区（点），并说出各部分的特色，同时能在地图上将所说景区（点）的位置标记出来。

素养园地

“一带一路”

习题

1. 西北旅游区自然景观的特色是什么？
2. 甘肃、新疆、宁夏各旅游亚区的旅游资源优势有哪些？
3. 西北旅游区发展旅游的优越条件有哪些？
4. 请介绍一下宁夏的风味美食。

项目十五 塞北旅游区（内蒙古）

任务一 塞北旅游区旅游特色

学习任务

能力目标：根据塞北旅游区特有的旅游地理环境和旅游资源特色，初步学会设计本区旅游线路

知识目标：掌握塞北旅游区旅游资源的基本特征和各重要旅游点的概况，熟悉塞北旅游区的旅游地理环境、重点旅游城市及主要旅游线路

素养目标：掌握塞北旅游区主要旅游胜地的地理分布和特点，并能够在地图上把主要旅游胜地的位置标记出来

一、旅游地理环境

（一）区位环境

内蒙古自治区位于我国北部边疆，由东北向西南斜伸，呈狭长形。全区总面积 118.3 万平方千米，占中国土地面积的 12.3%，是中国第三大省区。内蒙古东、南、西依次与我国黑龙江、吉林、辽宁、河北、山西、陕西、宁夏和甘肃 8 省区毗邻，跨越三北（东北、华北、西北），靠近京津，北部与蒙古国和俄罗斯接壤，国境线长 4 200 多千米。

全区地势较高，平均海拔高度在 1 000 米左右，基本上是一个高原型的地貌区。在世界自然区划中，此地属于亚洲中部蒙古高原的东南部及其周沿地带，统称内蒙古高原。它是中国四大高原中的第二大高原。地形地貌在内部结构上又有明显差异，其中高原约占总面积的 53.4%，山地约占 20.9%，丘陵约占 16.4%，平原与滩川地约占 8.5%，河流、湖泊、水库等水面面积约占 0.8%。

（二）自然地理环境

1. 坦荡的高原地貌

内蒙古自治区的地貌以内蒙古高原为主体，具有复杂多样的形态。除东南部外，基本都是高原，由呼伦贝尔、锡林郭勒、巴彦淖尔-阿拉善及鄂尔多斯等高平原组成，平均海拔 1 000 米左右，海拔最高点贺兰山主峰高 3 556.1 米。高原四周分布着大兴安岭、阴山、贺兰山等山脉，构成内蒙古高原地貌的脊梁。

内蒙古高原地面坦荡，气候干燥，风力侵蚀堆积作用强烈，形成了规模较大的戈壁，

戈壁外围是沙漠和沙丘，有腾格里沙漠、毛乌素沙漠等。河套平原是夹在贺兰山、阴山与鄂尔多斯高原之间的一个断陷冲积平原，黄河贯穿其间，地势平坦，土地肥沃，灌溉便利，开发较早，集中了内蒙古80%的农业人口和90%的耕地，是内蒙古的粮仓。宁西平原气温较高，日照充足，昼夜温差大，无霜期长，盛产稻麦，有“塞上江南”之称。

2. 草原资源丰富

内蒙古自治区内的草原面积有8 666.7万公顷，其中天然牧场6 818万公顷，占全国草场面积的27%，是我国最大的草场和天然牧场。它包括北部的呼伦贝尔草原、西南部的鄂尔多斯草原、东部的科尔沁草原和西部的阿拉善荒漠草原。最著名的要数呼伦贝尔大草原，它是世界上天然草原保留面积最大的地方，是我国最大的无污染源动物食品基地。

呼伦贝尔、锡林郭勒、科尔沁、乌兰察布、鄂尔多斯和乌拉特是六大著名草原，生长着1 000多种饲用植物，其中饲用价值高的就有100多种。尤其是羊草、羊茅、冰草、无芒雀麦、披碱草、野黑麦、黄花苜蓿、野豌豆、车轴草等禾本和豆科牧草，是著名的优良牧草。肥美的牧草，孕育出了丰富的畜种资源。南北朝时期就有“天苍苍，野茫茫。风吹草低见牛羊”的民歌。

（三）人文地理环境

内蒙古自治区北与蒙古国、俄罗斯接壤，东西几乎横跨整个中国，是我国跨经度范围最大的省区。内蒙古不仅有着得天独厚的丰富自然景观，而且有着浓郁的民族风情。

广阔的草原主要分布在内蒙古的西部。草原是内蒙古的标志，自古以来就是人们歌颂和向往的地方。呼伦贝尔草原、锡林郭勒草原、希拉穆仁草原等牧区，纯净明丽的天空飘着朵朵低云，辽阔丰美的草场上散落着点点洁白的蒙古包，空气清新、牛羊成群，对久居都市的人来说，这里是感受草原风情的绝佳选择。

蒙古族在古代是一个游牧民族，在草原上以放牧和打猎为生，赢得了“马背上的民族”这个称号。这里的人民淳朴热情，至今保留着许多本民族独有的传统民俗，比如祭敖包、那达慕等，都有着迥异于中原内陆的别样风情。内蒙古是“一代天骄”成吉思汗的故乡，是王昭君出塞途经之地，这片土地曾有过辽、金、元等朝代的风起云涌，更是横跨欧亚大陆的蒙古帝国的起源地。境内有不少的名胜古迹，如成吉思汗陵、昭君墓、五当召、席力图召、辽上京遗址等。

二、旅游资源特色

（一）独具特色的蒙古族风情与文化

蒙古族人民居住于蒙古包，有着待人热情诚恳的传统美德，以粗犷豪放、胸怀坦荡、诚实热情而著称。长袍是蒙古族人民自古以来就喜爱的服饰，袍子肥大、不开叉，牧人放牧时，可以暖身御寒。

每年农历五月十三日举行祭敖包。祭敖包是蒙古族的传统祭祀活动，敖包在蒙古语中是“石堆”或“鼓包”的意思。在游牧地域分界之处或在辨识方向时垒石为记，谓之敖包。敖包通常设在风景优美、视野开阔的草原高丘上，堆积石头为台，台基上面分大、中、小三层，由三个低平的圆柱体重叠而成。有单个的敖包，也有敖包群。敖包上插杆子挂旌旗。在漫长的历史发展过程中，敖包逐步演变成为祭祀祖先和神灵的地方。牧民们将经文写在纸条或布条上，展挂于树枝，插在敖包上。有条件的地方会请上活佛和喇嘛，由喇嘛吹奏法号、焚香、诵经，祭祀人群自左向右绕敖包走三圈，祈神降福。祭祀活动结束后，一般要举行传统的赛马、射箭、摔跤、唱歌、跳舞等娱乐活动，人们三三两两围坐一起开怀畅饮、交谈。

（二）逐渐繁荣的边境贸易和社会经济

新中国成立以前，本区由于历史上长期受封建王朝和宗教势力的统治，经济很落后，生产力水平低下，畜牧业以游牧为主，仅河套地区有些农业。

新中国成立以来，本区在发展畜牧业的同时，根据区内煤炭、铁矿资源储量丰富的特点，重点发展了煤炭和钢铁生产，包钢成为我国重要的钢铁基地之一。改革开放以来，本区先后开放了一些对外通商口岸。在这里，国内外客商云集，边境贸易发展形势良好，为边境旅游和跨国旅游创造了条件。

（三）塞外风光和民族风情

蓝天白云下的内蒙古大草原有着特殊的魅力。高原的东部地区为典型的温带草原区，草原辽阔、景色迷人。辽阔坦荡的草原上，偶尔有一些蒙古包出现，有大群的牛羊在草原上漫游，牧歌此起彼伏。夏季是草原一年中最美的时光，气候温和，水草丰美，五颜六色的野花铺满草原，把大草原装饰得像一块艳丽的绒毯。

在 700 多年前，蒙古族部落就有了“那达慕”的活动，大致在每年 8 月份举行。现在每年 8 月前后会举行“草原旅游节”，主要旅游项目有沙漠旅游、成吉思汗祭奠、鄂尔多斯歌舞、草原那达慕、民族美食、民族服装表演、民俗旅游、垂钓、庙会和祭敖包等。

活动训练

为塞北旅游区设计一则旅游推介宣传口号，并说出塞北旅游区的旅游资源特色。

能力训练任务

讨论：塞北旅游区的旅游资源有哪些特征？如何进一步开发这些旅游资源？

任务二 区域旅游亚区概况

学习任务

能力目标：能设计不同特色的塞北旅游区旅游线路

知识目标：重点掌握内蒙古旅游亚区主要的旅游城市和景点、景区

素养目标：熟悉内蒙古旅游亚区的旅游资源特色

本区地形以高原为主，平均海拔在 1 000 米左右，森林、草原和荒漠广布，草原面积居全国之首。呼伦贝尔东部草原和锡林郭勒草原分别以“和谐之美”“博大之美”位居“中国最美的六大草原”的榜首和第 3 名。自东北向西南横亘着大兴安岭、阴山、贺兰山等山脉。其北部为内蒙古高原，东南是嫩江右岸和西辽河平原；阴山山脉南部为河套平原，西南一隅为鄂尔多斯高原。区内河流水系不发达，大小湖泊星罗棋布，达 1 000 多个，其中最大的是北部的呼伦湖。流域面积在 1 000 平方千米以上的河流共有 70 多条，中国第二大河——黄河，由宁夏石嘴山附近进入内蒙古，由南向北围绕鄂尔多斯高原形成一个马蹄形。

全区现有自然景观和人文景观旅游景区 120 多处，古建筑、古遗址 100 多处。名胜古迹主要有呼和浩特的大召寺、昭君墓、五塔寺、清真寺、包头五当召、伊金霍洛旗成吉思汗陵等。风景名胜地有呼和浩特附近的乌兰图格草原风景区，以及内蒙古东北部的阿尔山温泉和扎兰屯风景名胜区等。

本区多民族聚居，有汉族、蒙古族、回族、满族、朝鲜族、达斡尔族、鄂温克族等 49 个民族。其中汉族、蒙古族居多，这样的地理环境使得内蒙古旅游资源多样而独特。辽阔的草原，浩瀚的沙漠，迷人的湖泊，茂密的森林，独特的少数民族风情，古老而神秘的人文古迹，构成内蒙古旅游资源的主体，为其开展边境旅游、森林旅游、度假疗养旅游、生态旅游和草原民俗旅游奠定了良好的基础。

一、主要旅游城市及景区、景点

（一）呼和浩特

呼和浩特是蒙古语“青色的城”的意思，位于内蒙古自治区中部，是内蒙古自治区首府和全区的政治、经济、文化、交通中心，简称呼城，别称青城。

呼和浩特的兴起与寺庙的兴建是分不开的，城内外召庙林立，这些寺庙既是城市发展的历史见证，更是颇具特色的旅游名胜。在市北翻越大青山，可游览乌兰图格等草原观光点。市区和郊区有各种召庙寺院、梵宫佛宇 50 多座，规模较大的有大召寺、小召寺、乌素图召、喇嘛洞召等；此外还有五塔寺、清真大寺、辽代白塔、昭君墓、和林格尔东汉壁画墓群，周边还有格根塔拉、辉腾锡勒、希拉穆仁等草原旅游胜地。

（二）大召寺

图 15-1 大召寺

大召寺（见图 15-1）位于呼和浩特旧城南部，是呼和浩特最大的寺庙之一。汉名原为“弘慈寺”，后改为“无量寺”。因为寺内供奉一座银质释迦牟尼像，又称“银佛寺”。大召寺是呼和浩特最早建成的黄教寺院，也是内蒙古自治区仅晚于美岱召的蒙古人皈依黄教初期所建的大型寺院之一，在内蒙古自治区有较大的影响。清康熙年间扩建，大殿改覆黄琉璃瓦。大殿为藏汉式喇嘛庙形式，其余殿宇皆为汉式。

大召寺有三绝：银佛、龙雕和壁画。

（三）昭君墓

昭君墓（见图 15－2）又称“青冢”，蒙古语称“特木尔乌尔虎”，意为“铁垒”，位于呼和浩特市距南呼清公路 9 千米处的大黑河畔，是史籍记载和民间传说中汉朝明妃王昭君的墓地。昭君墓始建于西汉时期，距今已有 2 000 余年的历史，现为全国重点文物保护单位。昭君墓由人工积土夯筑而成，墓体状如覆斗，高达 33 米，底面积约 13 000 平方米，是中国最大的汉墓之一。因被覆芳草、碧绿如茵，故有“青冢”之称。青冢兀立，巍峨壮观，远远望去，一派黛色朦胧、若泼浓墨的迷人景色，历史上被文人誉为“青冢拥黛”，成为呼和浩特八景之一。

图 15－2　昭君墓

（四）成吉思汗陵

从包头市南过黄河，到鄂尔多斯市的伊金霍洛旗，这里坐落着驰名中外的成吉思汗陵。成吉思汗陵规模宏大，占地约 55 000 平方米。成吉思汗在 1227 年征西夏时病逝，按其遗嘱，遗体送回蒙古草原安葬，葬地具体位置无人知晓。后人为了祭祀，把他生前所用官帐安放在阿尔泰山与肯特山之间的高原上，每年行祭祀礼。清顺治年间成吉思汗的象征性陵寝移驻伊金霍洛旗，定农历三月二十一日为祭日，举行公祭，成为远近各族民众的盛会。现在的成吉思汗陵为 1954 年新建，是一座具有蒙古族传统建筑艺术风格的宫殿式陵园。

成吉思汗陵是了解蒙古族风俗和元代历史的重要旅游地。正厅是 5 米高的成吉思汗塑像，两廊有彩绘壁画，后殿陵宫安放灵柩，陈列着成吉思汗生前用过的马鞍等珍贵文物。成吉思汗陵所在鄂尔多斯地区的民间舞蹈和羊绒制品非常著名。

（五）美岱召

美岱召属全国重点文物保护单位，原名灵觉寺，后改寿灵寺，位于包头市土默特右旗美岱召镇，是内蒙古城池和寺庙相结合的第一座喇嘛庙。它呈长方形，城墙周长 681 米，城上四角各有角楼一座，建筑风格独特，兼具城堡、寺庙、官邸和民宅功能。进入泰和门，迎面就是大雄宝殿，佛殿的墙壁上有色彩斑斓的壁画，生动逼真，有很高的艺术价值。南墙正中开设城门，并建有城楼，城门上嵌有明代扩建寺庙时刻的石匾额，上题“泰和门”。殿内有明代绘制的壁画（见图 15－3），画面上着蒙古服饰的人物像中，有传为阿勒坦汗及夫人三娘子的画像，为内蒙古召庙壁画中独有的一处。

（六）呼伦湖和贝尔湖

呼伦湖和贝尔湖为姊妹湖，是湖泊群落、草原湖泊和生态湖泊，是呼伦贝尔草原的象征、内蒙古十大旅游景点之一。呼伦湖（见图 15－4）是我国第五大淡水湖，位于内蒙古自治区东北部。呼伦湖蒙古语意为“海一样的湖”，素有“北方第一湖”“广寒仙境”之美称。贝尔湖位于呼伦贝尔草原的西南部边缘。

图 15－3　美岱召壁画

图 15－4　呼伦湖

二、精品旅游线路与特色旅游项目

（一）精品旅游线路

（1）希拉穆仁草原—响沙湾—呼和浩特。

（2）希拉穆仁草原—五当召—成吉思汗陵—响沙湾—呼和浩特。

（二）风味美食

内蒙古饮食特色主要体现在蒙古族的菜点风味上。蒙古族人的饮食比较粗犷，以羊肉、奶及奶制品、野菜及面食为主，烹调方法相对比较简单，以烤最为著名。菜点崇尚丰满实在，注重保持原料的本味。

内蒙古著名的美食有烤羊腿、全羊席、手抓羊肉、奶菜、羊奶、马奶酒、莜面、卓资山熏鸡、肉干、哈达饼、蒙古馅饼、蜜麻叶、德兴源烧卖等。

（三）民族风情

1. 草原盛会那达慕

那达慕源于 700 多年前，那达慕之日商贩云集，说书献艺者应有尽有，热闹非凡，最扣人心弦的莫过于赛马以及摔跤、射箭比赛。那达慕多在草原牛羊肥壮的 8 月份举行。

2. 蒙古包

“蒙古包”一词来自满族人对蒙古族人住所的称呼，是游牧生活的产物。先用木杆、牛皮钉成网状方架数片，然后连成圆仓式，再用圆木组成伞形圆顶，顶中央有一个圆形天窗，晴启阴合，用以流通空气、吸收阳光，是草原牧区最典型的居所，也是外地游人最感兴趣的下榻场所。

3. 祭敖包

这是蒙古族传统的祭祀活动，敖包是在草原、山坡或沙丘高地上用石头、土块、柳条等垒筑而成的，最早是在草原上建立起来的用于识别方向、道路、边界的标志，后成为祭祀山神、路神的地方。祭祀时敖包上插树条，上面挂有五颜六色的布条或纸旗。在蒙古族人民心中，敖包是神圣的净地。

活动训练

根据本区的旅游资源，试设计内蒙古旅游线路，并对这些线路进行包装和推介。

能力训练任务

撰写一篇介绍那达慕大会的解说词，在课堂实训中，小组内做导游词讲解训练。

素养园地

敕勒歌

习题

1. 塞北旅游区发展旅游的资源优势有哪些？
2. 内蒙古旅游资源的特色是什么？
3. 内蒙古的民族风情特色有哪些？
4. 如何加快内蒙古旅游业的发展步伐？

参考文献

1. 陈秋霞．中国旅游地理．西安：西北工业大学出版社，2010.
2. 李娟文．中国旅游地理．7版．大连：东北财经大学出版社，2021.
3. 李永文．旅游地理学．2版．北京：科学出版社，2013.
4. 杨载田，刘天曌．中国旅游地理．2版．北京：机械工业出版社，2016.
5. 黄远水．中国旅游地理．2版．北京：高等教育出版社，2015.
6. 郭盛晖．中国旅游地理．北京：科学出版社，2010.
7. 赵宁曦．中国旅游地理．北京：化学工业出版社，2010.
8. 袁小凤，何方永．中国旅游地理．成都：电子科技大学出版社，2007.
9. 林婉如．中国旅游地理．4版．大连：东北财经大学出版社，2017.
10. 李世麟，张锦华．中国旅游地理．上海：东南大学出版社，2007.
11. 叶晓梅．中国旅游地理．2版．重庆：重庆大学出版社，2013.
12. 鲁峰．中国旅游地理．海口：南海出版公司，2010.
13. 保继刚，楚义芳．旅游地理学．3版．北京：高等教育出版社，2012.
14. 曹培培．中国旅游地理．3版．北京：清华大学出版社，2021.
15. 刘葆．中国旅游地理．北京：中国商业出版社，2012.
16. 谢永健．中国旅游地理．上海：复旦大学出版社，2021.
17. 裴凤琴，徐芳．中国旅游地理．湖北：武汉理工大学出版社，2010.
18. 林东．中国旅游地理．湖北：华中科技大学出版社，2023.
19. 张福仁，王春玉．中国旅游地理．北京：化学工业出版社，2023.
20. 温彦平，彭红霞，刘超．旅游地理学．北京：中国地质大学出版社，2022.
21. 人民交通出版社．随身带中国交通旅游图册．北京：人民交通出版社，2021.
22. 中国地图出版社．中国旅游交通地图集．北京：中国地图出版社，2022.
23. 中国地图出版社．中国地图册（地形版）．北京：中国地图出版社，2022.

图书在版编目（CIP）数据

中国旅游地理 / 徐永红主编. -- 3 版. -- 北京：中国人民大学出版社，2025. 9. --（新编 21 世纪高等职业教育精品教材）. -- ISBN 978-7-300-33707-4

Ⅰ. F592. 99

中国国家版本馆 CIP 数据核字第 2025N4B647 号

新编 21 世纪高等职业教育精品教材 • 旅游大类

中国旅游地理（第三版）

主　编　徐永红

副主编　王忠伟

参　编　卢俊莉　逯祥渠　苑伟娟　牛海燕

Zhongguo Lüyou Dili

出版发行	中国人民大学出版社		
社　址	北京中关村大街 31 号	**邮政编码**	100080
电　话	010－62511242（总编室）		010－62511770（质管部）
	010－82501766（邮购部）		010－62514148（门市部）
	010－62511173（发行公司）		010－62515275（盗版举报）
网　址	http：//www. crup. com. cn		
经　销	新华书店		
印　刷	北京瑞禾彩色印刷有限公司	**版　次**	2012 年 11 月第 1 版
开　本	787 mm×1092 mm　1/16		2025 年 9 月第 3 版
印　张	13. 25	**印　次**	2025 年 9 月第 1 次印刷
字　数	315 000	**定　价**	52. 00 元